SEKAISHISO SEMINAR

国際関係〔全訂版〕

家　正治／岩本誠吾／桐山孝信／
戸田五郎／西村智朗／福島崇宏

世界思想社

は　し　が　き

　世界は今，激動を続け，その構造や枠組みだけではなく価値観も大きく変容しようとしている。竹が節（ふし）を重ねて成長するように，私たち人類の歴史も大きな節目を迎えている。

　国際関係に関する研究も最近非常に発展しており，すでに幾種類もの教科書や研究書も発行されている。さらに，国際社会が冷戦終結後の新しい国際秩序を模索し続けているこのような時期に，国際関係に関する書物を上梓することは面映ゆいことではあるが，現在の国際社会の現状をとらえるための一つの問題提起として，また今後の国際関係を考えるための手がかりとして，本書を刊行させて頂いた。

　本書は「世界思想ゼミナール」の一冊として紙幅に限界もあり，国際関係の理論や体系の多くに触れているものではない。国際社会が今日当面している全人類的課題のいくつかをとりあげて，これらの国際問題の分析を通じて国際関係の有り様に接近したのが本書である。執筆者は，もとより若輩かつ未熟であり多くの問題を残しているが，一定の問題点の指摘はなし得たものと考えている。

　各章節を分担した執筆者は国際法の専攻者であり，それぞれの問題意識の下に各課題における論点を叙述しているが，幾度も会合をもってそれぞれの疑問点について議論を重ねてきた。また，記述にあたって各章節間の一定の調整も行なっており，共著としての体裁がとれたものと自負している。もっとも，内容的に今後考慮すべき

箇所を残しており，さらに検討を続けるとともに読者の皆様の御批判をお待ちしたいと考えている。

なお，読者の方々の便宜のために参考文献のそれぞれに簡単な紹介を行なっているが，他にも多くの優れた文献があることをおことわりしておきたい。また，索引の作成については，神戸市外国語大学大学院生の尾崎由樹子さんと芳野典恵さんにお願いした。さらに，本書の企画をもちかけて下さった世界思想社の加藤明義氏には，その後執筆者の会合の会場設定をはじめ大変な御世話になるとともに遅れがちな原稿執筆に対して励ましを頂いた。心から感謝し御礼を申し上げるものである。

1992年11月

編　者

新版への序

本書の初版を上梓してから，7年近くが経過した。有り難いことに多くの読者の方々に御利用頂き，その後増刷を重ねたが，その度ごとに新しい統計や数字に改めるなど，最少限度の補正を行なってきた。しかし，刊行後の激動する国際社会の展開から，その後の動きをとり入れて大幅に改訂を行なうことにした。しかし，旧版の基本的な枠組と構成は今日においてもなお有効であると考えて変更していない。旧版と同様に，皆様の御批判を頂戴できれば幸いである。

1999年9月

編　者

全訂版への序

　新版の刊行後，国際社会，国際関係には大きな変化が生じている。9.11同時多発テロがその「竹の節」の一つであることは間違いないが，絶え間なく続くグローバル化の進展が不変の背景をなしているともいえよう。本書も，新版刊行から十余年を経て，改訂が不可欠となった。平和，開発，人権，環境という地球規模の課題に，人間の視点から取り組むという初版刊行以来のスタイルは維持しつつ，新たな執筆陣を加えてアップデートを図り，この度は全訂版として刊行することとした。引き続き読者各位からご批判ならびにご叱咤を頂ければ幸いである。
　　　2014年9月

　　　　　　　　　　　　　　　　　　　　　　　　　執筆者一同

目　次

序　章　国際関係と国際関係論（学）——————————— *1*

第 1 部　国際社会の発展と構造

第 1 章　国際社会とその発展 ——————————— *11*

§1　国際社会の基本的構造 ———————————————— *11*
(1) 近代国際社会と国際関係 (*13*)
(2) 近代国際社会から現代国際社会へ (*15*)
(3) 第 2 次世界大戦後の現代国際社会 (*18*)
(4) 1960年代における時代の転換 (*21*)
(5) 冷戦の終結と新現代国際社会の成立 (*25*)
(6) 新現代国際社会と積極的平和の創造 (*27*)

§2　新現代国際社会と新国際秩序 ———————————— *30*
(1) 歴史の発展の方向性 (*31*)
(2) 新現代国際社会と日本 (*34*)
(3) 国際化時代と国際貢献 (*38*)
(4) 国際社会と私たちの役割 (*42*)

第2章　国際社会の構造と主要なアクター ―――― 44

§1　国際社会の多様化と多元化 ―――― 44
§2　国際社会における主要なアクター ―――― 49
(1) 国　家 (50)
(2) 国際機構 (58)
(3) 民族（人民）(62)
(4) NGO（非政府組織）(66)
(5) 多国籍企業 (70)
(6) 国際関係を動かすファクターとしてのネット社会 (71)

第2部　全人類的課題の実態と検討

第3章　平和と安全保障 ―――― 77

§1　戦争，平和そして安全保障 ―――― 77
(1) 戦争と平和 (77)
(2) 安全保障概念の変遷 (79)
§2　国際社会の安全保障体制 ―――― 82
(1) 冷戦期までの安全保障体制 (82)
(2) 冷戦期の安全保障体制 (86)
(3) 冷戦終結以降の安全保障体制 (91)
(4) 新たな脅威の出現 (96)
§3　日本の安全保障 ―――― 101
(1) 自衛隊とその制約事項 (101)
(2) 旧日米安保条約と新日米安保条約 (104)

- (3) 湾岸戦争以降の日本の国際対応 (112)
- (4) 日本を取り巻く安全保障環境 (117)

第4章　開発／発展と貧困撲滅をめざして ― 121

§1　開発／発展問題へのアプローチ ― 121
§2　国際経済協力の枠組み ― 124
§3　南北問題の興亡 ― 126
- (1) 政治的独立から経済的自立へ (127)
- (2) 援助より貿易を── GATT 対 UNCTAD (130)
- (3) 開発援助のための国際機構の設立 (132)
- (4) NIEO から開放的な市場経済体制へ (133)

§4　グローバル化時代の開発／発展 ― 136
- (1) 自由貿易への回帰──国連外での進展 (137)
- (2) 開発援助の変質── IMF・世界銀行の「復権」(139)
- (3) オルタナティブな開発論 (142)

§5　経済協力と日本 ― 145
- (1) 援助と経済協力 (146)
- (2) 経済協力の半世紀 (149)
- (3) 半世紀後の ODA 政策
  （トップドナーからの転落と人間の安全保障）(152)
- (4) NGO の役割 (154)

第5章　国際社会と人権問題 ― 156

§1　国際社会と個人・人権 ― 156

§2 人権の国際的保障の発展
　　　――国際法規範としての人権の確立 ･･････････････････････ 159
- (1) 少数者保護条約から国際人権章典へ (159)
- (2) 差別撤廃への取り組み (163)
- (3) 人民の自決権の発展 (165)
- (4) 人権の国際的標準設定と不干渉原則 (169)
- (5) 人間の安全保障 (171)

§3 多国間の枠組みにおける人権外交 ････････････････････････ 173
- (1) 人権条約の実施 (173)
- (2) 国連人権委員会から人権理事会へ (175)
- (3) ジュネーブ，ニューヨークから現地へ
　　　――人権高等弁務官と国連安保理の行動 (179)
- (4) ヨーロッパの多国間人権外交
　　　――ヨーロッパ安全保障協力機構 (184)

§4 個別国家の外交政策としての人権外交
　　　――アメリカの人権外交 ･･････････････････････････････････ 188
- (1) 冷戦期――カーター・レーガン政権 (188)
- (2) 冷戦終焉後――ブッシュ・クリントン・ブッシュ政権 (191)

§5 まとめ――人権，安定，干渉 ･･････････････････････････････ 196

第6章　地球環境保護 ─────────────── 199

§1 国際社会における地球環境保護の歴史 ･･････････････････････ 199
- (1) ストックホルム会議（1972年）(199)
- (2) リオ会議（地球サミット・1992年）(204)
- (3) ヨハネスブルグ・サミット（2002年）(207)
- (4) リオ＋20 (209)

§2 地球環境保護の基本原則 ―――――――――――― 210
(1) 領域管理責任原則 (210)
(2) 事前通報協議原則 (212)
(3) 汚染者負担原則 (213)
(4) 共通に有しているが差異のある責任原則 (214)
(5) 予防原則 (215)

§3 環境保全のための条約制度 ―――――――――――― 217
(1) 枠組条約 (218)
(2) 環境条約に設置される機関 (219)
(3) 遵守手続 (222)

§4 環境保護とアクター ―――――――――――― 224
(1) 国際連合 (224)
(2) 国連以外の国際機関 (228)
(3) 非国家アクター (228)

§5 新しい動き ―――――――――――― 230
(1) 環境安全保障と環境保護制度の統合 (230)
(2) 環境問題をめぐる相互調整と普遍的環境機関構想 (233)

§6 地球環境保護と日本 ―――――――――――― 235
(1) 環境条約の国内実施 (235)
(2) 地球環境保全の法政策における日本の貢献 (236)

終 章 国際社会，主権，法の支配 ―――――――――――― 239

参考文献

序章 246／第1章 248／第2章 253／第3章 258／第4章 261／第5章 264／第6章 266／終章 270

索　引 271
執筆者紹介 275

序　章　国際関係と国際関係論（学）

第2次世界大戦後の国際社会に根本的な変化をもたらした現象の一つに，旧植民地体制の崩壊が挙げられる。大戦終結の1945年当時，世界人口15億人のうち，従属地域に居住していた人口はその半分の7億5,000万人であった。世界人口は2011年に70億を突破したが，国連が規定する従属地域（アメリカ領サモア，アンギラ，バミューダ諸島，アメリカ領バージン諸島，イギリス領バージン諸島，ケイマン諸島，フォークランド（マルビナス）諸島，ジブラルタル，グアム，モントセラト，ニューカレドニア，ピトケアン島，セントヘレナ島，トケラウ諸島，タークス・カイコス諸島，西サハラ）の人口は，2002年の東ティモール独立以降，100万人を切っている。非植民地化の結果として，きわめて多くの新独立国家が国際社会に参加することによって，国際社会は全地球的規模にまで拡大した。また，戦後の科学技術のめざましい発展とその実用化の結果，人類の活動領域は急激に拡大し，宇宙空間から深海底までに及び，さらに原子力の平和利用も行うに至っている。

　さらに，注目されることは，近年ますます国家間の相互依存関係が深まり，国家は国際社会との関わりなしに発展し得なくなっていることである。このように，国際社会が緊密化する中で，諸国の共通の目的のために多くの国際機構が存在し発達するに至っている。その中でもとりわけ重要なものは国際連合（国連）であり，国連は各構成国の政策の手段としてだけではなく，国際秩序の維持の手段としての機能を有している。国際機構の発展に示される国際社会の組織化と国際協力の方向は，南北問題，環境問題，人口問題，難民問題など山積する全人類的課題の解決のためにも，今後とも強化されるであろう。このような全人類的課題の解決の必要性とあいまっ

て，人類全体の利益という観点が，とりわけ資源や環境に関わって萌芽的なものであれ登場し，また国際法益や国際公序の概念を前提とする国際犯罪や強行規範（ユス・コーゲンス，jus cogens）に関する国際法規が存在していることに留意する必要があろう。

　以上の国際機構以外にも，多国籍企業やNGO（非政府組織）のような非国家的なアクターや自治体の活動がきわめて顕著になっている。多国籍企業の中には，その販売額が中小の国家のGNP（国民総生産）より大きいものもあり，種々の問題をはらみながらも地球政治を形成するための強力な担い手の一つとなっている〔田中明彦『世界システム』東京大学出版会，1989年〕。このような脱国家的（transnational）な現象は国際社会の一つの大きな特徴である。国際NGOも，たとえば難民救援活動ではNGOの存在なしに語れないように，大きな位置を占めるに至っている。外交が国家機関の手にもっぱら占められていた時代とは異なって，自治体の活動を含め「民間外交」「民際外交」の存在が今日の国際社会をきわだたせており，またコフィー・アナン第7代事務総長の強調した「市民社会（civil society）」の位置が大きなものとなってきている。

　このような国家間の現象を超えた変化の中で，1960年代後半から1970年代にかけて，国際政治の国内化もしくは国内政治の国際化という現象と同時に，経済的諸問題の国際政治に与える影響が眼に見えて大きくなり，いわば「経済の政治化」ともいわれる現象が濃く現れた〔川田侃『国際関係の政治経済学』日本放送出版協会，1980年〕。その後，国際政治が経済に与えるインパクトという逆の現象も生じていることは注目されるところである。こうした現象の中で，私たちの日常生活も「国際化」と，いわゆるボーダレス時代を迎えるとともに，とりわけポスト冷戦時代に入り，世界経済（市場経済）の

「グローバリゼーション」が推し進められている。

　冷戦終結後，それまで東西対立の図式の中で表面化してこなかった民族・部族対立が内戦を引き起こす事態が，旧ユーゴスラビアやアフリカの諸地域において生じ，ジェノサイド（集団殺害）にあたる悲惨な状況もみられた。そのような中で，国家領域全般の安寧・秩序を維持する能力のある，実効的政府を欠く状況にある国家（破綻国家）も現れた。かような，本来国民を保護する権利と責任を有する存在であるべき国家の能力の限界を否応なく悟らせる状況に対し，国際社会は，保護されるべき存在として人間に注意を向けるようになった。安全保障論において「人間の安全保障」が登場したこと，人道的介入（干渉）の正当性が活発に論じられるようになり，まさに人道的介入が特定の武力行使の正当化事由として主張されるようになったこと，国家の国民を「保護する責任」と，それが果たせない場合の国際社会からの介入の正当化が論じられていることは，互いに文脈を異にしつつも，同じ懸念を源とするものであるとみることができる。

　ところで，国際政治論（学）もしくは国際関係論（学）は，20世紀初頭以来，特に第1次世界大戦以降，ヨーロッパやアメリカにおいて開拓された学問分野である。とりわけ，大きな契機となったのは，第1次世界大戦が大きな惨害をもたらし，平和に対する希求と国際政治についての研究を必要ならしめたからであった。ちなみに，わが国における研究は第2次世界大戦後においてであった。その後，「国際化」が進む中で，多くの大学に国際政治や国際関係に関する学科目が設けられたり，そうした名称を冠する学科や学部が設置された。なお，科目名において，国際政治論や国際政治学，また国際関係論や国際関係学が使用されているが，必ずしも意識的に使い分

けされてはいない。しかし，近年この分野の研究の発展とその体系化が進むにつれて，前者の名称（論）よりも後者の名称（学）が使用される傾向があるやに思われる〔「国際政治」にかえて「世界政治」という言葉を用いて意識的にそれを使い分ける概念付けがなされることがあるが，ここでは一般的に使用されている「国際政治」を使用することにする〕。

　次に，国際政治学と国際関係論との関連について，ひとこと言及しておこう。一般に，国際関係論は，国際関係の総合的な研究をめざすものであり，いわゆる国際政治学にとどまらず，政治学，経済学，社会学，心理学などの諸科学の束（たば）として国際関係の諸現象を包括的に把握しようとするものとされている。従来，国際関係を国家間の政治的・経済的関係として一元的にとらえてきた反省として，また国際関係を個々の専門領域ごとに解消していた批判の上に構築された学問領域である。

　ところで，第1次世界大戦という悲惨な戦争に対する反省と平和への希求という背景のもとに誕生した国際関係に関する学問である以上，当然に，その学問の目的は国際平和の達成ということになるであろう。それはまた，人類の前に存在する政治的・経済的その他の課題を解決する糸口を見出すことである。したがって，他の学問分野と同様に，国際関係に関する学問の目的・意義は，国際平和と人類の福祉の達成にある，ということになるであろう。

　このような学問としての国際関係を勉学する上において若干の留意点について次に触れておこう。まず第1に，国際関係の事象を巨視的に考察することの必要性と同時に微視的に考察することの必要性である。たとえば，国際関係の展開を大きな長期的なスパンで分析してそこにどのような法則性をとらえることができるかを考察す

る視点が必要であり，また，同時により小さな時空においてもどのような動きがありどのような仕組みになっているかを考察する視点も必要である。第2に，国際関係の諸問題を現象面だけでとらえるのでなく，歴史的背景やその歴史的な成立の根拠についても考えるという歴史的視点が必要であるということである。たとえば，国連の平和維持活動（PKO）についてみると，それは国連の集団安全保障体制が機能しない中で実践的に生み出されたものであり，集団安全保障体制との関連の中でとらえることが肝要である。そのような分析を通して平和維持活動の現代的な意義や位置を十分に理解し得るであろう。第3に，現存する事象や世界の政治経済構造とあるべき事象や構造とは混同してはならず，また，現存する事象や構造だけの分析にとどまらずにあるべき事象や構造について究明することが必要であるということである。たとえば，軍縮問題に関して現在の状況はどのようなものであり，なぜ現状はそのようなのかを分析するとともに，存在すべき国際平和にとって軍縮問題はどのように位置付けられ，またどのようにそれの現実化が可能であるかについて考察することが必要であろう。

　最後に，本書執筆にあたっての基本的視点ないし方法について触れておこう。
　本書の執筆者はすべて，国際法を専門としている。政治学を専門領域としない執筆陣が国際関係を論じた書物として，本書はユニークなものである。国際関係（論・学）という分野は国際政治（学・論）とは異なって本来学際的分野であり，政治，法，経済などさまざまな視点からの分析がなされて然るべきものではある。ただ，その視点はあらかじめ明確に定めておかねばならない。

本書においてそれは,「法の支配」の観点から国際社会をみる,というところにある,といえるだろう。本書が論じようとしているのは,いわば「法の支配の国際関係」である。

　この表現は,二律背反の印象を与えるか,あるいは,これが結局のところ国際法,さらには世界法を論ずることに等しいのではないか,という疑念を生じさせるかもしれない。とりわけ,法と政治を峻別し後者に対する前者の優越を論ずるというニュアンスを「法の支配」という用語から導き出す場合にはそうであるだろう。しかし,本書は国際関係において法が政治に取って代わって然るべきであるというような,現状においてはユートピア的な認識に立っているわけではない。

　本書の執筆者は,国際法が主導的大国の思惑に左右されてきたこと,他方で国の重大利益が追求される場では国際法はときに無力でもあることを知っている。国際社会の現実を見据えずに法を論ずることはそれ自体空疎である。しかし,「失望した理想主義者」としてのリアリストの立場は我々のとるところではない。他方で,本書の議論は,国際社会の多様なアクターについて論じ,また規範や制度を議論の軸に据えるという点で,国際関係の諸学派でいえばネオ・リベラリズムに親和性を持つともいえよう。しかし,我々の認識は今少しシンプルなものである。すなわち,論争的な著作『リーガリズム』(*Legalism: An Essay on Law, Morals, and Political Trials,* 1964年)を著したアメリカの政治学者シュクラー(Judith Nisse Shklar)が論ずるように,暴力を恐怖として感じ,独裁を不安として感ずるというところから出発するなら,「法の支配」の意義は自ずから明らかである,ということなのである〔田中成明訳『リーガリズム——法と道徳・政治』岩波書店,1981年/2000年〕。

本書は1992年に世に問われて以来,改訂を経て20年余にわたり,版を重ねてきた。今回の,新たな執筆陣を加えた全面的改訂にあたっても,その視点に変更はない。以上のような視点をどこまで明確に提示できているか,あるいは旧版と比べそれはより明確になっているか,読者の批判に委ねたい。

[家　正治・戸田五郎（補訂）]

第1部　国際社会の発展と構造

第1章　国際社会とその発展

§1　国際社会の基本的構造

　世界は激動を続けている。今日の世界情勢，あるいは国際社会の動向の背景や本質を正しく理解するためには，大きな視野で世界の動きをとらえるとともに，歴史的にもさかのぼって考察する必要があろう。人類の歴史は単なる時の経過ではなく，人間の営みによって創造される過程であり，人間の終局的解放に向かって一つの方向性を持って発展しているのである。今日の時代は「海図のない時代」あるいは「羅針盤のない時代」などといわれているが，私たちが歴史をまっすぐに前進・発展させていくためには，この未来への展望をしっかりと見通す必要があろう。

近代国際社会の誕生　　ところで，今日の国際社会は「主権国家」を基本的な構成単位として構築されている。そして国際関係とは，このような国際社会の動態である〔斉藤孝編『国際関係論入門〔新版〕』有斐閣，1981年〕。もっとも，最近では国家以外にも国際関係に影響を与える国際主体が多様化しつつあることは後述するところであるが，なお依然として国家は国際関係において主要な役割を担っている。なお，「際」とは「まじわり」や「あいだ」を

意味し，国際関係（International Relations）は，文字通り国と国の間の関係を意味している。このような国際関係は歴史上の古い時代から存在した。たとえば，20世紀のはじめに，メソポタミアの都市国家ラガシュ（Lagash）とやはりメソポタミアの都市国家であるウンマ（Umma）との間で締結された条約を記した石碑が発見されたが，この条約は紀元前3100年頃に締結されたものといわれている〔田畑茂二郎『国際法新講 上』東信堂, 1990年〕。しかし，当時における諸国家の関係は，一般的には敵対的な関係であり，また交流があっても生産力も低いため断片的な関係にすぎなかった。

　したがって，現在のような恒常的で有機的な関係のある国際社会とは大きく異なっている。今日のような国際社会と国際関係は，15世紀末から16世紀頃のヨーロッパにおいて誕生した主権国家とその主権国家同士の関係として登場した。それまでのヨーロッパ社会，いわゆる中世ヨーロッパは，ローマ法王と神聖ローマ皇帝の普遍的な権威を頂点として位階的に統一された一つの共同体をなしていた。しかし，16世紀以降になると，ローマ法王や神聖ローマ皇帝および封建的諸勢力に対抗して主権国家が誕生した。これがキリスト教統一世界を打ち破り，国際社会の形成につながっていった。しかし，この主権国家は，ルイ14世の「朕は国家なり」という言葉に代表されるように，絶対的権力を持つ専制君主が支配する絶対主義国家であった。すなわち，国王にすべての権力が集中し，国王を中心とする政治体制となっていた。

　このように国際社会の形成期——近代国際社会前期——の世界は，独立した主権国家を主要な単位として，並列的な関係によって形成されていたという基本的な構造の点においては，今日の国際社会と共通しているといえる（ウェストファリア体制）。すなわち，国際社会

には国家を超えた集権的な権力体は存在しておらず，国際社会は十分に組織化されてはいない。また国際社会には，このような主権国家間の関係，すなわち"国際関係"を規律する法的な規範として国際法が認められているが，それは集権的な国家権力の下に垂直的に構築されている国内社会に妥当する国内法と異なって，国家が並存する国際社会において妥当する法規であって分権的な性格を有している。すなわち，国際法を定立する統一的な立法機関は，法律を定立する国内議会のようには存在しない。また国際法の適用，特に国際裁判については当事国の同意が必要であり，一方の当事者の付託で裁判が行われるという強制的管轄権は存在せず，さらに国際法規の侵犯に対する組織的な執行機関も存在していない。

このように国際社会は，基本的に水平的な構造になっていることは今日においても変わりがない。しかし，国際社会と国際関係はその量的・質的な面で今日なお変化し続けているのである。

以下，本章ではまず国際社会を，「近代国際社会」「現代国際社会」および「新現代国際社会」に分けて歴史的に考察し，ついで新現代国際社会と日本の問題について触れることにしよう。

(1) **近代国際社会と国際関係**

絶対主義　15世紀末から18世紀末頃までのこの時期が，近代国際社会の形成期であった。ヨーロッパ社会においては，マニュファクチュア（工場制手工業）の発達とともに商業資本の全盛の時代であり，国王（専制君主）を中心とする絶対主義国家が形成され，国王の権力強化と国富の拡大は同一のものと考えられていた。各国の君主は，自己の専制支配を強化するために，富を増大させ，経済的基盤を固めることを目的として，貿易を重視する重商主義政

策をとった。しかし，まだ生産力がそれほど発展した段階になく，国家間の取引においても物がそれほど激しく動くわけではなかった。そのため，国際関係も断片的なもので，国家間の関係は即君主や宮廷相互の関係で，宮廷外交とか閨房外交などと呼ばれていた。

市民革命と産業革命　18世紀末頃から，近代国際社会の確立期が始まる。この時期にヨーロッパにおける国際社会は二つのことを経験した。その一つは，市民革命（ブルジョワ革命）であった。1789年のフランス革命は市民革命の典型とされているが，それ以前のイギリスの市民革命，アメリカの独立革命も同じ市民革命の流れにある。当時の市民革命に共通する特徴は，都市に住む中小商工人を中心とする市民（ブルジョワ）が絶対君主の支配をはねのけて，政治の実権を掌握するに至ったことである。ここに至って，ヨーロッパの各国は産業資本の全盛期を迎える。それまでは国王イコール国家であると考えられていたが，人民（市民）こそが国家権力の担い手であるとして，人民の自由と平等をはじめ民主的諸権利が主張され始め，人民主権の考え方が登場した。これがロックやルソーに代表される啓蒙思想と呼ばれる考え方であった。しかし，人民主権とはいえ，結果的には近代国際社会に急速に台頭し成長したブルジョワジー（資本家階級）のための権力でしかなかったという制約性を有していた。この市民革命の中で，「個人の自由・平等」「私有財産制の絶対性」「契約の自由」という近代市民法の三原則が確立された。これは，資本家による経済活動の自由を保障する条件が整備されたことを意味している。

　第2は，産業革命であった。産業革命の進展は生産力の飛躍的な向上をもたらすこととなった。この近代国際社会の確立期においては，資本主義の形成・発展とともに，急速に交易が活発なものに

§1 国際社会の基本的構造　15

なっていった。

帝国主義時代　ところで，市民革命を達成したイギリスやフランスでは，19世紀後半になると，生産技術がさらに発展し，産業の中心が重工業に移るようになり，資本の集中が進み，金融資本が発達した。欧米資本主義は，原料や市場の獲得，資本の投下，植民地の獲得などをめざす帝国主義的膨張政策をとるようになり，いわゆる帝国主義の時代に突入していった（帝国主義の分析については，ホブソンの『帝国主義論』1902年，ヒルファディングの『金融資本論』1910年，ローザ・ルクセンブルクの『資本蓄積論』1913年，レーニンの『帝国主義論』1917年が著名である）。

　欧米の帝国主義化は，資本主義と産業革命がもっとも進んだイギリスから始まった。やがてフランスが帝国主義段階に入り，ドイツやロシアは少し遅れた。帝国主義段階に入った各国は植民地の獲得をはじめ海外への膨張政策を強め，競争と対立が次第に激化するに至った。アジアやアフリカへの進出をめぐって利害が衝突し，特に先発帝国主義国と後発帝国主義国との矛盾，対立が激化していった。20世紀初頭には，イギリス，フランス，ロシアの三国協商側と，ドイツ，イタリア，オーストリアの三国同盟側が対立し，第1次世界大戦（1914〜18年）の原因となった。このように，資本主義国が帝国主義段階に入った頃から帝国主義諸国間の戦争としての第1次世界大戦勃発までの時期は，近代国際社会の成熟期にあたる。

(2) **近代国際社会から現代国際社会へ**

ロシア革命　近代国際社会から現代国際社会に移行するもっとも大きな転機は，ロシア革命であった。第1次世界大戦中の1917年，ロシアでは，労働者，農民が主力となってプロレタリア

革命を成功させた。15世紀末から18世紀にかけてのヨーロッパにおける絶対主義国家群において，人民主権を明確にしたフランス革命が際立ったように，帝国主義・帝国主義国を中心とする世界に，ロシアが社会主義国家として登場したことは異彩を放つできごとであった。フランス革命もロシア革命も，世界の虐げられた人々にとって一つの希望であった。

ベルサイユ体制　第1次世界大戦後，連合国と敗戦国ドイツの間に結ばれた講和条約であるベルサイユ条約（1919年6月調印）を基礎に，他の敗戦国との講和条約（オーストリアに対するサン＝ジェルマン条約/1919年9月，ブルガリアに対するヌイイー条約/1919年11月，ハンガリーに対するトリアノン条約/1920年6月，トルコに対するセーブル条約/1920年8月）を通じて樹立された新しい国際秩序は，ベルサイユ体制と呼ばれている。ベルサイユ体制は，敗戦国の犠牲の上に，戦勝国の対立と妥協によってできた体制であった。これは主に三つの特徴を有していた。一つは，ドイツに対する処罰として天文学的数字の賠償金を科し，財政の悪化と経済の不況に悩むイギリスやフランスの経済回復に充てようとしたことである。さらに，ドイツの海外植民地の剥奪，ヨーロッパのドイツ領土の一部割譲を実施し，ドイツの再軍備を厳しく制限した。二つは，反民族的な体制であったことである。ベルサイユ体制は民族自決の原則を取り入れながらも，国境の画定などについては，従属民族の自決権を尊重したものとはいえず，そのことは新たな紛争の火種となっていった。ましてや植民地人民の権利はいっさい認められなかった。敗戦国から分離された植民地には委任統治制度が適用され，統治に対し国際連盟の監督が及ぶという建前がとられたが，実質的には宗主国が特定の戦勝国に変更されたにすぎなかった。三つは，反ソビエト的な体制であっ

たことである。資本主義各国は国際社会に初めて誕生した社会主義国ソビエトを極度に警戒し，その消滅を図った。絶対主義時代に，フランス革命が発生した直後，革命の波及を恐れたオーストリアやプロシアによる干渉戦争が行われたのと同様に，帝国主義諸国はソビエト政府に干渉し，攻撃を加えた。たとえば，日本は1918年にシベリア出兵し，1920年にはポーランド軍のソビエト政府攻撃が行われ，アメリカ，イギリス，フランスなどの各国も次々と武力干渉，経済封鎖を実施して，ソビエトを徹底して孤立させる策動を行った（なお，ソビエトとの国交樹立はイギリス・フランスが1924年，日本が25年，アメリカが33年である）。

国際連盟　国際連盟はベルサイユ体制を維持するための制度的なテクニックとして創設された一般的国際組織であった。発足当初，国際連盟の加盟国は戦勝国と中立国に限られ，敗戦国のドイツや社会主義国ソビエトは排除され，アメリカも参加しなかった。それゆえ国際連盟はイギリスおよびフランス中心の西欧的国際組織となった。1926年ドイツは加盟したが，その後日本とドイツは相次いで脱退を通告し（1933年），イタリアもそれに続いた（1937年）。打撃を受けた国際連盟はソ連を加盟（1934年）させることによって補強しようとしたが，連盟の威信を回復することはできず，第2次世界大戦を阻止することはできなかった。

1929年のニューヨークの株暴落を引き金とする恐慌が資本主義世界を襲った。第1次世界大戦後のベルサイユ体制下で，ドイツではナチズムが，イタリアではファシズムが台頭し，また日本では軍国主義が台頭するに至った。1930年代の国際政治は，対外的な膨張政策によって経済危機を乗り切ろうとするファシズム勢力と平和的な方法によって乗り切ろうとする反ファシズム勢力との対抗関係を軸

として展開することとなる。東西の全体主義諸国は，日・独防共協定（1936年），日・独・伊三国防共協定（1937年），日・独・伊三国同盟（1940年）によってつながった。1936年に始まったスペインの内乱は第2次世界大戦の前哨戦であった。第2次世界大戦は，利権を争う帝国主義戦争である一方，全体主義・ファシズム国家に対する反ファシズム諸国による民主主義擁護のための戦争という側面を有していた。

(3) 第2次世界大戦後の現代国際社会

人類の歴史は節目を形成しながら発展している。第2次世界大戦という大きな試練を経験した戦後の国際社会にはどのような特徴がみられるだろうか。

戦後の特徴　まず第1の特徴は，アメリカが国際社会において絶対的な優位を確立したことである。第2次世界大戦は，アメリカが国際社会の中で絶対的優位を占めることを決定的にした。日本やドイツなどの敗戦国についてはいうまでもなく，戦勝国であるイギリス，フランスなども，国土が戦場となったために終戦直後には国力が低下していた。国土が戦場とならず兵器廠としての位置を占めたアメリカ一国のみが戦後の国際社会の中で圧倒的優位を占めるに至った。

第2の特徴は，それまでのソ連一国社会主義の状況から社会主義の世界的な体制が登場したことである。第2次世界大戦前の1924年にモンゴルは社会主義政権となっているが，当時はまだ生産力も低く，実質的には社会主義国はソ連一国であった。しかし，第2次世界大戦を契機に，東欧諸国ではソ連の指導，影響のもとに次々と社会主義化が進められた。アジアにおいても1945年9月にベトナム民

主共和国の独立が宣言され，1948年には朝鮮民主主義人民共和国の成立，1949年には中華人民共和国の成立をみた。

　第3の特徴は，第2次世界大戦を契機として民族解放闘争が高揚したことである。植民地支配下の人々は自らの解放に向けて立ち上がった。第1次世界大戦後のベルサイユ体制下では民族自決の原則の適用が実質的にヨーロッパの一部にとどまっていたのに対して，第2次世界大戦後の民族解放運動の高揚は，植民地ナショナリズムといわれ，アジア・アフリカに多くの独立国が誕生した。20世紀は「ナショナリズムの世紀」とも呼ばれている。

国際連合の創設　第2次世界大戦の勃発によって国際連盟は崩壊したが（法律的には1946年4月ジュネーブでの総会で解散決議を採択して消滅した），国際連合が戦後の新しい国際秩序を維持するための国際的な機構として創設された。国連の設立文書である国連憲章は，1945年10月24日に効力が発生したが，国際連盟に代わる新しい国際機構創設の検討は，すでに第2次世界大戦中に始められていた。

　1942年11月にソ連がスターリングラード攻防戦で反撃を開始し，翌43年2月にはドイツ軍に壊滅的な打撃を与えたことによって，ヨーロッパ東部戦線は連合国に有利な戦局となった。一方，太平洋方面では，日本軍が，1942年6月のミッドウェー海戦に続いて8月にガダルカナル島に上陸した米軍に敗北し，翌43年2月同島から撤退した。それまで日本軍は破竹の勢いで南方に進出していたが，ガダルカナルの敗戦以降は後退の一途をたどり，戦局は大きく転換した。

　戦局が連合国に有利に展開する中で，連合国側は連携と協力を密にするようになり，1943年11月，米・英・中首脳はカイロ会談を開

催して日本の処理について協議するとともに，同年11月末から12月初めには米・英・ソ首脳がテヘラン会談を開き対独作戦について意見を交わしている。また，同年10月には，米・英・ソ・中の四国共同宣言がモスクワで発表され，世界的国際機構の設立が正式に明らかにされた。この共同宣言に基づいて，翌44年8月から9月にかけて米・英・ソ，また9月から10月にかけて米・英・中の代表がダンバートン・オークス会議（ワシントン）を開催し，この新しい国際機構についての具体的検討を続け，のちの国連憲章の母体となるダンバートン・オークス提案を作成している。さらに，1945年2月の米・英・ソ首脳のヤルタ会談を経て，同年4～6月のサンフランシスコ会議での審議ののち，国連憲章は6月26日に調印された。同年10月24日，必要な批准数を得て，国連は正式に発足するに至った。

国際連合の構成　サンフランシスコ会議で国連憲章が審議・決定されたときはまだ戦争は継続中であり，日本は抗戦を続けていた。それゆえ，憲章の「旧敵国条項」にみられるように，国連憲章は戦時的色彩を強く残すものとなった。敗戦国はもとより中立国もその設立過程に参加しておらず，国際連合（the United Nations）は，その名の示すとおり連合国（the United Nations）が作った組織であった。また，サンフランシスコ会議には，ポーランドを除く連合国50カ国が参加したが，これらの諸国の全部が国連の創設に最初から参画していたわけではない。憲章の母体となる草案を作ったのは米・英・ソ・中などの大国であった。このように国連は，設立の過程から大国が中心となって組織された。そのことが，安全保障理事会（安保理）の常任理事国となっている米・英・ソ・仏・中の5大国には拒否権（right of veto）など特別の権限が与えられていることにも関係しているといえるであろう（ダンバートン・オーク

ス会議で，米・英・ソ・中の4カ国はフランスを安保理の第5番目のメンバーとすることで意見の一致をみた。また，ヤルタ会談はフランスを連合国会議の招請国の一つとしたが，フランスは，ダンバートン・オークス会議にもヤルタ会談にも招かれなかったとしてこれを拒否した）。また，その基盤には大国間の協調を建前とするという思考が働いているといえるであろう。なお，ソ連とともに，連邦構成国である白ロシアとウクライナには原加盟国としての資格が認められた。これはヤルタ会談において結ばれた，総会での投票権についての秘密協定で，ソ連とアメリカにそれぞれ3票の投票権を与えることについて合意されていたことに端を発している。しかし，アメリカはその後これを要求しないことを決定した。

　ファシズム（全体主義）に対して協力して戦った連合国が戦後の「ヤルタ体制」を維持するための一つの方策として創設された国際連合には，その成立過程において国際連盟とは大きく異なる点がある。国際連盟が当時の資本主義国だけで構成されていたのに対して，国際連合には資本主義とは異質な社会経済構造を有する社会主義国ソ連が参加しており，両者の協調する体制となった。これは，大戦をともに戦った連合国の平和共存を確保するための方策であったともいえるであろう。

(4) **1960年代における時代の転換**

冷戦と植民地独立　　第2次世界大戦後の米・ソ蜜月時代は，すぐに冷戦対立の構造へと転化していった。ファシズム諸国打倒のために共同して戦ったが，その後，資本主義諸国と社会主義諸国の間でさまざまな対立が目立つようになり，講和条約の締結方式や内容の討議，原子力管理問題等々をめぐって両者はしばしば

衝突した。特に，1947年3月のモスクワでのドイツ問題，ヨーロッパ復興問題討議の際，米・ソの意見が激しく対立して以来，米・ソ対決の図式が決定的になり，「ヤルタ体制」といわれる東西対立の冷戦構造ができあがった。

東西冷戦構造は，1960年代に入ると大きな転機を迎えることとなる。1960年は「アフリカの年」といわれるが，戦後高揚した民族解放闘争がピークに達したのがこの頃であった。非植民地化は戦後の国際社会の構造変化のもっとも大きなものの一つである。同年，国連に17カ国が一挙に加盟したが，キプロス以外はすべてアフリカ諸国であった。国連総会における反植民地主義諸国の比重が一挙に増したことを背景に，1960年12月の国連総会は，「植民地諸国，諸人民に対する独立付与に関する宣言（植民地独立付与宣言）」を採択した。同宣言は，植民地主義を形式および表現の如何を問わず，急速かつ無条件に終結せしめる必要があることを表明するとともに，従属地域の住民が完全な独立と自由を享受し得るようにするために早急な措置が講ぜられなければならないと宣明している。同宣言は，「世界人権宣言」（1948年）や「友好関係宣言」（1970年）と並んでもっとも頻繁に引用される国連文書となっている。

イギリスやフランスなどの植民国家は，植民地支配体制を維持することが困難となり，次々と植民地支配から撤退していった。一方，アメリカはそれら諸国に代わって進出していった。そのもっとも典型的な事例は，フランスに代わってアメリカが，ベトナムへ介入していったことであった（ベトナム戦争）。アメリカは南ベトナム解放民族戦線の運動を北ベトナムから南への「浸透」であるとして，1964年8月本格的な軍事介入に踏み切った。翌年2月には北ベトナムへの爆撃を開始し，その後50万人以上の兵力を投入するなど，介

入は次第にエスカレートしていった。

中ソ対立　1960年代の国際社会におけるもう一つの大きな転機は，中ソ論争の激化である。1950年代後半から，現代世界に対する認識や革命と建設のあり方をめぐって中・ソの間で論争が繰り広げられていたが，60年代に至って，それが理論闘争から国家的政策や利害の対立，さらには武力衝突にまで発展した。社会主義諸国間の関係について各国共産党は，1957年のモスクワ宣言と，1960年の81カ国共産党・労働者党代表会議の声明および各国人民への呼びかけで，その原理・原則的立場を表明している。それらの文書では，社会主義諸国間の関係は，資本主義諸国間の関係とは異なり，社会主義的国際主義の原則に基づかなければならないとされた。この原則は，二つの側面からなっている。一つは，主権の尊重や内政不干渉といった国際法上の民主主義的な原則であり，他の一つは相互援助である。この社会主義的国際主義の原則に基づくことから，社会主義諸国間では対立や，ましてや武力衝突などあり得ないとする「無葛藤理論」が唱えられたが，その後の展開は決してそのようなものではなく，1960年代以降の中ソ論争，対立の激化の過程で，むしろ「葛藤」が頻繁化・常態化するに至った。

平和共存　アメリカは，ベトナム戦争の泥沼に足を踏み入れた頃から，それまでの絶対的な優位を失っていった。アメリカ，日本，その他の先進国，発展途上国，旧社会主義国の世界に占めるGNP（国民総生産）の割合を1960年と1990年で比較すると，アメリカは33%から24%，発展途上国は14%から13%，旧社会主義国は24%から16%へとそれぞれ減少し，反対に日本は3%から13%，その他の先進国は26%から34%へと増えている。アメリカは1980年代には大幅な財政赤字と貿易赤字に悩むようになった。このいわゆる「双

子の赤字」が解消されず，さらには債務国化することによって，国力は衰退の一途をたどったが，なお相対的優位を占めていた。一方，ソ連も，とりわけ1962年秋のキューバ危機以後の軍備拡張により経済的混乱へと歩を進めた。

キューバ危機では，ケネディ政権の強硬なミサイル撤去要求にフルシチョフが応じたことで世界は戦後最大の危機から脱することができた。この事件は，冷戦から緊張緩和（デタント）路線への，すなわち東西対立から平和共存への転換点となり，「雪解け」といわれる時期をもたらした。デタント路線は，具体的には軍縮の動きに表れた。まず1963年，部分的核実験禁止条約（PTBT）が調印された。この条約は，大気圏内，宇宙空間および水中における核兵器の核実験を禁止した。しかし，核兵器保有国のフランスと中国は同条約に加入せず，米・ソも条約の禁止しない地下核実験を続けた。次いで，1968年に核拡散防止条約（NPT）が成立した。同条約は，核兵器保有国には核兵器その他の核爆発装置またはその管理をいかなる者に対しても直接または間接に「移譲」しない義務を課し，非核兵器保有国にはそれらをいかなる者からも「受領」しない義務を課している。もっとも，非核兵器保有国領域への核兵器の配備は，核兵器保有国がそれを管理しているかぎり同条約に抵触しないと解釈されている。

ほかにも，米ソ直通通信（ホット・ライン）協定（1963年），ラテンアメリカ非核化条約（トラテロルコ条約，1967年），南太平洋非核地帯条約（ラロトンガ条約，1985年）などが締結されている。しかし，以上の諸条約は核兵器を撤廃・削減するのではなく，核兵器の部分的・副次的規制措置を定めたものにすぎない。とりわけ，PTBTやNPTは，広い意味での核軍縮条約ではあったが，核兵器保有国を

現状固定化するという問題性をはらんでいる。もっとも，とりわけトラテロルコ条約やラロトンガ条約は，人間の居住していない地域の非核化条約——南極条約 (1959年)，宇宙条約 (1966年)，海底非核化条約 (1971年)，月協定 (1979年)——とあいまって，核軍拡競争を断ち切る意義を有しており，高く評価され得る条約であった。なお，軍備縮小という真の意味での軍縮への動きは，冷戦の終結を待たなければならなかった。

(5) 冷戦の終結と新現代国際社会の成立

世界は冷戦の終焉によりポスト冷戦時代を迎えた。この劇的な変化は，新現代国際社会とも呼ぶべき展開をもたらした。

冷戦の終結 1989年後半になると，東欧諸国では相次いで社会主義政権が倒壊するという事態が発生した。東西対立，東西冷戦の象徴ともいわれていたベルリンの壁も崩されて，翌1990年にはドイツが統合された。東欧諸国では「民主化」の名の下に急速に事態が進展し，こうした変動に伴い中・ソの対立状態も解消されて関係修復が図られた。こうして冷戦構造が崩壊し，東西対立の時代は終焉を迎えた。ソ連・東欧諸国を中心とする政治・軍事的同盟であったワルシャワ条約機構は1991年7月に解体され，1955年以来のワルシャワ条約機構統一軍も36年の歴史に幕を閉じることとなった。同年12月には，ソ連自体も解体へと至った。

米ソの核軍縮 このような進展が始まる少し前の1987年12月，ソ連の国内経済の行き詰まりとアメリカの双子の赤字にみられる財政状況の中で，INF（中距離核戦力）全廃条約が締結された。同条約で削減・廃棄の対象となる核兵器は，米・ソで約5万発といわれる核弾頭のわずか数パーセントにすぎなかったが，核兵器

を削減する条約が初めて合意されたのである。続いて1991年7月には，START-Ⅰ（第1次戦略兵器削減条約）が調印された。この条約は，戦略核兵器の約30％削減を規定した。ソ連の解体という事態のため発効は1994年になったが，ソ連の義務はロシアが引き継いで削減を進め，定められた期限内の2001年中に米露両国で削減が完了した。この間，1992年6月のブッシュ米，エリツィン露両大統領の基本合意に基づき，1993年1月にSTART-Ⅱ（第2次戦略兵器削減条約）が調印された。これは，米・露の戦略核弾頭数を2003年までに3,000～3,500とし，複数弾頭の大陸間弾道ミサイル（ICBM）を全廃するというものであったが，こちらは批准が進まず，START-Ⅱの発効を前提としていたSTART-Ⅲの交渉も進展しなかった。もっとも，戦略核弾頭の配備数の削減に関しては，2002年に戦略的攻撃能力の削減に関する条約（モスクワ条約）が締結され，配備数を2012年までに1,700～2,200にまで削減することが合意された。さらに2010年にはNew STARTと呼ばれる第4次戦略兵器削減条約が成立し，配備数の1,550発までの削減が規定されている（2011年発効）。

その一方で，冷戦の終結は多数国間での核軍縮交渉を促進した。1995年6月にはアフリカ非核兵器地帯条約（ペリンダバ条約），同年12月には東南アジア非核兵器地帯条約（バンコク条約），1996年9月には包括的核実験禁止条約（CTBT）が採択された。なお，1996年7月，国際司法裁判所は核兵器による威嚇または核兵器行使の合法・違法に関する勧告的意見を下したが，その中で「厳格かつ効果的な国際管理の下でのあらゆる分野にわたる核軍縮に向けての交渉を誠実に行い，まとめる義務がある」と述べたことは注目されるところである。

(6) 新現代国際社会と積極的平和の創造

　社会主義政権が崩壊したのは，社会主義の理想や理念のすべてが否定された結果では決してなく，「人間の顔をした社会主義」といわれながらも，実際には人間の尊厳，人権の尊重が十分になされなかったばかりか，民族自決権も正しく保障されなかった結果であるといえよう。ソ連・東欧諸国の社会主義政権の崩壊から東西対立，冷戦構造の終焉という事態を経たいま，世界に求められているのは，ヨハン・ガルトゥング教授のいう「積極的平和」である〔ガルトゥング『構造的暴力と平和』中央大学出版部，1991年〕。消極的平和は暴力を排して戦争のない世界を築くことを意味するが，積極的平和は戦争も含めていっさいの暴力や抑圧を排除するだけでなく，戦争の要因となる，あるいは結果としてもたらされるあらゆる抑圧や差別，貧困，環境破壊などもなくしていかなくてはならないとする立場である。すなわちほんとうの意味で人間が人間らしく生存していける条件を築き，維持していくことができる社会的公正が実現されることをめざす立場である。それゆえ今日では単なる戦争のない状態の維持だけでなく，平和を積極的に創造していく活動が求められることとなる。守りの姿勢の平和ではなく，積極的に平和を生み出していく必要があり，そうしてこそ真の平和が実現されることを意味している。

　南北問題・地球環境問題　今日の国際社会はあまりにも不平等な状態にあり，先進国と発展途上国との間の，いわゆる南北格差は大きい。1974年春の国連資源特別総会が採択した「新国際経済秩序の樹立に関する宣言」は，世界人口の70％を占める開発途上国は世界の所得の30％しか占めていないと指摘した。そ

の後その格差は拡大し，たとえば国連開発計画（UNDP）が公表した『人間開発報告書』(1999年版)では，世界中で貧富の格差がグロテスクなまでに拡大しているとし，13億人が1日1ドル以下の生活を送っており，また世界の2割の富裕国がGDP（国内総生産）の86％を独占し，2割の最貧国は1％を占めるにすぎないと報告している。

　21世紀に入って途上国の一部には急速な経済発展がみられる。2013年版『人間開発報告書』は，ブラジル，中国，インドの3カ国のGDPが総計ですでに加・仏・独・伊・英・米の総計に匹敵する水準に達しており，2050年には世界のGDPの40％を占めると予測している。同報告が「南の勃興」を表題としていることからわかるように，途上国全体でみても「人間開発指標（human development index）」に改善の傾向があり，衛生上の格差の縮小や中間層の増大などがみられる。しかし，地域的にはなお格差があり，特にサハラ以南のアフリカに問題が多い。

　また地球環境問題もいまや深刻である。オゾン層の破壊，大気汚染，乱開発による熱帯林の破壊と砂漠化など，解決すべき問題は山積している。今日の環境問題の原因は，発展途上国よりも主に「北」の先進国に責任があるとされている。地球環境問題により国土の消滅の危機に瀕している国さえある。たとえば，モルディブはインド洋に浮かぶ1,190の島々からなるサンゴ礁の群島国であり，その標高はわずか1〜2メートルほどしかなく，地球の温暖化現象で極地の氷が融けたり，海水が膨張したりして海面が上昇すると，島が沈み国が海中に没する危険にさらされる。

地域的諸問題　パレスチナ問題では，1993年9月にイスラエルとPLOとが相互承認し暫定自治原則宣言（オスロ合意）

が署名されたものの，その和平プロセスの履行がなお難航し，イスラエルがヨルダン川西岸地区との境界に分離壁を建設するという事態も生じている。中東問題の中核はパレスチナ問題であるといわれるが，早急に解決されなければならない問題である。

またヨーロッパで戦後分断国家となっていたドイツではベルリンの壁が崩壊し統一ドイツとなったものの，朝鮮半島では依然として軍事境界線が存在し，世界の冷戦構造崩壊後の今日にあっても，いまなお冷戦構造が残存している。しかし，1991年9月南北朝鮮は国連に同時加盟し，双方の間に国連憲章の目的と原則が適用されることになり，緊張緩和に向けて大きな前進があった。また同年12月13日には南北朝鮮首相の間で「南北間の和解と不可侵及び交流・協力に関する合意書」が署名され，また同月31日には南北政府間において朝鮮半島の非核化共同宣言が合意され，朝鮮半島では対決・緊張から協力・協調に向けての変化がみられた。米朝関係では1993年6月に共同声明が合意され，核兵器を含む武力を行使せず，こうした武力による威嚇も行わないことを保障する，全面的な保障措置適用の公正性保障を含み朝鮮半島の非核化，平和と安全を保障し，相手側の自主権を相互尊重し，内政に干渉しない，などが規定され，翌年には北朝鮮の核開発方針を核兵器への転用の可能性が低い軽水炉に切り替える旨の米朝枠組み合意が成立した。それを受けて，95年には日韓の負担で北朝鮮に軽水炉を建設するなどの計画を盛り込んだ「朝鮮半島エネルギー開発機構（KEDO）」が設置され，2000年6月，南北朝鮮両首脳は「南北共同宣言」を発表した。日朝間でも2002年に朝鮮半島の核問題解決などを謳った「平壌宣言」が発表されたが，2003年に北朝鮮はNPTを脱退し，KEDOも2005年に廃止されるに至った。北朝鮮は2006年と2009年に核実験を行ったと発表

したし，2003年に始まった南北朝鮮・日・中・米・露の6者協議も2007年を最後に開かれていない。日朝間では2002年の小泉首相訪朝時に拉致問題が明らかになり，日朝国交正常化交渉は進展していない。

以上のような地域的な問題をはじめ，人為的に作り出された地球環境破壊，人権抑圧，飢餓や貧困などあらゆる問題解決のための行動も含めて，消極的平和から積極的平和の創造へと転換していく必要があろう。

§2 新現代国際社会と新国際秩序

たとえば，民族解放運動がもっとも高揚した時期であった1960年頃の国際政治の構図は比較的単純であり，容易に世界の情勢を把握することができた。当時の国際社会は，資本主義諸国と社会主義諸国，そしてアジア，アフリカ，ラテンアメリカを中心とする第三世界の諸国で構成されていた。しかし，冷戦の終結に伴ってその構図は大きく変化したといわなければならない。私たちは，冷戦終結後の国際社会の構造を正しくとらえるとともに，新しい国際秩序はどのようなものか模索する必要があろう。政治的，経済的，軍事的，社会的，文化的に対立していた冷戦構造の枠組みから解き放たれ，国際社会の民主主義化へと向かう可能性の条件が調ったということから，今日の国際社会は，新現代国際社会ともいい得る新しい段階に入ったといえる。しかし，今後の国際社会を展望するためには，短期的，長期的両側面から考察することが肝要である。

(1) 歴史の発展の方向性

　人類の歴史は紆余曲折を経ながらも，一定の方向性を持って発展してきた。人類は長い歴史的歩みの中で社会を発展させてきたのであり，今後とも一時的，現象的な動きのみに惑わされるのではなく，人間の終局的解放に向けた歴史の流れをみていく必要があろう。力の政策の時代であった冷戦が終息したポスト冷戦期の国際社会は，長期的にみれば，民主化と人間尊重の方向に向かって発展する時代といえるであろうし，また，そのような時代としなければならない。

湾岸戦争とアメリカ　1991年1月に勃発した湾岸戦争は，イラク対アメリカを中心とする多国籍軍という構図で戦われ，多国籍軍側が圧倒的な勝利を収めた。多国籍軍とはいえ実質的には米軍であり，ニューヨークでは大々的な戦勝パレードが行われた。しかし，アメリカの一極軍事支配構造とはいえ，それを支えるのは多極化した世界構造であった。端的にいえば，湾岸戦争においてもアメリカ一国の力ではとうてい戦うことはできなかった。日本やドイツから調達しなければ莫大な戦費を賄うことはできなかったのである。

国際社会の多極化と複雑化　アメリカをはじめとする資本主義各国が独自で世界に対処する力はなくなり，これまでも，ことあるごとにサミット（先進国首脳会議）やG7（先進7カ国財務大臣・中央銀行総裁会議）を開催して，共同で政治的・経済的問題に対処する枠組みを作ってきた。その後，サミットはロシアを取り込んで主要国首脳会議（G8）と呼ばれるようになり，財務大臣・中央銀行総裁会議は，1999年からはG8構成国にロシア以外のBRICS（ブラジル・インド・中国・南アフリカ），韓国，インドネシアな

ど11カ国とEU（ヨーロッパ連合）を加えたG20としても開催されている（2008年からはG20首脳会議も開催）。このように，今日の国際社会は単層的にではなく，重層的にみていく必要があろう。

多極化し複雑化した今日の国際社会において，特定の大国や特定の勢力が他の諸国や地域を支配することは困難な状況となっており，また今日の国際社会では一つの指導的な国が国家群や世界全体を主導していくことは，もはやできなくなっている。たとえば，すでに植民地に対する宗主国の支配は過去の遺物となっている。また軍事的にはアメリカの一極支配体制であっても，経済的にEUや日本，さらには中国，インドなどの新興諸国がアメリカに脅威を与える存在となっている。政治的には，アメリカ，ロシア，EU，中国などがそれぞれに影響力を有している。それゆえ今日の国際社会は単純にアメリカの一極支配の構造とはいいきれず，政治，経済，軍事のそれぞれの分野において複雑な利害の対立と矛盾を内に抱えている。

国連の復権と課題　アメリカは1980年代まで，第三世界諸国の台頭により，国連が自らの意のままにならないことから，分担金を出し渋ったり，国連の専門機関から脱退するなど（UNESCOには2003年に復帰。なお，一時はILOも脱退していた），「国連離れ」「国連バッシング」を行っていた。その背景には，非植民地化を経て独立した諸国が国連に加入するにつれてアメリカをはじめ西側諸国は国連の中で少数派になり，ときには孤立化し，アメリカと数カ国もしくはアメリカのみが国連総会の決議に反対するという構図もしばしば生まれていたという状況がある。国連の発足当初，アメリカのボーティング・マシン（投票機械）であるかのように機能していた総会において，アメリカは少数派から孤立へと向かっていた。ところが湾岸戦争を機にアメリカは，ロシアとの協調の下で，

また中国が欧米の経済協力を得るために反対できない状況の下で，国連安保理を積極的に活用・利用する傾向がみられるようになった。冷戦時代には常任理事国間の対立によりほとんど発動されることのなかった制裁措置が，多国籍軍を用いた武力制裁を含めて，多く実施されるようになった。

ところが，2001年9月11日にニューヨークの貿易センタービルへの民間航空機の激突という衝撃的な事件として起こった同時多発テロは，アメリカの対国連姿勢を一変させた。確かに，アル・カイダという非国家集団が引き起こした重大事件への対応として，あくまで国家間関係を前提とした国連の制度枠組みは必ずしも有効とはいえない。しかし，アメリカが有志諸国を糾合して，時のタリバン政権がアル・カイダに拠点を提供しているとして2001年に始めたアフガニスタン侵攻，大量破壊兵器保持を理由として2003年に始めたイラクへの侵攻は，国連の許可を経ない武力行使として，その合法性に大きな疑義が示された。

テロ行為は多くの人命を危険にさらす重大な行為であるが，その一方で，テロリズムという用語は，弱者の強者への対抗手段を強者の側から非難するニュアンスを込めて用いられることが多く，慎重に取り扱わざるを得ない側面がある。実際，テロリズム，テロ行為の定義は国連の場でも確立していない。

このように，国家でない主体の行動が国際社会に大きな衝撃を与える状況，さらにはソマリアの事例のように，内戦などの混乱がときに事実上の無政府状態を作り出している状況，そして経済的にはますます進展するグローバル化，といったさまざまの事象は，国家とその相互関係という枠組みでは対処しきれない多くの課題を提起する。国家を超えて人間の福祉を図る必要性がますます大きくなっ

ている。そこから「人間の安全保障」「保護する責任」(本書第3章で詳述)といった議論が生まれているのである。国連は今後の国際関係を，民主化の進展とともに，ますます「人間の顔」を備えたものとする役割を担っているといえよう。

(2) 新現代国際社会と日本

日本の経済成長　　日本はいわゆる高度経済成長期を経て経済大国と呼ばれるようになり，1960年代後半以降，アメリカに次ぐ世界第2位の経済水準を維持してきた。2010年以後，成長著しい中国に座を譲ったが，2012年の名目GDPは5兆9,602億7,000万ドルと米中に次ぐ位置にある（1人あたり名目GDPでは第12位）。日本は統計数字上は非常に経済水準の高い国となっているが，最近問題とされているのが，経済水準と比較した場合の貧困率（相対的貧困率。所得がその国の中間値の2分の1未満である層の割合）の高さである。経済協力開発機構（OECD）の調査〔*OECD Factbook 2013*〕によれば，日本の相対的貧困率はOECD加盟国30カ国中6位と高く，最も低い水準の欧州諸国に比べ約2倍に達している。その原因は若年層の雇用や高齢者福祉等さまざまな問題に求められるが，先進国，なかでも日本において，富の偏在化が進んでいることは否定できない。生産や富の分配における不平等，不公正を改善していく必要があろう。

51年日米安保体制　　また今後の日本の進路や展望とも関連して，日米安保体制を再検討する必要があろう。すでに冷戦構造が崩壊したにもかかわらず，冷戦時代に築かれた一方の側に与する日米安保体制を検討しないわけにはいかない。

　第2次世界大戦後，米ソの冷戦が激化する中で，アメリカの対日

占領政策は急角度で転換した。さらに1949年に中華人民共和国が成立するに至って、アメリカは、日本を自己のアジア政策に組み込むため、占領体制の再編を迫られることとなった。1950年6月に勃発した朝鮮戦争はこの方向を決定付け、1951年9月サンフランシスコ平和条約が調印された。この調印と同じ日に、最初の安保条約も締結された。この安保条約によって、米軍は平和条約の発効後も引き続き駐留する権利を認められ、一方、日本は、米軍に基地を提供する義務を負うこととなった。この安保条約は、いわば一方的な軍事基地提供条約であって、日本はアメリカに対して何の権利もなく、アメリカは日本に義務を負わない片務的なものであった。1950年代初頭の時点では日本の軍事力があまりにも小さかったために、相互援助的なものにはなし得なかったということである。

米軍駐留が日本国憲法第9条に違反するか否かについて争われた事件として、砂川事件がある。1959年3月、東京地方裁判所は、外部からの武力攻撃に対する自衛に使用する目的で米軍の駐留を許すことは、指揮の有無にかかわらず、憲法第9条2項前段によって禁止されている陸海空軍その他の戦力の保持に該当するものであり、違憲であると判決した（裁判長の名前から「伊達判決」とも呼ばれる）。一方、上告審の最高裁判所判決は1959年12月に下され、憲法第9条2項がその保持を禁止した戦力とは、わが国がその主体となってこれに指揮権、管理権を行使し得る戦力をいうものであり、結局わが国自体の戦力を指し、外国の軍隊は、たとえそれがわが国に駐留するとしても、ここにいう戦力には該当しない、と判断した。

60年日米安保体制　その後の日本経済の高度成長と1950年代における日本の軍備増強などを背景にして、1960年1月に新しい日米安保条約が締結された。この新安保条約は、旧安保条約

と同様に米軍の日本での駐留を認めているが，旧安保条約とは異なって軍事基地の提供にとどまらず，両国間の経済的協力の促進［第2条］とともに，「各締約国は，日本国の施政の下にある領域における，いずれか一方に対する武力攻撃が，自国の平和及び安全を危うくするものであることを認め，自国の憲法上の規定及び手続に従って共通の危険に対処するように行動する」［第5条］という「共同防衛」を明記した。新安保条約では，このように日米共同作戦行動が義務付けられ，軍事同盟条約としての性格が明確にされた。当時その改定に国民の反対が強かったもっとも大きな理由は，共同防衛の義務が規定されることによって，米軍の軍事行動により，日本が自動的に参戦せざるを得なくなるという危惧にあった。

70年日米安保体制　　60年日米安保体制は，1969年11月の日米共同声明によって，実質的に70年安保体制へと変質を遂げた。日米共同声明は，「極東の平和と安全」を日本の安全と一体のものとしてとらえた。声明は，極東の諸国の安全は日本の重大な関心事であり，沖縄返還とそれに伴う沖縄への日米安保条約適用が「日本を含む極東の諸国の防衛のために米国が負っている国際義務の効果的遂行の妨げ」とはならないとした。こうして安保体制の視野は極東にまで拡大し，日米共同防衛体制は強化され，日本の軍事力は増強されていった。

80年日米安保体制　　1978年11月，「日米防衛協力のための指針」（ガイドライン）が日米安全保障協議委員会で正式決定され，閣議の承認を経て公表された。ガイドラインは，「Ⅰ　侵略を未然に防止するための態勢」「Ⅱ　日本に対する武力攻撃に際しての対処行動等」「Ⅲ　日本以外の極東における事態で日本の安全に重要な影響を与える場合の日米間の協力」の3章からなっているが，

その内容は安保条約を実質的にさらに変質させるものであった。このガイドラインに基づいて，1979年1月から日米軍事協議が開始された。80年安保の一つの特徴は，このように日米共同作戦態勢が強化され，日米両軍の一体化が推し進められたことにある。

　80年安保の他の特徴は，60年安保が「日米」安保であり，70年安保が「極東」安保であったのに対して，80年安保が「世界」安保としての位置を占めるに至ったことである。1981年5月，鈴木・レーガン共同声明は，「西側先進民主主義諸国」は「西側全体の安全を総合的に図るために，世界の政治，軍事及び経済上の諸問題に対して，共通の認識を持ち，整合性のとれた形で対応することが重要である」と述べている。ここでは，日本の安全は，極東よりもさらに広く，西側全体の安全と少なくとも観念的には一体化されている。1980年より自衛隊が参加して行われている環太平洋合同演習（リムパック）は，この方向の具体的な表れであった。

新ガイドラインと周辺事態法　　日本国憲法は，戦争放棄と戦力の不保持，また交戦権の否認という絶対平和主義に立脚している。「平和を愛する諸国民の公正と信義に信頼して」積極的な平和外交を展開することによって日本の安全を保持しようとするものである。それに対して，日米安全保障体制は仮想敵国を想定した同盟方式による安全の保障である。ところが旧ソ連・東欧の情勢が急激に展開し，世界は一変した。1989年12月，米ソ両首脳はマルタで冷戦の終結を宣言し，力の政策としての冷戦は終息した。しかしながら，日本は冷戦構造の遺物である日米安保体制に依存し続けるだけでなくさらに強化している。1996年4月，日米安保共同宣言が発表され，「日米両国の将来の安全と繁栄がアジア太平洋地域の将来と密接に結びついている」と謳われるとともに，1978年の

ガイドラインの見直しを開始することが表明された。新ガイドラインは1997年9月に合意されたが、その中核となるのが「Ⅴ　日本周辺地域における事態で日本の平和と安全に重要な影響を与える場合（周辺事態）の協力」である。旧ガイドラインではこれに該当する箇所における日米間の協力に関する記述などはきわめて一般的なものにとどまっていたが、新ガイドラインでは詳細かつ具体的になっている。さらに、対象地域についても、必ずしも極東にとどまらない「日本周辺地域」とされた。1999年5月に可決された新ガイドライン関連法は、新ガイドラインを国内法で裏打ちするものであるが、なかでも周辺事態法は、日米安保条約の枠組みを越えた内容のものである。日米安保条約は、共同防衛の対象を「日本国の施政の下にある領域」に限っている（領域条項）が、周辺事態法は新ガイドラインに沿い、周辺事態（「そのまま放置すれば我が国に対する直接の武力攻撃に至るおそれのある事態等我が国周辺の地域における我が国の平和及び安全に重要な影響を与える事態」）〔第1条〕において日本が軍事行動をとる可能性を規定している。これは日本の領域外における軍事行動を可能とする点で領域条項の歯止めを外すものであり、集団的自衛権の行使への道を開くものである。第2次安倍内閣のもとで進みつつある、集団的自衛権行使を可能とする憲法解釈の変更（2014年7月1日閣議決定）や憲法改正に向けた動きを注意深くみていく必要がある。

(3) 国際化時代と国際貢献

　国際化時代・ボーダレス時代といった言葉が使われるようになって久しい時が経ち、今日ではグローバル化時代といわれている。このような中で日本は経済大国になったので、国際化を推し進め、国際社会で相応の役割を果たさなくてはならないという議論がさかん

に行われてきた。

国際化と日本 「国際化」という言葉には一般的にプラスのイメージが付されているが，非常に多義的でまたあいまいな表現である。この多義性を利用して，日本が国際化を推し進めるためにはまず日本の文化や伝統を強調しなくてはならないとして，ナショナリズムを煽りたてる日本的国際化が主張されたり，経済大国日本を築いてきた日本民族の優秀性を前面に出して人種主義的な国家観をうち出す主張が行われたりする。このように意図的に歪曲された主張については警戒し排する必要があろう。

それでは，真の意味での国際化とはどのようなものであるのか。少なくとも国際化というときには，各国・各民族の自主性・主体性を尊重しつつ互いに学びあうという相互理解に努めると同時に，共に生きていくという立場，すなわち「共生の視点」が不可欠であると考えられる。共生の視点は国際的な場面においてだけでなく，国内的な場面においても重要である。国内に在住する外国人の問題や少数民族の問題を含めて，内なる国際化も考慮しなければならない。

また，現在および将来を考えるだけでなく，過去に近隣諸国との関係において，日本が何を行ってきたのか，とりわけ第2次世界大戦におけるアジア諸国に対する行為を正しく総括していくことが必要である。「過去の反省」を忘れては，現在も未来もあり得ないであろう。そして，多くの犠牲と反省から生まれた日本国憲法に立脚した平和外交が展開されるよう努めなければならない。

日本国憲法と六つの条件 しかし，最近の日本の政治動向は，必ずしもそのように展開しているようには思われない。歴代の政府は，平和憲法との関連から，以下の六つの条件について誓約を行ってきた。しかし，いまやそのほとんどにおいて空

洞化が進んでいる。

第1は，1968年佐藤首相による非核三原則である。しかし，ライシャワー元駐日米大使の証言（1981年5月）やラロック元海軍提督の証言（1974年9月）で核の存在が指摘されたことにも示されるように，同原則は空洞化している。

第2は，1967年佐藤首相による武器輸出三原則とそれを拡充した1976年三木内閣の武器輸出に関する政府統一方針である。これには小泉内閣のもとで，アメリカの弾道ミサイル防衛システムに関わる共同開発等に伴う輸出が例外とされた（2005年）ほか，野田内閣では平和貢献・国際協力に伴う防衛装備等の輸出は可能とされた（2011年）。第2次安倍内閣のもとでは，F35戦闘機の開発への日本企業の参入が認められたほか，例外を積み重ねるよりも同原則自体を見直すべきであるという認識から，新たに「防衛装備移転三原則」が閣議決定され（2014年4月1日），武器輸出を原則として禁止していた態度を改めて，要件を大幅に緩和した。

第3は，1976年三木内閣の閣議決定の防衛予算GNP比1％枠厳守であるが，これも突破されている（中曾根内閣，1987年）。

第4は，憲法上の要請としての海外派兵の禁止である。自衛隊発足に先立ち1954年に参議院で海外派兵の禁止が決議され，1980年には鈴木内閣が，禁止の原則を確認している。しかし，特に冷戦終結後，日本には国力に応じた国際安全保障分野での貢献が求められるようになり，湾岸戦争の際には多国籍軍への協力の要請を受けて，ペルシャ湾への掃海艇派遣などが行われた（1991年4月）。平和維持活動への貢献に関しては1992年6月に，「国際連合平和維持活動等に対する協力に関する法律」（PKO協力法，国際平和協力法）が成立した。日本は2012年末現在，国連南スーダン共和国ミッション

(UNMISS) に350名あまりを派遣しており，それを含め，これまで9カ国での活動に参加している。またPKO軍事部門への提供可能な要員などをあらかじめ登録しておく国連待機制度 (UNSAS) にも加わっている。

PKO協力法は自衛隊の海外派兵への道を開く法律となった。もっとも，PKOには軍事要員が派遣されるとはいえ，その目的は停戦維持や，内戦などで崩壊した国の制度の立て直しを含む平和構築であって武力行使ではなく，その活動は強制力の発動を含むものではない。上記の鈴木内閣の見解でも，武力行使を目的としない派兵は憲法上必ずしも禁止されないとされている。それに対し，イラク戦争後の人道支援などへの貢献を目的として2003年に採択された，「イラクにおける人道復興支援活動及び安全確保支援活動の実施に関する特別措置法（イラク特措法）」をめぐっては，自衛隊の派遣地域は非戦闘地域に限るとする一方，戦闘地域と非戦闘地域の明確な区別が不可能であると小泉首相自らが発言するなど，問題が浮き彫りにされた。

第5は，集団的自衛権の不行使である。1972年田中内閣の政府答弁で，憲法第9条の下において，日本は集団的自衛権を保有するが行使は認められないとされた。しかし，1978年ガイドラインに基づいた1,000カイリ・シーレーン防衛の研究は集団的自衛権を根拠にしなければ説明がつかないものであり，また1980年より自衛隊が参加している環太平洋合同演習は集団的自衛権を想定したものといわれている。さらに，上記のように第2次安倍政権のもとで集団的自衛権の行使を憲法解釈上認める閣議決定が行われ，法律の整備が図られている。

第6は徴兵制の禁止であり，1980年鈴木内閣において「徴兵制は

違憲との統一見解」が閣議決定されている。

このように，六つの条件のうち五つまでが次々と破られるか空洞化する中で，第6に掲げた条件が今後も維持されるか否か不安を禁じ得ない。日本の国際化および日本が行っていくべき国際貢献を考えるに際して，私たちは，日本国憲法の精神と原理に立脚し，また民主的な国際法の諸原則に立って，国際平和の創造と人類の福祉のために努力することが肝要である。

(4) 国際社会と私たちの役割

国際社会はますます緊密化し組織化されている。しかし今日でも国際社会は基本的には国家が並存する水平的な社会であって，国家を超えた集権的な権力機関は存在しない。また国内社会のような統一的な立法機関は国際社会には存在しない。したがって，たとえば人権に関する条約にしても国家が自ら締結することになるが，国家に任せておくだけでは，その規定する人権の完全な実現はおぼつかないであろう。私たち国民が国家に働きかけることによって，その実現を図っていく必要がある。また国際社会には，国際法を適用する国際裁判所が存在するとはいえ，国内裁判とは異なって裁判所には強制的管轄権はなく，国家の同意を必要とする任意的管轄権しかない。また国際法の違反に対しても国内法のように十分な強制措置が用意されてはいない。このような中で，今日の国際社会で諸国に国際法を遵守させ，「法の支配（rule of law）」を貫徹させるためには，世界の人々と国際世論が役割を演じることが期待される。現代国際法は，近代国際法とは異なって戦争を違法化し，国家には自衛権に基づく場合を除いて武力行使を認めていない。それは自決権の承認，人権の尊重とならんで，現代国際法の特徴となっている。私

たちがこれら諸原則を国際社会で実現すべく努力し，国際協力を促進することは，国際社会に対する大きな寄与となるであろう。さらに，その際には国際公益の視点が重要である。利己的に自国の国家的・民族的利益のみを追求するのではなく，人類益をも考慮しながら前進することが必要なのである。冷戦構造に代わる新しい国際秩序を求めて人類はなお産みの苦しみを続けている。短期的には厳しい状況にあるものの，その克服に向けて自覚的な努力を積み重ねることが，将来の国際社会の民主化へとつながっていくと信じたい。

〔家　正治・戸田五郎（補訂）〕

第2章 国際社会の構造と主要なアクター

§1 国際社会の多様化と多元化

今日の国際社会 (international society) は,「グローバル社会」であるといわれる。国家や国際機構といった公的機関に加え,企業やNGO など私人や私的機関の営みが,社会的,経済的に国の枠を超えて影響を及ぼす現象をとらえてそのような表現がなされるのである。"international" という言葉は元来「国と国の間」を意味するが,「グローバル社会」という表現が,国際社会がもはや国家のみの社会ではなくなっているということを意味しているとすれば,「国際社会は『グローバル社会』である」という一文はそれ自体矛盾を含んでいるということになるのかもしれない。本章では,国際関係と密接な関わり合いのあるさまざまなアクター (およびファクター) の特徴とその相互関係について整理し,第2部で検討する諸課題をみる上での基本的な視点を示したい。

アクターを中心としてみた国際社会の変遷　近代国際社会は,当初においてはもっぱら国家間社会であったといってよい。そこでのアクターとして国家以外が想定されることはなかった。しかし,産業革命を経て生産力が増大し,市

場が拡大して,「ヒト・モノ・カネ」の国境を越えた移動が徐々に活発となってくると, まず通信や物流に関わる行政事務のレベルでの国際協力の必要が生じた。19世紀半ば以降, 今日では万国郵便連合（UPU）となっている一般郵便連合など, 国際行政連合と総称される萌芽的な形態の国際機構が成立した背景にはそのような事情がある。ただ, 当初の国際行政連合は, 機関として行政当局の協力体としての国際事務局のみが置かれ, 機構としての意思決定を行う場は設けられなかった。

第1次世界大戦後, 国際連盟や国際労働機関（ILO）など, 組織として整備され, 独自の意思決定機関（総会, 理事会）を有する国際機構が登場すると, 国際機構は国家とは区別される独立のアクターとして認められるようになっていく。さらに, 国際機構は国際法上も独自の人格（主体性）を有するととらえられる。国際機構が国家間の合意（設立条約）に基づき一定の目的をもって設立され, 原則として設立条約の範囲内で権能を付与されるということに注目すると, 国際社会において国家を自然人にたとえるなら, 国際機構は法人にあたると考えることができる。

国際社会における国際機構の登場と発展の背景には, 一つには国家間関係が緊密さを増すとともに社会的, 経済的な様々の分野での協力が必要となり, またこのような協力を進めることが個々の国家の利益にかなうと考えられたということがある。国際機構が国家間の合意に基づいて設立されるものである以上, そもそも加盟国の利益に合致しない目的を掲げた機構ができあがるということは想定し難い。しかし, 国際機構が実現しようとする利益は, 必ずしも個別国家の利益の総体であったり, 最大公約数であったりするわけではない。また, 国際機構の役割は加盟国間の利害の調整に限られるわ

けではない。国際機構には，個別国家の利害を超えた国際社会の一般利益の追求と実現が委ねられており，そのための行動が認められているということができる。

　第1次世界大戦後は，民族自決権（国連での用語としては人民の自決権。単に自決権とも。本書第5章で詳述）が国際政治上の重要な概念として登場した時期でもあった。新たな国家を国際社会に迎え入れるにあたって，既存の国家はそれを国家として承認する。この国家承認を与えられることが，新国家にとって承認を与えた国と国家間の関係を維持していく条件となる。国家承認を与えるにあたっては，その対象が国家としての要件（後述）を備えていなければならない。その要件を具備するについて中核となるのは実効性である。つまり，対外的には他国の介入を実効的に排除し，対内的には住民を実効的に統治する能力を備えていなければ，国家とは認められない。これが，国家間社会としての国際社会が確立してきた参入のルールである。その一方，自決権は，第1章でも述べられたように，その主体である民族（人民）が，自らの政治的地位を自由に決定する権利を意味しており，それは他国または他民族の支配に服することなく政治的に自立する権利，典型的には独立国家を形成する権利である。後述のように，第2次世界大戦を経て自決権が政治的スローガンの枠を越え，法的権利として浸透していくにつれて，自決権は民族（人民）に国家を形成する権利を付与するだけでなく，自決権に基づかない国家形成の正統性を否定する効果を伴うようになっている。自決権は，国家としての要件に実効性だけでなく正統性の要素を導入したということができる。

　自決権の登場は，民族（人民）の国際社会におけるアクターとしての登場をも意味した。民族（人民）は自決権の主体として，国家

形成以前の段階からアクターとして認知されるようになる。さらに自決権は国家形成後にも生きている。民族（人民）がいったん国家を形成した後も、国家（政府）と人民とは概念上区別されるということである。たとえば、人民の自己決定権としての自決権を実質的に否定するような独裁政権に対して、人民は抵抗する権利を有し（内的自決）、ときには分離独立する権利（分離権としての自決権）を有するとも論じられるのである。

とりわけ第2次世界大戦後、国家、国際機構、民族（人民）といった公的なアクターと並んで、本来私人であるアクターの存在が明らかになってくる。それは非営利で国際的に活動する民間団体（非政府組織、NGO）や多国籍企業である。

NGOの活動は、国家間社会としての国際社会の矛盾やほころびが人間に対して向けられる場面、つまり戦争や貧困、人権侵害といった状況に対し、市民の立場からときに国家と対峙しつつ展開されてきた。NGOの国際的活動はまず、国家間社会の矛盾の典型である戦争の中で始まったのである。

その点でもっとも古い歴史を持つNGOの一つが、1864年に設立された赤十字国際委員会（ICRC、1863年につくられた五人委員会から発展）等を中心とする国際赤十字運動である。その活動は、よく知られている戦時の救援活動のほか、国際人道法の法典化、発展にも及んでいる。アンリ・デュナンの提唱したこの運動は、スイスをはじめとする諸政府の支持を得て発展してきた。

その一方、国家や政府とは独立に、ときに対峙しつつ運動を展開するNGOの例は、第1次世界大戦時に児童救援活動を始めたセーブ・ザ・チルドレンや、スペイン内戦中の1937年の戦災孤児救援から始まったフォスター・ペアレンツ・プラン（現在のプラン・イン

ターナショナル）などに遡ることができる。

　このようなNGO活動の発展を受けて，国際連合は，特定のNGOに協議資格を付与し，その意見をくみ上げる制度を導入した。国際連合憲章第71条は，経済社会理事会が「その権限内にある事項に関係のある民間団体と協議するために，適当な取極を行うことができる」と規定しており，この条項に基づいて協議資格を得たNGOは，経済社会理事会等の会議にオブザーバーとして出席することができるほか，意見書の提出等により見解を表明する機会も与えられる。NGOに付与される資格は一般協議資格（経済社会理事会が取り扱う問題のほとんどに関係している団体に付与される），特定協議資格（経済社会理事会の活動の一部に特に関係している団体に付与される）およびロスター（時に応じて経済社会理事会への貢献が期待される団体が登録される）の3段階に分けられ，意見書の語数の上限などにおいて差が設けられている（経済社会理事会決議1996/31）。このように国連と関係を持つNGOを総称して，国連NGOと呼ぶことがある。

　ヨーロッパにおいてまず始まったNGOの運動は，第2次世界大戦後，特に発展の不平等とそれに起因する貧困や人権の問題が浮上するのに伴い，発展途上国にも拡大していった。日本でも1970年代以降，インドシナ難民問題などを契機として救援活動等に従事するNGOが増加している。このようなNGO運動の発展に伴って国連NGOもその数を増やしており，2013年末時点で一般協議資格団体は146，特定協議資格団体は2,778，ロスター登録団体は986に達している（うち，日本を本拠とする団体57）。

　市場の拡大に伴って企業の活動範囲も拡大する。市場が国境を越えて拡大すれば，国境を越えて活動する企業が登場するのは必然のことである。国境を越えた活動のために世界の複数の地域に拠点を

持つに至った大企業を多国籍企業と呼ぶが，それは特に第2次世界大戦後の国際社会において，さまざまな影響を及ぼす存在となった。

多国籍企業の活動は，たとえば発展途上国に生産拠点を置くことで当該国の雇用の促進や産業の発達に寄与するという利益をもたらす。しかしその一方で，途上国に，必ずしも現地の諸事情を考慮することなく自社商品を流通させることで問題を生じさせることもある。たとえば，1970年代にスイスに起源を有する多国籍企業であるネスレやその他の多国籍企業が，アフリカにおいて自社製の粉ミルクを大量に流通させた結果，水質の悪い地域の水でそれを溶いて与えられた乳児が相次いで健康を害し，ときに死亡するという事態が生じたと告発を受けたことがある。強大な企業の製品やサービスが世界標準化されることにより，これまで脈々と培ってきた諸民族の文化や伝統が破壊されるという事態も起きている。

〔戸田五郎〕

§2 国際社会における主要なアクター

§1でみたように，今日では，国家や国際機構に加え，民族（人民）やNGO（非政府組織），多国籍企業も国際社会を動かすアクターとして一定の地位を占めるようになっている（多元的法主体説）〔浅田正彦編著『国際法』東信堂，2011年，72頁〕。§2では，国際社会を動かすアクターそれぞれの特徴とともにアクター間の相互関係について，図2-1を基に理解を深めることにする。

図 2-1 国際社会における主要なアクター

```
┌─────────── 現　代 ───────────┐
│  ┌── 近　代 ──┐              │
│  │   国　家   │  国際機構     │
│  │            │  NGO（非政府組織）│
│  │ 民族（人民）│  多国籍企業   │
│  └────────────┘              │
└──────────────────────────────┘
```

(1) 国　家

　国際社会において，国家はなお最も中心的な存在であり，国際社会のさまざまな制度や仕組みは国家を基本的単位として成り立っている。そして国家は，国民にとって自らの保護のための第一の拠り所である。身近な例をあげれば，私たちが海外旅行に出かけるときには自国のパスポート（旅券）を持って旅行するはずである。パスポートは私たちが特定の国家の国籍を有していることを証明する書類であって，そのように一定の国に属していることで初めて，私たちは外国において自らの身分を証明することができ，また国籍国によって保護されていることを示すことができるのである。以下では今日の国際社会における国家の役割を中心に検討していくが，まずは近代国家概念の形成過程からみてみよう。

近代国家の誕生と国際社会の地理的拡大　それに先立つ中世ヨーロッパにおいて，封建制をもととした神聖ローマ帝国では，約300の領邦国家に分かれていたものの一つの領邦を複数の領主で支配することが多く，「領土」という概念もなかった。さらにローマカトリック教会の影響力が強かったことから，その頂点に君臨するローマ教皇の影響力も大きく，中世の西ヨーロッパ社会は，ローマカトリック教会の普遍的権威の下にあっ

たということができる。

　中世から近代への変遷は，国家を中心としてみれば，対外的にはローマ教皇の影響力の縮小，対内的には封建制の崩壊によって特徴付けられる。16世紀に始まった宗教改革によって生まれた，ローマカトリックに対抗する勢力としてのプロテスタント諸宗派の拡大により，宗教戦争と性格付けられる戦争が続いた。その状況は，1648年に結ばれたウェストファリア条約による三十年戦争の終結によって収束した。ウェストファリア条約はカトリックとプロテスタントとの最終的な和解を意味し，その和解とは，quius regio, eius religio（地域を支配する者が宗教を支配する）の原則に基づき，両宗派の国王，領主は互いにその信仰に対し干渉しないことを主な内容とした。この原則はそもそもアウグスブルクの宗教和議（1555年）においてカトリックとルター派との和解が成った際に用いられたものであるが，ウェストファリア条約で再確認され，カルヴァン派との間でも和解が成立したのである。この和解によりローマ教皇の普遍的権威は薄らぎ，国家が並び立つとともに国家の上に立つ存在はないという，近代国際社会の基本構造（ウェストファリア体制とも呼ばれる）が確立した。そしてその構成員たる国家は，封建制の崩壊に伴う王の支配権の拡張により，絶対王政へと変容した。このような，国家の併存と国内における一元的支配体制を裏書きする概念として，主権概念が確立していった。その後市民革命期を経て19世紀初頭までには，言語や人種，文化などの共通性を有する「国民」意識が芽生えた。国民国家（Nation-State）の誕生である。

　ウェストファリア体制確立の後，17世紀末から19世紀にかけてヨーロッパ諸国は，相次ぐ戦争を経て最終的にはナポレオン戦争（1799～1815年）後のウィーン会議（1814年9月～1815年6月）で国境線

を最終的に画定した。その一方で，ヨーロッパ諸国は自らの領土拡大に向けて，世界中で戦火を交え植民地獲得競争を繰り広げた。

　他方で，ヨーロッパのキリスト教国で構成されていた国際社会は，18世紀後半にはアメリカ合衆国を新たなメンバーとして加え，さらに19世紀に入ると，相次いで独立を果たしたラテンアメリカ諸国を加えた。このように国際社会はヨーロッパを超えて拡大することになったが，これら米州の国々はいずれも，ヨーロッパからの移民とその子孫によって建設されたキリスト教国であった。それらの国々が，先住民の居住地を奪いつつフロンティアを西へと進めつつあったり，「コンキスタドール（征服者）」たちによる先住民の征服・殲滅の上に築かれ，国によってはメスティーソ（白人と先住民との間に生まれた人々）やムラート（白人とアフリカ系黒人との間に生まれた人々）が中心となっていたりしたとしても，少なくとも血統と信仰においてヨーロッパとつながる国々と位置付けられたのである。

　ヨーロッパに起源を持たない非キリスト教国が加入するのは，19世紀中葉以降のことである。その一つが日本であるが，日本は欧米列強との間でいわゆる不平等条約を結ぶ形で国際社会の一員となった。ほぼ同時期に開国とともに不平等条約の締結を余儀なくされたという点では清国も同様であった。

　このように，国際社会は非ヨーロッパ起源の非キリスト教国を加入させるにあたって，対等な立場で加入を認めるという態度を示さなかったということができる。欧米諸国にとって，人類を文明人とそうでない人々に区分した上で，後者を「文明化」することが文明人である欧米人の「使命」であった。したがって，非ヨーロッパ起源の非キリスト教国が国際社会の一員として迎え入れられるためには「文明化」された「文明国」と認められることが条件とされた。

その意味で日本や清国は十全な「文明国」とみなされなかったのである（もっとも、その意味では「対等」であったラテンアメリカ諸国についてみれば、「北の巨人」たるアメリカ合衆国やヨーロッパとの経済的、政治的関係において、実質的に対等であるとはいえない状況が続いた。それに対し、不平等条約改正を国是とした日本は、帝国主義政策の追求を通じて条約改正を実現させ、欧米と「対等」な地位を得ることになる）。

この「文明国」ないし「文明化」の概念は、そもそもアジア・アフリカの植民地に目を向ける際に用いられていた。植民地人民を「文明化」へと導くことがそれ自体、植民地主義の正当化理由であった。それは民族（人民）の自決権が国際関係において役割を果たすようになって以後も、基本的には変わらなかった。たとえば国際連盟規約は、第1次世界大戦の敗戦国から切り離された領土や植民地に対し委任統治制度を導入するにあたって、対象地域の人民の福祉を図るのは「文明ノ神聖ナル使命」であると位置付けた［国際連盟規約第22条1項］。それは、これら人民が「文明」の域に未だ達していないという意識の表れであり、委任統治制度を引き継いで信託統治制度を導入した国連憲章は、対象地域の住民の独立や自治に向けての「漸進的発達」を図ることが施政権者の義務であると規定した［第76条b］。このように、「文明国」に向けて一定の水準まで「発達」を遂げることが国際社会への新規参入の要件であるという意識は、第2次世界大戦後まで続いたということができる。

しかし、この意識はすべての民族（人民）に政治的自立の権利を付与する自決権の考え方とは本来矛盾するといわねばならない。その意識の最終的な払拭は、1960年の「植民地諸国、諸人民に対する独立付与に関する宣言（植民地独立付与宣言）」を待たねばならなかった。国連総会決議1514（XV）として採択された同宣言は、すべての

人民が自決権を有することを確認した上で，その3項で「政治的，経済的，社会的又は教育的準備が不十分なことをもって」——つまり「発達」が不十分なことを理由として——「独立を遅延する口実としてはならない」と規定したのである。

こうして「文明国」の概念は実質的な意味を失い，その代わりに，自決権が法的な権利としての地位を得たと考えることができる。アパルトヘイト時代の南アフリカ共和国や，少数白人の支配の下で独立を宣言した南ローデシア（現在のジンバブエ）のように，自決権の行使（自決の実現）に基づいていると認められない国は国際社会の承認を得ることができなかった。それは，事実上の国家としての要件は備えているものの，自決権を有しなければ国家として国際社会から承認されないことを意味している。

国家の定義　では国家とはそもそもどのような要件を有するだろうか。国家の定義としては，以下の4要件が国際条約で規定されている［国家の権利及び義務に関する条約〈モンテビデオ条約〉第1条］。それは，①永続的住民，②確定した領域（領土），③政府，④他の国と関係を取り結ぶ能力，である。以上の要件を満たした国家は，自動的に国際社会の一員となることができる（宣言的効果説）。国家として認められるということは主権を有する実体（＝主権国家）として認められるということを意味する。

国際関係において主権には以下のような権能がある。

まず，国家は他の国家との関係において独立の存在であるということである。国家は自ら同意しないかぎり，他国の支配や意思に服することはない。その意味において，主権国家は大国，小国の区別なく対等な存在である。国際連合憲章は国連が加盟国の主権平等に基礎を置く［第2条1項］と定めており，すべての加盟国には原則と

して平等に1票が与えられている［第18条1項］。もっとも，その他の国際機構では，国際通貨基金（IMF）や国際復興開発銀行（IBRD）などの場合のように，加盟国により異なる票数が与えられることがあるし，1国1票を原則とする国連でも，安全保障理事会の常任理事国は，いわゆる拒否権（後述）を有している。このように制度上，不平等な取り扱いがなされることがあるが，それは各機構の目的に照らし必要である限りにおいてやむを得ないと説明されている。IMFやIBRDの場合は，その活動が，数においては劣る先進国からの出資に依存しているという事情がある。国連安保理常任理事国の拒否権は，常任理事国が一致しないと制裁措置の発動ができない仕組みであるとともに，それら諸国が国連の制裁措置の対象とならないことを保障するという意味を有している。それは，制裁措置はそれら大国が一致して行わなければ実効性に乏しいという考慮とともに，それらの一つに対し武力制裁が発動されたとしても，それは大規模な戦争をもたらす結果となって制裁措置としての意義が失われるおそれがあるという配慮に基づいている。

　また，国家は主権に基づき，自国の領域を排他的に使用し処分する権限とともに，自国領域内にいる人に対して排他的な統治を及ぼす権限を有している。もっとも，国家は自国領域の使用にあたって他国の権利や利益を侵害してはならないし，自国への入国を認めた外国人には一定の保護を与える義務を負う。

　以上のように，主権国家は国際社会において自律的な存在であり，各々が自ら処理すべき事柄に関しては，他国は干渉してはならないとされている（不干渉原則）。

国家の役割　　主権国家が並び立つ国際社会において，各々が自国の利益実現のために行動するありさまは，社会契約説の

いう自然状態にたとえられてきた。しかし今日，国際関係の緊密化，経済的な相互依存の進展，さらにはグローバル化が，国家間，特に先進国間で再び武力紛争が生じる可能性を減少させている。最近において問題となっているのは，国家の対内的な軋轢が国際社会に影響を及ぼすという事態である。

国家は，国民国家の形成期以降，国王など支配者の所有物ではなく国民の利益を実現すべく積極的な役割を果たすことを求められてきた。国家の第一の責務は国民の保護であり，先にパスポートの例を挙げて示したように，国民にとっての拠り所でなければならない。特に国際関係において人権の重要性が増すのに伴って，国家の国民保護の役割はいっそう強調され，それが果たせない国家に対しては，不干渉原則を超えた国際社会による介入が行われるようになった。

国家が国民に対し暴力装置と化すような事態，あるいは国内紛争が発生し，最終的には統治機能が失われることで，国家と個人との権利義務関係が事実上破綻するような事態がそれであり，このような事態の修復を典型として，特に冷戦終結後，国際機構が国家の再建のために介入する事例が増えている。カンボジアやモザンビークにおける国連の平和維持活動（PKO）は，その典型例である。その一方でソマリアにおけるPKOにみられるように，事態の悪化を招き，国際機構の介入が失敗に終わった例もある。

発展の不平等とグローバル化　社会主義の衰退とともに勢いを増し，今日の主流となっている資本主義経済は，グローバル化による世界の緊密化を進める原動力となった。ウォーラーステインは，近代世界システム論において，世界は三層構造から成ると主張する。中心は圧倒的な経済力や政治力で世界をリードする中核，その周りには中核に依存しながらも経済・政治両面で力

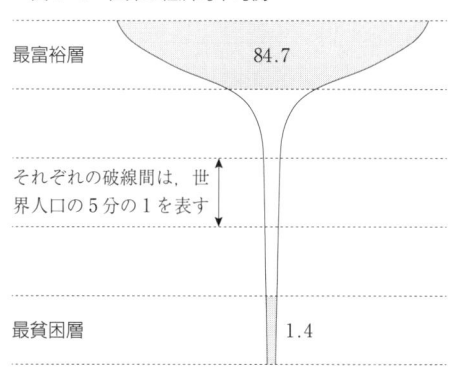

図2-2 世界の経済的不均衡

最富裕層　84.7

それぞれの破線間は、世界人口の5分の1を表す

最貧困層　1.4

＊　数字は国民総生産（GNP）の割合を表す。
出所）　*Human Development Report*, UNDP, 1994, p. 63. をもとに筆者作成。

を持つ半周辺があり，さらにその外枠には半周辺に対して食糧や石油などといった原料を供給する周辺が存在する，とする。

　世界システム論の特徴である「中核―半周辺―周辺」という，それぞれの階層に属する国家群がその時々の国際情勢に応じて入れ替われば，今日の国際社会にみられるような国家間の経済格差は限りなく解消の方向へと向かうであろう。しかしながら，実際には周辺にあたる貧しい諸国の人民は，その国の支配層から労働力や私財を搾取されることでさらに苦しい生活を強いられる。一方，中核に属する諸国の人民は貧しい国の住民の生産した農作物や物品を安価に手に入れるという形で搾取し続けるという，かつての帝国主義の時代にみられた植民地の支配構造から脱することができずにいる。このような富の独占は，ワイングラスにもたとえられる。丸い本体（ボウル）になみなみと注がれたワインを飲むことができるのは世界

の5人に1人であり，残りの4人はワイングラスの細い脚の部分に相当し，ほとんど飲むことができないといった比喩である（図2-2）。このような不公平な状況を脱するために国連はミレニアム開発目標（第4章で詳述）を掲げ，持続可能な発展に向けて教育や開発などの諸課題に対して積極的に取り組んでいる。

(2) 国際機構

　私たちが国際機構という言葉を聞くとまず思い浮かべるのは，普遍的機構としての国際連合（国連）であろう。国連がもっとも大規模で，包括的目的を有する国際機構であることは間違いないが，今日の国際社会には，さまざまな規模と目的を持つきわめて多数の国際機構が存在している。たとえば，国連は特定の分野における国際協力の推進を目的とする普遍的国際機構と連携関係を構築しており，それらの機構は国連の専門機関と呼ばれている。国際労働機関（ILO）や世界保健機関（WHO），国際通貨基金（IMF）や，国際復興開発銀行（IBRD）を中心とする世界銀行グループなどは私たちにもなじみ深い。また，地域的国際機構も多数設立されており，ヨーロッパ連合（EU），あるいは東南アジア諸国連合（ASEAN）などの活動もしばしば報道される。それでは国際機構は国際社会でどのような役割を果たしているのだろうか。その成立基盤からみていくことにする。

<u>国際機構の成立基盤と構造</u>　国際機構の定義はさまざまになされてきているが，ここでは，平和維持や特定の分野での国際協力など，一定の目的の下に条約に基づいて設立され，かつ独自の意思決定機関を有する機構を指すと定義しておく。典型的な国際機構には，総会（全加盟国で構成される意思決定機関），理事会

（一部または全部の加盟国で構成され，臨機の意思決定を行う機関）と事務局という三つの機関が置かれるのが通常である（先に国際機構の歴史について触れたが，そこで萌芽的な形態の国際機構として言及した国際行政連合は，国際事務局のみを有し，加盟国で構成される意思決定機関を有していなかった）。

今日，国際機構が円滑に活動を行うためには，以下の4要件が必要とされる。それは，①国際機構が自らの名において自己の意思を決定し得る能力（自律的意思決定権），②加盟国や他の国際機構との間で条約を締結する能力（条約締結能力），③国際機構の職員が，外交使節などと類似の特権および免除を有すること（特権免除の享有），④国際機構が一定程度の責任を負うとともに，他の主体に対して請求権を行使することができる能力（国際責任能力と国際的請求能力），である〔杉原高嶺『国際法学講義』有斐閣，2008年，476頁〕。

三つの機関を備え，かつ歴史上初めて平和維持を目的とする国際機構として設立されたのが，国際連盟である。国際連盟の最大の特徴は，加盟国の中で不当に他の加盟国を侵略しようとする国（侵略国）が現れた場合，他の加盟国が一致結束して侵略国を抑制し排除するという，集団安全保障体制が確立された点である。これは従来みられた勢力均衡体制のような「力による支配」ではなく，国際機構を中心に据えた「法による支配」を確立する起源となった。しかしながら国際連盟にはアメリカが参加せず，さらに日本やドイツといった常任理事国が，自らの利害のために結果的に脱退するなど，その体制は脆弱であった。

日本，ドイツなどの全体主義国家による侵略が世界に拡大したことに起因する第2次世界大戦は多くの戦死者を出し，日本の広島・長崎には非人道的な破壊力を有する原子爆弾が投下された。このよ

図2-3 国際連合の諸機関

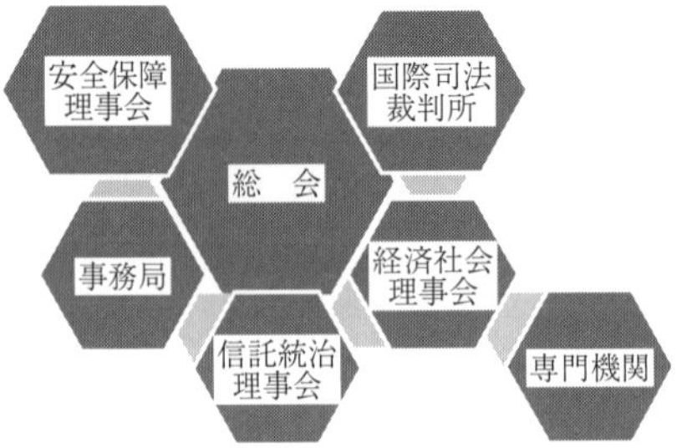

　　　　　安全保障理事会／国際司法裁判所／総会／事務局／経済社会理事会／信託統治理事会／専門機関

うな世界大の戦火を二度と起こさないために設立されたのが，今日も国際平和に大きな役割を果たしている国際連合である。国連は国際平和と安全の維持とともに経済的社会的国際協力の推進を目的として掲げ，主要機関として，総会，安全保障理事会，経済社会理事会，信託統治理事会，国際司法裁判所と事務局を設けている。安全保障理事会は国際平和と安全に向けて決議や勧告を行い，武力制裁や経済制裁を発動する権限を有している。経済社会理事会は開発や人権などの幅広い分野で，専門機関や NGO とも連携して国際協力を進めることを任務としている。信託統治理事会は信託統治制度の運営に携わっていたが，信託統治地域の消滅（1994年のパラオの独立を最後とする）に伴い，活動を休止している（図2-3）。

　国際連合の中で加盟するすべての国が一堂に会し，討議する場が総会である。総会は毎年9月に開会され，国連の活動のあらゆる分野にわたって討議した上で決議を採択し，国際世論の結集の場としての重要な役割を果たしている。

　国際紛争が生じたときに重要な役割を果たすのが，安全保障理事会（安保理）である。安保理は15の加盟国で構成され，うち中国，フランス，ロシア，イギリス，アメリカの5カ国は，常任理事国で

あり，残りの10カ国は2年ごとに改選される非常任理事国である。理事会開催の場所などといった手続事項に関する決議は，15の加盟国のうちいずれか9カ国が賛成すれば可決されるが，経済制裁など非手続事項に関する決議は，先に挙げた常任理事国すべてを含む9カ国の賛成が必要とされる。よって，冷戦期には米ソ間の対立を伴う紛争が安保理で協議されたとしても，米ソいずれかが反対することが多く（拒否権の行使），安保理の機能は限定的であった。しかしながら，冷戦終結後は国際社会全体の平和と安全を脅かすと判断される紛争が増加したことから拒否権の行使が減少し，武力行使を伴う国際社会の対応を判断する際の安保理の役割はきわめて重要となった。

ところが2012年に転機を迎えた中東・シリア情勢をめぐっては，シリア内戦の終息を促すために経済制裁などを行使する安保理決議を採択することができず，国際社会として一致団結して対処することができていない。特に常任理事国のロシアと中国が反対の意向を示している。なぜならば安保理でシリアへの介入を認めると，ゆくゆくは中露両国内における少数民族の抵抗運動が勢いを増し，場合によっては中露両国の現政治体制の崩壊にもつながる可能性があるからである。しかしながら国際社会による一致結束した態度が示せない状態が続き，犠牲者がさらに増えることが懸念される。

国際機構と市民社会　国際問題が多極化・重層化している中で，代表的な国際機構である国連では対処できない問題が発生している。たとえばインドでは，カースト制度による迫害，虐待，職業差別など，人間の尊厳が侵害される事態が起こっている。インドの国内法ではカーストによる差別は禁止されている。しかし，社会的慣習としてカースト制度は根深く残っている。このような問

題に，政府間関係を基軸とする国際関係や政府間組織としての国際機構の枠組みで対処することは困難である。そこで，国家の束縛を受けず，市民社会に根ざして公共利益のために自由に活動することができるNGOの活動が重要となる。国連など国際機構とNGOとの連携構築の意義はそこにある。

(3) 民族（人民）

国際社会において，民族（人民）間の対立が国内紛争の原因になり，さらに国家間紛争へとつながっていく事例は数多くみられる。それでは民族（人民）の概念はどのようにして形成され，今日の国際関係に影響を与えているのだろうか。まずは民族（人民）の定義から確認する。

民族の定義 世界のほとんどの国は複数の民族がともに暮らす国であり，日本も例外ではない。北海道に住む先住少数民族「アイヌ」は日本国籍を持っているにもかかわらず，そのアイデンティティを日本国政府から認められなかったために，自らは「アイヌ」だと長年に渡り主張してきた。そして，「アイヌ」が「アイヌ」として認められるように国会に働きかけをし，1997年に「アイヌ文化の振興並びにアイヌの伝統等に関する知識の普及及び啓発に関する法律」（アイヌ文化振興法）として立法化され，一民族として法的に認められることになった。アイヌは，アイヌ語という独自の言語を有し，天地万物あらゆるものには「カムイ」が宿るとして信仰の対象としている。特に信仰の対象としてあがめている熊を神の化身と考え，その霊を神の国に返すために子熊の肉を祭壇に供え，ともに食べるとする，イヨマンテに代表される独自の儀礼を有するなど，独自の言語，文化，宗教といった客観的要素を有している。

また，2008年には国連の国際人権（自由権）規約人権委員会が日本の人権状況に関する勧告を行い，この中で，日本政府が沖縄の琉球民族とともにアイヌを特別な権利や保護の資格がある先住民として認めないことに対する懸念を示したことも，アイヌ文化振興法の成立に影響を与えた。

国連では，差別や抑圧を国際社会全体で防止するために，国連憲章第1条3項において，「経済的，社会的，文化的又は人道的性質を有する国際問題を解決することについて，並びに・人・種，・性，・言・語・又・は・宗・教による差別なくすべての者のために人権及び基本的自由を尊重するように助長奨励することについて，国際協力を達成すること（傍点引用者）」を国連の目的の一つとして規定した。さらに1948年には，国際人権法の基本法とされる世界人権宣言が採択され，第2条（権利と自由の享有に関する無差別待遇）において同様の規定がみられる。世界人権宣言をもとに国際条約化されたのが，1966年採択の国際人権規約であり，社会権規約と自由権規約のいずれも第2条（締約国の実施義務）の中に同様の規定がみられ，保護が図られている。

冷戦終結後における民族紛争の激化と民族紛争の類型

19世紀，アフリカ諸国はヨーロッパ諸国によって植民地化され，不自然な区画に区切られ，国家領域を定められた。1960年には，植民地とされる地域に住む人民の経済的，政治的自決権などを認める植民地独立付与宣言が国連総会決議として採択され，同年には17の国家が次々と独立を果たした。アフリカ諸国は1955～64年に次々と独立を果たすが，1960年は特に多くのアフリカ諸国が独立を果たしたことから「アフリカの年」といわれる。

しかしながら冷戦が終結した直後の1990年代，アフリカ諸国では

図2-4 民族と国家をめぐる紛争のパターン

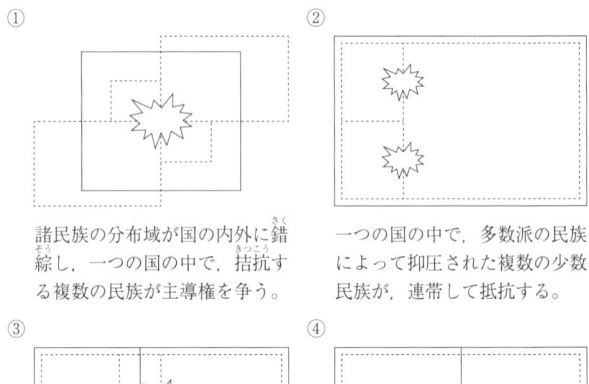

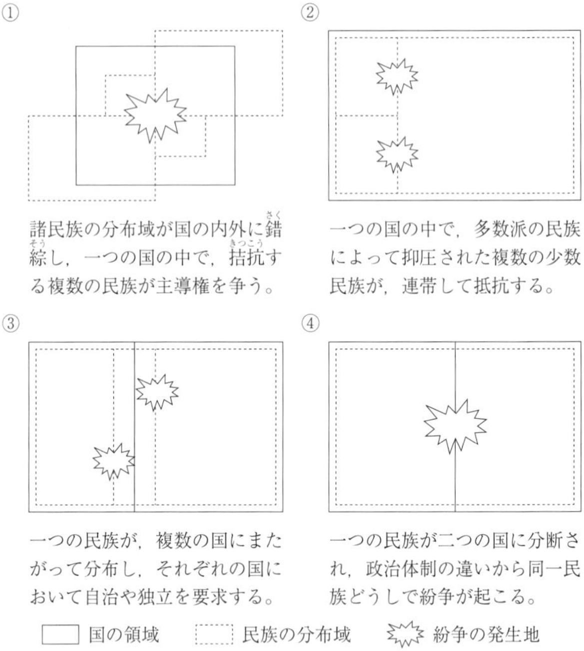

① 諸民族の分布域が国の内外に錯綜し、一つの国の中で、拮抗する複数の民族が主導権を争う。

② 一つの国の中で、多数派の民族によって抑圧された複数の少数民族が、連帯して抵抗する。

③ 一つの民族が、複数の国にまたがって分布し、それぞれの国において自治や独立を要求する。

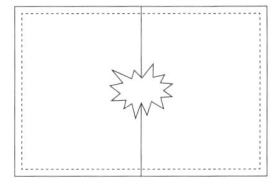

④ 一つの民族が二つの国に分断され、政治体制の違いから同一民族どうしで紛争が起こる。

☐ 国の領域　　┊┊ 民族の分布域　　※ 紛争の発生地

出所）「平成25年度　大学入試センター試験　地理B本試験」(2013年，166頁)

内戦が相次いで起きた。特に世界に衝撃を与えた事件の一つに、ルワンダにおけるフツ族を中心とする政府組織によるツチ族の大虐殺（ジェノサイド）がある。100日間で100万人あまりの、主にツチ族住民が殺害されたとされる。ルワンダ内戦に対し、国連は平和維持活動（PKO）部隊を派遣して阻止しようとしたものの、停戦実施のために派遣されたPKO部隊は武力行使ができないという制約もあり、撤退を余儀なくされた。

§2 国際社会における主要なアクター

　今日の国際社会でみられる民族紛争は，世界各地で貧困や民族紛争など，さまざまな要因で発生している。民族紛争は比較的単純なものから複雑なものへと，図2-4にある四つに分類することができる。

　まず①は，「諸民族の分布域が国の内外に錯綜し，一つの国の中で，拮抗する複数の民族が主導権を争う」事例である。冷戦終結直後の1990年代に紛争が頻発し，モザイク国家とも称された，旧ユーゴスラビア連邦共和国が好例である。

　次いで②は，一つの国の中で多数派の民族によって抑圧された複数の少数民族が，自治を守るために連帯して国家に立ち向かう，という事例である。中華人民共和国における圧倒的な漢民族に対して，少数民族であるウイグル人などチベット系民族が分離独立を目指して活動している例などが挙げられる。あるいは，現在も国内で少数民族に対する弾圧が散発的に続くロシアも一例である。

　③は，独自の国家は持たないが，分布域が複数の国にまたがっている民族の事例である。例としては，トルコ・イラク・イラン・シリアなど，中東各国にまたがって分布するクルド人が挙げられよう。特に世界で2番目にクルド人が多く住むイラクでは，自治政府設立に対して長らく独裁政権を維持してきたサダム・フセインによる迫害が注目された。

　最後の④は，主に冷戦構造や植民地支配により，元々一つであった国家が分断された事例である。例としては，朝鮮半島における南北朝鮮（大韓民国と朝鮮民主主義人民共和国）の分断が挙げられよう。休戦状態ではあるが，軍事境界線を挟んで南北朝鮮のにらみ合いが続いている。ほかには1960年代にアメリカとソ連の代理戦争として大きな被害が出た，ベトナム戦争などがある。

これらいずれの類型も,「国家」という枠組みに左右されて紛争が生じていることが特徴である。「国家」定義の一つに一定の「領土」を有することが求められることは, 先の(1)国家で確認した。特に紛争の多いアフリカ諸国の国境線に注目してみてみると, ほぼ直線に引かれた国境線が多数あることに気づく。これは19世紀ヨーロッパの大国が植民地として獲得した土地に, 宗教や民族などといった現地住民のアイデンティティを無視した線引きを行ったことを意味している。アフリカ諸国は, このような線引きを受け入れた一方で, 諸国に住む諸民族のその不満や怒りを解消することができないことが多く, 紛争を繰り返しているというのが民族紛争の根源でもある。

(4) NGO（非政府組織）

今日の国際関係を考える上でNGOの役割は欠かせない。では, NGOとはどのようにして組織され, 機能しているのだろうか。

NGOの役割　NGOの果たす役割は多岐にわたる。たとえば,「国境なき医師団」というNGOは, 医療が受けられない, あるいは災害や戦闘が起きた地域に対して, 所属する医師や看護師の中からチームをつくり災害地を支援する活動を行っている。あるいは,「グリーンピース」という環境保護団体は, 絶滅が危惧される動植物の保護に向けて, 現地にスタッフを派遣するなどして環境保護活動を通して世界平和に貢献している。共通しているのは, 社会で見落とされがちな弱者の意見を汲み上げ, 社会的弱者の権利実現に向けて組織体として自律的に行動しているという点である。

NGOは活動内容に応じて, 国内NGOと国際NGOに分けられる（図2-5）。国内NGOは, 最小単位となる私たち一人ひとりの意見

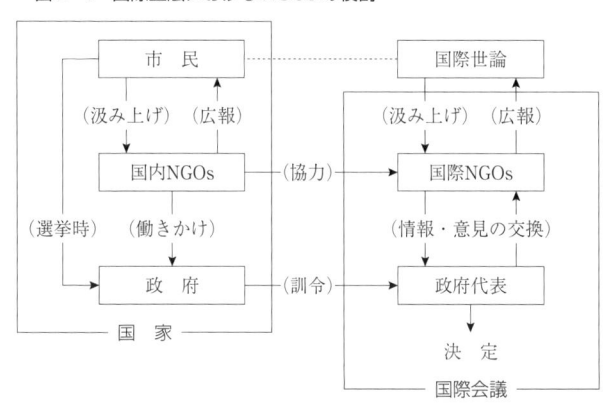

図2-5　国際立法における NGOs の役割

```
        ┌──市　民────────┈┈┈┈ 国際世論──┐
        │ (汲み上げ)(広報)     (汲み上げ)(広報) │
        │    国内NGOs ──(協力)── 国際NGOs   │
  (選挙時)(働きかけ)           (情報・意見の交換) │
        │    政　府 ──(訓令)── 政府代表    │
        └──国　家──┘           │         │
                               決　定      │
                              └─国際会議──┘
```

出所）　松井芳郎『国際法から世界を見る[第3版]』(東信堂，2011年，319頁)

を集約し，国家代表となる政府に対して市民代表としての意見を尊重するように働きかける役割を果たす。これに対し，国際 NGO は国内 NGO と連携体制をとりながら必要な施策をとりまとめ，国際社会の総意となるように各国政府代表に働きかけを行っている。特に国家間の利害対立により意見の隔たりが大きい環境問題などにこれら NGO の連携体制は威力を発揮する。

NGO と他のアクターとの協働に向けて　　戦後，食卓の栄養源として日本人がよく食べたクジラ。そのクジラをめぐって論争が起きている。和歌山県太地町では，長年続けてきたクジラ漁を阻止しようと環境保護 NGO「シーシェパード」が乗り込んできた。彼らは漁師たちに対し，捕鯨をやめさせるために海岸付近で罵声を浴びせかけるなどの妨害活動を行った。さらに，ビデオカメラで撮影したクジラの命を絶つ場面をインターネットで

配信することで国際世論を喚起し，クジラ漁を中止に追い込もうとしている。シーシェパードは，クジラは人間と同じく高等な哺乳類だから殺すべきではない，と主張する。一方で太地町の漁師たちは，クジラ漁は町のコミュニティー形成に重要な役割を果たすとともに，自らの生活の一部であり文化であると主張し，全面対立している（なお，日本の南極海における調査捕鯨については，2014年3月31日に国際司法裁判所から中止が命じられた）。シーシェパードの捕鯨をめぐる衝突は，アイスランドやノルウェーなど世界各地で起きており，このような深刻な対立を解消するためには互いの主張の背景を知り，理解を深めることがまずは求められている。

一方でNGOが国際平和に向けた新たな規範の構築に成功した例もある。その典型例が，対人地雷禁止条約（オタワ条約）の締結である。世界各地の紛争地域（世界90余の国と地域）には数百万から数千万の地雷が埋設されているとされる。それら地雷は，紛争の終結後も埋設地が特定されないまま，放置されることが多い。埋設されていることを知らずに田畑を耕作する人や，地をかけ回って遊ぶ子どもたちが誤って踏むことで爆発し，手足が爆風で吹き飛ばされて不自由な生活を強いられるという被害が相次いでいる。このような非人道的な被害を食い止めるために立ち上がったのが，地雷廃絶国際キャンペーン（ICBL）と称するNGOであった。ICBLはカナダやノルウェーと連携して地雷廃絶のために取り組む意思のある国家の取り込みに奔走した。その結果，地雷の埋設や保有を禁止するオタワ条約が1999年3月1日に発効した。2014年5月現在，オタワ条約に参加している国は161カ国に上る。

ところで破壊力では絶大な威力を持つ核兵器については，保有する国をこれ以上増やさず（核不拡散），さらに核保有国も自らの保有

する核弾頭数の削減に努める（核軍縮）という目標を達成するために，1996年に包括的核実験禁止条約（CTBT）が署名のために開放された（2014年5月現在，署名183カ国，批准162カ国）。CTBTでは，核兵器を保有する可能性のある国をリストアップし（44カ国），該当するすべての国が条約を批准しなければ発効しない。2013年現在，インド，パキスタン，北朝鮮など，核実験を相次いで行っている国が同条約を批准していない。未発効の状態が長期化することで，核兵器拡散を防ぐという本旨が形骸化する可能性は高い。最大の要因は，核兵器を保有する国が保有しない国を押さえ込もうとする「上からの視点」が重視されており，当然のことながら，押さえつけられる国はこれに従おうとしないわけである。一方でオタワ条約は，地雷を廃棄する意思のある国家だけを集めてとりあえず条約を発効させ，その後徐々に締約国を広げ，最終的にはすべての地雷保有国に条約の締結を求めていくという，NGOの特徴である，弱者による「下からの視点」が生かされ，締結へとつながったことが功を奏したのである。

　ただ，ICBLなど軍縮関係のNGOには，国連との連携の仕組みが必ずしも適用されない。国連憲章で協議資格を認められるNGOは，経済社会理事会の活動分野に対応した活動をしているNGOに限られるからである。より幅広いNGOとの関係確立は国連にとっての課題である。しかしその一方，政治権力の束縛を離れたところで運動を発展させる点にNGOの存在意義があるともいえ，政府や政府間組織との間で，どのような立場に立って活動するかは各々のNGOにとっての課題でもある。

(5) 多国籍企業

多国籍企業の成立基盤　国連貿易開発会議（UNCTAD）の定義によると，多国籍企業とは，二カ国以上に事業体を有し，首尾一貫した方針や共通戦略により意思決定されるシステムの下で操業する大企業を指す。たとえば私たちが日常的に使用しているスマートフォン（多機能型携帯電話）のメーカーをみてみると，アップル社，サムスン電子，LG電子など，多国籍企業の製品が多数を占めている。

これら多国籍企業は，世界中に製造，営業拠点を持ち，ビジネスを展開している。そのため，多国籍企業の売り上げが，拠点を置く各国の経済にも大きな影響を与える。たとえば世界の自動車業界でもトップクラスの売り上げのトヨタ自動車は，世界各地に製造・販売拠点を置く多国籍企業である。自動車を製造するためには，車を制御する電子部品やハンドル，さらにエアコンや座席などさまざまな部品が必要である。それら部品は日本だけでなく，世界各地で作られている。不況で車が売れなくなると，まずは製造部門で働いていた人が不要となり失業者が増える。失業者が増えることで車を買う人はさらに減る。影響は，トヨタ自動車本体だけでなく部品を供給している世界各地のメーカーにも波及する。当然のことながら，これら企業が納める法人税によって運営される国家にも悪影響が生じる。

多国籍企業の展開　多国籍企業は国家など従来中心に据えられていたアクター以上に，国際経済を大きく動かすアクターとして国際関係で重要視されている。

世界展開する多国籍企業の中には，展開する国の文化・風土に調

和することで、その土地に住む人に受け入れられるための工夫をしている企業もある。iPhone や iPad の売り上げ上昇で急成長を続けているアップル社が代表的な企業として挙げられる。その一方で、多国籍企業は独自の文化・風習を破壊し、ひいては利益を搾取しているとして、進出国の国民から非難される例もしばしばみられる。代表例として挙げられるのが、世界的店舗展開を行っているマクドナルドやスターバックス コーヒーなどのファーストフード会社である。それらの会社が業務効率の確保のため世界中の店舗で行っている標準化が、展開先の国や地域の食文化を破壊するとして批判を受けることがある。

多国籍企業のあり方について、国連では「グローバル・コンパクト」という指標を設けている。「グローバル・コンパクト」には10原則が設けられている。具体的には、使用者が労働者に対して不当な人権侵害をしないこと、労働組合の結成や団体交渉権を認めること、あらゆる形態の強制労働を排除すること、児童労働の禁止、環境問題に配慮した企業活動を展開すること、が求められている。また、1976年に OECD（経済協力開発機構）により勧告された「多国籍企業行動指針」においても、世界経済の発展に重要な役割を果たす多国籍企業の人権、雇用、環境、技術、納税など幅広い分野にわたる行動指針が示され、企業の自律的な活動が求められている。

(6) 国際関係を動かすファクターとしてのネット社会

以上、国際社会における種々のアクターを見てきた。国際関係は第一にこれらアクターの行動と相互関係によって動かされるということができる。しかし、今日の国際社会において、個々のアクターとしての特定にはなじまないが、国際関係に大きな影響を及ぼす

ファクター（要因）として触れておきたいものがある。それはソーシャルネットワーキングサービス（SNS）を中心とするインターネット社会である。

　インターネットの普及と，とりわけFacebookやTwitterなどといったSNSの急速な発達は，かつて容易に情報の発信者とはなり得なかった個人が一転して全世界に対する情報発信者となることを可能にし，また国家権力の介入を受けることなく必要な情報を必要な人と比較的安価かつ瞬時に共有することを可能にした。そこでは個人が，写真や動画など人の視覚に直接訴える手段を駆使しつつ，世界中に情報を発信し同調者を幅広く獲得することで，国際関係を動かす大きな力となっている事例が随所でみられる。

　2011年に中東各地で発生したアラブの春と呼ばれる民衆革命で，Facebookによる情報交換が国家体制の崩壊に大きく寄与したことは，記憶に新しいところである。これは，2011年に北アフリカのチュニジアを発端として，エジプト，リビアなどの独裁政権が民衆運動により相次いで崩壊した出来事を指す。発端となったチュニジアでは，ベン・アリ大統領による独裁体制が数十年にわたって続いていた。独裁体制下では政府に対する批判は許されず，抵抗した者は政府によって捕らえられた。しかしながらチュニジアでもFacebookが国民に広まり，これまで国家によって規制されていた独裁体制による不正や虐待など，政府の批判につながる情報の交換が頻繁に行われるようになった。

　チュニジアで起きたベン・アリ政権崩壊のいきさつは，次のとおりである。地方都市シディブジドでは，モハメド・ブアジジという青年が露天商を営んでいた。しかし青年は露店を無許可で営業していたことから，地元政府当局者に商売道具の秤を取り上げられた。

これに対し彼は,地元政府庁舎前で焼身自殺を図って抗議した。この様子を青年の兄が携帯電話で動画撮影してFacebookに投稿したところ,瞬く間にチュニジア国内でこの動画が共有されるようになった。動画を見て怒った民衆は結集してチュニジア各地で暴動を起こし,ベン・アリ政権は崩壊に至った。同じような独裁体制下にあったエジプトやリビアでも,Facebookを使って民衆が結集し,独裁者が政権から引きずり下ろされるという事態になった。

　このように,インターネット社会は,なお政府間社会としての性格を強く持つ国際社会の背面にまさに蜘蛛の巣(web)のように網を張りめぐらせ,ときには国をも絡め取るだけの吸引力を有しているということができる。もっとも,SNS等を通じた情報の流通は,報道機関を通じたそれとは自ずから異なる性質を持ち,課題も抱えている。表現の自由の保障は,多元的民主主義社会の存続にとって最も重要な要素の一つである。中でも報道の自由は私たちの知る権利と表裏をなすものとして,最大限の尊重を必要とする。報道機関は権力に対し報道の自由を要求するのと同時に,知る権利の主体たる私たちに対して責任を負う。それに対し,インターネット社会においては,情報の送り手は基本的に個人であり,情報の受け手に対して責任を負うという意識は希薄であるし,また負いうる責任には自ずから限界がある。さらには,インターネットを通じた情報の流通は権力から自由であるともみえるが,他方で情報自体が権力によって操作されていてもそれが可視化し難いという面も併せ持つ。私たちは報道機関からの情報に向かい合う場合にも増して,情報の信憑性を含めて冷静に判断するだけのメディア・リテラシーを養うことが必要なのである。

現代国際社会をみる目　　グローバル化により，人類は情報の発信・共有が瞬時にできるようになった。反面，情報量の飛躍的な増加と高速化により，私たちは情報の真偽やその背景等について深く検証する余裕を持たず，ともすれば一つの情報に突き動かされる形で自らの考えを固定してしまう傾向に陥りがちである。本章で触れてきた国際社会のアクター（およびファクター）の多様化・多元化に照らしてみても，国際関係が，例えば一つの価値観を通じて読み解けるほど単純なものではないことは容易に理解できることである。現代国際社会は，私たち誰もが自律的主体として国境という枠を超えて活躍するシームレスな時代への転換期を迎えている。私たちは，政治社会としての国際社会に対し，市民社会の一員として目を向け，自分なりの理解とみる目を養っていく必要がある。

〔福島崇宏・戸田五郎（補訂）〕

第２部　全人類的課題の実態と検討

第3章　平和と安全保障

§1　戦争，平和そして安全保障

(1) 戦争と平和

戦争の世紀　　人類は，有史以前から，棍棒や石などの武器を用いて，武力闘争をしてきた。ウェストファリア条約により近代主権国家システムが成立した17世紀以降も，国家は，戦争の自由・軍備の自由という前提で，自己保存および自己発展のために他国との戦争に明け暮れた。そういう意味で，「人類の歴史は戦争の歴史」であり，特に20世紀は，2度にわたる世界規模の悲惨な大戦を経験したにもかかわらず，その後も国家間の武力紛争が引き続き勃発したことから，「戦争の世紀」であったといわれる。

　戦争の人的被害も，20世紀になって急増した。その要因として，第1に，20世紀初頭までは，国家と国家の2国間の地域的に限定された戦争であったのに対して，第1次世界大戦および第2次世界大戦のように，国家集団と国家集団の広範囲の地域を巻き込む大規模戦争となったことである。第2に，従来の戦争は，戦闘員間の戦争であって一般住民への影響が限定的であったのに対して，両世界大

戦は，戦闘員以外の一般住民を戦争遂行過程に巻き込む総動員体制での総力戦（total war）であったことである。第3に，科学技術・軍事技術の発展に基づく戦略兵器（戦略爆撃機）の出現により戦線と後方地の区別がなくなり，無差別的な大量破壊兵器（化学兵器，生物兵器および核兵器）が発明され戦争中に使用されたことである。これらの要因から，第1次世界大戦で2,600万人，第2次世界大戦で5,355万人と，戦争犠牲者数が極端に増大した。

平和の定義　では，このような戦争・武力紛争が存在しなければ，平和であるといえるか。第2次世界大戦後，資本主義諸国陣営と社会主義諸国陣営は，政治的イデオロギーの対立から，実際の戦闘行為に至らないけれども，一触即発の厳しい政治的・軍事的対立状態（東西対立）に陥った。その対立状況は，実際に戦闘行為が行われる熱戦（hot war）に対して，冷戦（cold war）と称された。仮に戦争ではない状態であったとしても，単に戦闘行為（熱戦）が存在しないだけで平和と呼ぶのには，躊躇せざるを得ない。北半球の先進工業国と南半球の発展途上国との経済格差問題（南北対立）も，平和問題を考える上で重要な検討課題である。平和研究者ヨハン・ガルトゥングは，戦争という国家間の直接的暴力のない状態を消極的平和（negative peace）と定義し，国内において貧困・飢餓・抑圧・差別といった構造的暴力のない状態を積極的平和（positive peace）と定義する。国際社会において消極的平和を実現することもきわめて困難であるといわざるを得ないが，積極的平和は，さらに，その状態にとどまることなく，国際関係が安定し，国内において人間個人の衣食住が満たされ，個人の生存権が満たされるという社会の実現をめざしている。

　平和に対する人民の権利に関する国連人権理事会諮問委員会は，

「平和とは，一国内及び多国間において組織的な暴力のない状態を意味し，かつ，人権の包括的及び効果的な保護，男女の平等，社会的正義，経済的福利，差別や制約がなく，異なる文化的価値の自由かつ広範な表現のある状態を意味する」と定義する（A/HRC/17/39, 1 April 2011, para. 17.）。

(2) 安全保障概念の変遷

国家の安全保障　　国家は，戦争を抑止・回避し平和状態を維持・確保するために，さまざまな安全保障（security）政策を工夫してきた。まず，安全保障を定義すれば，①ある主体が，②その主体にとって掛け替えのない何らかの価値を，③何らかの脅威から，④何らかの手段によって，守るということである。第1に，軍事的視点からの安全保障とは，①国家が，②自国の領土・独立および国民の生命・財産を，③外国の軍事的脅威から，④軍事力によって，守ることを意味する。それは，外的脅威（敵対国家）から自国を防護する国家の安全保障（national security）であり，国家防衛・国防（national defense）とも称される。そこでは，軍事的脅威＝敵対的意図×軍事的能力という方程式が成立する。たとえば，外国の敵対意図がなければ軍事力が膨大でも脅威とならず（たとえば，日本にとっての現在のアメリカ），他方，敵対的意図が高いほど，また，敵対的意図があって軍事力の規模が大きいほど，脅威は増大する。

総合安全保障　　軍事以外の視点を含む安全保障として，冷戦期に日本の大平正芳首相時（1980年）に提唱された総合安全保障（comprehensive security）がある。当該概念は，目標も手段も，軍事的側面と非軍事的側面の両方を考慮し，さらに，国外からの脅威だけでなく，国内における脅威や自然による脅威までも考慮する。

具体的には，1973年の石油危機の経験からエネルギー安全保障，食糧自給率の低さに対する食糧安全保障，さらに大規模地震など非軍事的脅威への対策を考慮し，非軍事的手段の政府開発援助（ODA）を総合的施策に組み込む。このように，総合安全保障は，従来の国家の安全保障と比較すると，脅威概念を幅広くとらえ，その対策として非軍事的手段の活用を重視する。

人間の安全保障　冷戦終結以降の国際社会は，東西対立の陰に隠れていた民族・宗教紛争が顕在化し，多様な脅威に直面した。たとえば，内戦，飢餓，貧困，差別・抑圧，難民，麻薬，HIV/エイズを含む感染症や環境破壊などである。このような脅威は，制度として国家体制が存続していても，独裁国家や破綻国家のように，自国民を保護すべき国家がそうする意思も能力もない場合に，解決困難で深刻な課題となる。換言すれば，外的脅威対処型である国家の安全保障概念は，このような脅威に対処不能である。

1994年の国連開発計画（UNDP）は，『人間開発報告書（Human Development Report）』の中で人間の安全保障（human security）を初めて提唱した。当概念は，「恐怖からの自由」と「欠乏からの自由」から構成され，具体的には，経済，食糧，健康，環境，個人，コミュニティおよび政治の安全保障に分類され，地球規模の問題として，爆発的な人口増加，経済機会の不公平，移住の圧力，環境の変化，麻薬取引，国際テロの六つの問題を列挙する。その特徴は，脅威概念の多様化とともに，その保護対象を，国家ではなく，従来の国家から見落とされる人間個人の生存・生活・尊厳に設定し，人間というミクロの視点から安全保障を再構築しようとするものである。

気候安全保障　近年の新たな傾向として，安全保障とはまったく関連しないと思われてきた環境保護問題，特に気候変

動が,新たな脅威概念として議論されるようになってきた。たとえば,安全保障を議論する国際連合安全保障理事会（国連安保理）が,2007年4月17日に地球温暖化問題に関する公開討論会を開催した。2011年7月20日に国連安保理は,地球温暖化による海面上昇・国土消失の可能性を含めて,気候変動問題が平和と安全保障への潜在的な脅威であるととらえる議長声明（S/PRST/2011/15）を採択した。これが,いわゆる気候安全保障（climate security）である。ただし,地球温暖化ガスの削減など自国への過剰負担を懸念する諸国（中国,ロシアなど）は,気候変動と安全保障は別問題であると批判して,安保理での議論自体に反対している。

このように,平和を維持し回復する安全保障概念は,まずは外国の軍事的脅威に対する国家防衛（国防）から始まり,エネルギー分野や食糧分野など多様化した脅威概念に対応するための総合安全保障に,そして,保護対象を国家自体から人間個人に移行する「人間の安全保障」へと拡大・発展してきた。さらに,近年では,安全保障と地球環境をリンクさせて,地球規模での安全保障概念へと認識されるようになってきた。

これらの安全保障概念は,消極的平和および積極的平和とも連動して,国家や一般住民が置かれたそれぞれの環境に応じて,援用され追求されるべきものである。東西対立が激しい冷戦期であれば,まずは消極的平和の確保が最優先事項であり,国家は国家の安全保障政策を採用する。冷戦終結後に南北対立の根底にある発展途上国の貧困問題が表面化すれば,積極的平和の実現をめざして,国際社会は,発展途上国の開発援助のために,人間の安全保障政策を講じる必要がある。これらの安全保障概念は,相互に対立し否定する関係にあるのではなく,戦争から平和へ,消極的平和から積極的平和

へ移行するための重層的・相互補完的関係にあると位置付けられる。

§2 国際社会の安全保障体制

(1) 冷戦期までの安全保障体制

同盟関係　安全保障を確保する方法は，いくつか考えられる。一般的に，国家は，国力（領土の広さ，生産力・経済力，人口など）に基づいて，自国の軍事力を近隣諸国のものと比較して相対的に高めることにより，国家の領土保全と独立を確保しようとする（個別の安全保障）。しかし，近隣諸国または敵対する国家（仮想敵国）と比較して自国の軍事力が弱い場合，仮想敵国とは別の国家と同盟（alliance）関係を構築して，仮想敵国に対峙しようとする（対抗型の安全保障）。同盟関係が構築された国家群の国力や軍事力が特定国家と比較して相対的に高まれば，反作用として，特定国家も，軍事的脅威を感じて別の国家と同盟関係を構築して，相手国家群と対抗する。国家群同士の軍事力が勢力均衡（balance of power）の状態となれば，相互に侵略・攻撃が抑止され，緊張状態にありながらも相対的に安定した政治状況が生まれる。

それぞれの国家および国家群は，他方の国家および国家群の軍事力の見積りを基に自国の軍事力を整備するが，他方の軍事力の見積りはそう簡単なことではない。各国の人口や兵員数は把握できるとしても，各国が保有する兵器の種類，性能および数量，弾薬および燃料の備蓄量ならびに武器の生産能力などの継戦能力は最高の軍事機密であり，一方は他方の軍事力の実態を正確に把握できない。また，兵士個人の体力的・精神的な戦闘能力についてどちらが精強か

は，比較測定できない。そのため，国家は，仮想敵国の軍事的脅威を過大に見積りした上で，精神的安心を得るために自国の軍事力をそれ以上に整備する。このような相互作用により，同盟関係は，本質的に軍備拡張（軍拡）の傾向を示す。軍備を増強しつつ対立する同盟関係は，何らかの事件を契機に微妙な勢力均衡が崩壊した場合，単独の国家間ではなく国家群間の武力衝突に発展し，大規模な戦争となる危険性が内在していた。その実例が，独・墺・伊の三国同盟（ブルガリア・オスマントルコが参戦，伊は1915年に離脱し反対側で参戦）と露・英・仏の三国協商（日・米が参戦）の戦いとなった第1次世界大戦（1914年7月28日〜1918年11月11日）である。

　同盟関係は，自国に直接的関係がなくとも，同盟相手国の武力紛争に巻き込まれる可能性がある。同盟相手国の紛争に巻き込まれないように同盟相手国との関係を弱めようとすると，同盟相手国に信用されず，自国が危機に陥った際に軍事支援が受けられなくなる。また，同盟関係は，強化されればされるほど，敵対勢力への脅威となり，敵対勢力との関係の悪化を招きやすくなる。このように，同盟関係の構築には，二重の「同盟における安全保障のジレンマ（security dilemma in alliance）」が存在する。

国際連盟の集団安全保障　国際社会は，第1次世界大戦の深い反省に基づき，仮想敵国を前提とした同盟体制に取って代わる新たな安全保障方式を創出した。それが，制度内に仮想敵国を包含する集団安全保障（collective security）方式であり，その方式を最初に採用したのが，国際連盟（1920年1月発足）であった。集団安全保障とは，まず，全構成国がその体制内では友好国も敵対国も戦争を行わないという約束をする。もしある国家がその戦争禁止の約束を破り他の構成国に戦争を仕掛けることがあれば，被害国

を含めて違反国を除く全構成国が組織して違反国に対して制裁を加えるという仕組みをいう。国際連盟規約によれば，戦争または戦争の脅威は，連盟全体の利害関係事項であり［第11条］，連盟国間に国交断絶に至るおそれのある紛争が発生した場合には，連盟国は，当該事件を仲裁裁判か司法的解決または連盟理事会の審査に付して，仲裁裁判官の判決や司法裁判の判決または理事会の報告が出されて3カ月を経過しない期間中に戦争しないよう義務付けられた［第12条］。しかし，3カ月後に判決や報告書に服さない国に対して合法的に戦争に訴えることができるし，紛争当事国を除く連盟理事会全会一致の報告書が採択されない場合も，戦争に訴えることができる［第13・15条］。国際連盟規約は，戦争自体を禁止したのではなく，あくまで戦争を手続的に制限しただけであった。

連盟規約に違反して戦争に訴えた連盟国は，当該国家以外の全連盟国に対して戦争行為をなしたものとみなされ，主として経済制裁の対象とされる［第16条］。集団的制裁が効果的に実施されるために，集団的制裁への構成国の全員参加もしくは多数参加および制裁内容の統一化が要求される。しかし，国際連盟は，1921年に「連盟規約第16条適用の指針」総会決議により，同規約違反の認定を各国に委ね（認定権の分権化），経済制裁が即時的・全面的である必要はない（実施時期および内容の不統一）とした。国際連盟規約第16条の唯一の適用例であるイタリアのエチオピア侵略戦争（1935～36年）についても，連盟加盟国による経済制裁の任意的参加および部分的内容の実施により，当該制裁は効果なく失敗に終わった。

後に国際連盟の集団安全保障体制の弱体化を招いた要因として，このような戦争の手続的禁止および制裁での内在的欠点が指摘できる。また，国際連盟への不参加（アメリカ），脱退（ドイツ・日本・イ

タリア）および除名（ソ連）にみられるように，国際連盟体制を支える有力国の不在という外在的欠点もあり，最終的には，国際連盟の集団安全保障は，第2次世界大戦（1939年9月1日～1945年8月15日）を防止できなかった。

国連の集団安全保障　第2次世界大戦後に設立された国連（1945年10月発足）は，国際連盟規約の反省から，集団安全保障体制を大幅に修正し再構築した。国連は，武力不行使原則［国連憲章第2条4項］の下，国際の平和および安全の維持に関する主要な責任を負う安保理に，「平和に対する脅威，平和の破壊又は侵略行為の存在を決定」する権限［第39条］を付与した。さらに，安保理の当該決定は国連加盟国に対して法的拘束力がある［第25条］。国連憲章では，武力不行使原則の違反認定の集権化と制裁の義務化が図られた。さらに，制裁措置も，国際連盟規約と異なり，経済制裁に加えて軍事制裁を重視する規定ぶりとなった［第42条］。なお，国連は，自らの軍隊を保持していないので，安保理と加盟国との間で兵力提供に関する特別協定を締結する予定であった［第43条］。

強化された国連の集団安全保障体制にも，制度的限界点が内在していた。それは，安保理の表決手続である。安保理は，常任理事国5カ国（中，仏，露，英，米，いわゆるP5）と非常任理事国10カ国の合計15カ国から構成される［第23条］。各理事国は，1個の投票権を有し，手続事項に関する決定は，9理事国の賛成により行われる［第27条1項，2項］。しかし，その他のすべての事項（非手続事項または実質事項）に関する決定は，常任理事国の同意投票を含む9理事国の賛成投票によって行われる［第27条3項］。常任理事国には，1国でも反対すれば（棄権は決定を阻止しないという国連慣行がある），安保理の決定を阻止できる拒否権（veto）という特権が付与されている。

常任理事国5カ国の一致がなければ，平和に対する脅威や平和の破壊または侵略行為の存在の決定も，それに対する強制措置の決定もできず，集団安全保障体制が機能しない（大国一致原則）。換言すれば，安保理は，常任理事国が関与しない国際紛争には介入できるが，常任理事国5カ国が直接関与する，または5カ国と密接な関係にある国家が関与する国際紛争には介入できない。他方，拒否権制度がなく安保理での表決手続が単なる多数決であれば，たとえば，アメリカのベトナム戦争やソ連のアフガニスタン侵攻を侵略行為と認定しアメリカやソ連に対する制裁措置または軍事的措置を安保理が決定したとすれば，それはまさしく第3次世界大戦の発生に至ったであろう。常任理事国の拒否権制度は，軍事大国間の直接対決を回避する安全弁であるという意味で，主権国家の併存状態である国際社会におけるいわば「必要悪」であったといえる。

(2) **冷戦期の安全保障体制**

同盟関係の復活　第2次世界大戦の終わり頃には，アメリカとソ連の間で戦後処理をめぐる意見の対立があり，ソ連を中心とする東側諸国とアメリカを中心とする西側諸国との間で後に顕在化する東西対立・冷戦がすでに始まっていた。国連安保理の表決手続での拒否権制度も，その対立の表れであった。冷戦状態の要因は，第1に，資本主義体制と社会主義体制という政治体制のイデオロギーの対立である。第2に，北大西洋条約機構（NATO，1949年発足，原加盟国12カ国）とワルシャワ条約機構（WTO，1955年発足，加盟国8カ国，1991年解体）という軍事対立である。第3に，英国撤退後の中東地域における支配権問題や中国共産政権の成立にみられる共産勢力の進出など世界的影響力をめぐる米ソ間の戦略的対立である。

実際, 朝鮮戦争（1950年6月〜1953年7月休戦協定成立）やベトナム戦争（1964年8月トンキン湾事件〜1975年4月サイゴン陥落）は, 自由主義陣営と共産主義陣営の代理戦争であった。

国連の期待する集団安全保障体制が冷戦状況で十分機能せず, 諸国家は再び自国の安全保障を同盟関係方式に依存せざるを得なくなった。それが, 国連憲章第51条の集団的自衛権を根拠とする2国間および多数国間の集団的防衛条約である。集団的自衛権とは, 被攻撃国が攻撃国に武力反撃する個別的自衛権とは別に, 被攻撃国と密接な関係を持つ国家が, 武力攻撃の被害を受けなくとも, 被攻撃国とともに攻撃国に武力攻撃する権利をいう。その発動要件は, まず, 被攻撃国による被害宣言があること, 次に被攻撃国による他国への援助要請があること, である（1986年のニカラグア判決）。集団的防衛条約は, 集団的自衛権に基づく共同防衛の軍事行動を義務化したものである（北大西洋条約第5条）。西側諸国では, 反共防衛網の一環として, 米国を含むNATO以外にも, 欧州諸国だけの西欧同盟（WEU, 1954年発足, 当初加盟国数7カ国, 後に10カ国, 2011年6月解体）があった。

非同盟運動の登場　同盟関係に基づく東側諸国と西側諸国との東西対立状況の中で, そのいずれの陣営にも属さず, 東西の緊張緩和および冷戦の解消をめざす積極的中立主義の非同盟運動（Non-Aligned Movement: NAM）が発生した。インドのネルー首相, ユーゴスラビアのチトー大統領, エジプトのナセル大統領およびインドネシアのスカルノ大統領を中心として, 1961年9月にユーゴスラビアのベオグラードにおいて第1回非同盟諸国首脳会議が開催された（25カ国参加）。運動理念は, 東西ブロックからの自主・独立および反帝国主義・反植民地主義であった。その後, 植民地の独立・

発展途上国の参加により，非同盟諸国首脳会議の規模が増大していった（64年47，70年54，73年75，76年86，79年90，83年101，86年101，89年102，92年108，95年113，98年114，2003年116，2006年118，2009年118，2012年120カ国）。現在，加盟国が120カ国あり，世界人口の約80％にあたる56億人を擁する運動組織体となっている。非同盟運動は，多くの発展途上国が参加し反植民地主義の立場をとっていたことから，比較的に西側陣営よりも共産陣営に共感する雰囲気があった。

　非同盟の定義・参加資格は，多数国間軍事同盟に加盟しないことを条件としながら，2国間軍事条約や外国への軍事基地の提供を部分的に認めているなどあいまいであった。その分，非同盟運動の組織的拡大は図れるが，必然的に軍事大国への強硬派と穏健派の路線対立が生じた。さらに，1979年以降のキューバ，ベトナムおよび北朝鮮の参加により，反米・親ソ政策が主張され，非同盟運動の伝統的精神が揺らぐ結果となった。非同盟運動の中心課題も，当初の反植民地主義や核兵器の廃絶という政治的側面から，1970年代以降では，米ソのデタント（détente，緊張緩和）やベトナム戦争の解消などを背景に，南北問題といった経済的側面に移った。特に，非同盟運動は，1973年の石油危機を生む要因となった「資源ナショナリズム」の推進役を果たした。他方で，資源ナショナリズムは，発展途上国間での資源保有国と非保有国との南南問題を生み出した。非同盟諸国間の経済的対立が表面化し，非同盟運動の連帯が緩み，国際政治に対する影響力の低下を招いた。特に，冷戦が終結し核戦争の可能性も遠ざかる状況の中での1998年のインド・パキスタンの核実験は，非同盟運動が積極的に推進してきた完全軍縮・核廃絶と相矛盾する事件であり，非同盟運動の存在意義が改めて問われることになった。

ヨーロッパ安全保障協力会議の開催　東西冷戦の最前線で対峙する欧州諸国は、核の「恐怖のバランス」の上にあり、欧州で武力衝突が発生すれば、核戦争となる蓋然性が高いと考えていた。そのため、戦争の回避が東西両陣営の共通の利益にかなうとの認識から、敵対国家をすべて含む安全保障の枠組みの構築が検討された。1975年7月にヘルシンキでデタントの象徴ともいうべき「ヨーロッパ安全保障協力会議（または欧州安全保障協力会議、CSCE）」が開催され、アルバニアを除く全欧州諸国とアメリカ、カナダを加えた35カ国（NATO 16カ国、WTO 7カ国、非同盟国3カ国、中立国6カ国、その他アイルランド、モナコ、バチカンの3カ国）が参加した。当会議が採択した最終決定書（ヘルシンキ宣言）は、欧州での国境の不可侵を確認するとともに、①信頼醸成措置（Confidence Building Measures: CBM）の導入、②経済・科学技術協力の促進、および③人的交流の促進と人権の尊重という三つのバスケット（構成部分）を規定し、さらに、これらの履行状況をフォローアップするプロセスも組み込んだ。このヘルシンキ・プロセスは、1989年までに3回フォローアップ会議が開催され、冷戦期におけるハイレベルでの対話の場を提供した。本会議は、1982年のパルメ委員会報告書『共通の安全保障（Common Security）』に示されるように、東西両陣営の「共通の安全保障」政策を推進した。

　ヘルシンキ宣言は、潜在的に敵対する国家群間の誤解や誤認による武力紛争の発生を回避するためのCBMとして、主要な軍事演習の事前通告（2万5,000名以上の規模で、21日以上前に）や軍隊移動の事前通告、軍事演習へのオブザーバーの招聘を列挙している。1986年のストックホルム文書は、信頼醸成措置の強化を図り、適用範囲を「ヨーロッパ諸国の領域および隣接する海空域」から「大西洋から

ウラルまで」に拡大し，事前通告の基準を兵員1万3,000名以上または戦車3,000両以上の演習に引き下げ，通告期限も42日以上前とした。CBM（1981年以降，信頼安全醸成措置 Confidence and Security Building Measures: CSBM も使用）は，軍備管理や軍備縮小（軍縮）に取って代わるものではないが，一般的に，地域的にまたは2国間で実施され，国際社会における安全保障政策の重要な一翼を担っている。

中立と中立主義　欧州の非同盟3カ国（ユーゴスラビア，キプロス，マルタ）と中立6カ国（オーストリア，スイス，スウェーデン，フィンランド，リヒテンシュタイン，サンマリノ）は，「N＋N」協力と称されるように，非ブロック国家として欧州のデタント実現に向けて，CSCE に積極的に参加した。中立国は，相対立する国家（群）のいずれにも加担しないことが国際法上義務付けられる中立（neutrality）の国家（永世中立国のスイスやオーストリア）と，国家間の対立状況の中で中立を求める政策体系である中立主義（neutralism）の国家との2種類に区分される。非同盟運動も，対立する国家群のいずれにも加担しないという意味で後者の中立主義の一形態であるといえるが，軍事ブロックの解体，民族自決権の保障，経済発展など国際政治経済の構造自体の変更をめざすという意味で，積極的中立主義といえる。

　冷戦の終結後，非同盟運動と同様に，中立国は，その中立政策の見直しを迫られる。中立国のスウェーデンやフィンランドは，NATO に未だ加盟していないが，1994年に NATO と「平和のためのパートナーシップ（PfP）」協定を結び，NATO と軍事協力を深め，1995年には欧州連合（EU）への加盟で EU 独自の軍事作戦への兵力提供など EU の共通外交政策と共同歩調をとっている。両国は，中

立主義政策を放棄してNATOに加盟する選択肢をすでに整えている。

(3) 冷戦終結以降の安全保障体制

国連の集団安全保障の復活　1980年代は、新冷戦（New Cold War）と称される軍拡競争が進んだが、1985年に成立したソ連のゴルバチョフ政権は、硬直化した政治・経済を打開するために、ペレストロイカ（再構築）とグラスノスチ（情報公開）およびノーボエ・ムイシュレーニェ（新思考）外交を推進した。これを契機に、1989年には東欧諸国の自由化（東欧革命）が急速に拡大し、非共産国家が誕生するとともに、同年11月に冷戦の象徴であり東西ドイツを分断していた「ベルリンの壁」が崩壊した。12月には、米ソのマルタ会談で冷戦の終結が宣言され、1990年10月には東西ドイツが統一した。1991年7月にワルシャワ条約機構が正式に解散し、12月にソ連が解体して、そして、ここに欧州での東西冷戦が終結した。

　冷戦終結後に国連の集団安全保障体制が機能するか否かを試す事件が、1990年8月2日に発生した。それは、イラクによるクウェート侵略である（湾岸危機）。国連安保理は、同日イラクの軍事行動を「平和の破壊」と認定し、即時撤退要求決議660を採択した。その後も、国連憲章第7章に基づく経済制裁決議661、経済制裁の履行確保のための海上阻止行動決議665、空輸禁止決議670など合計12本の安保理決議が、5大国の一致の下で採択された。11月29日には、翌年1月15日までの45日間の猶予期間内にイラクが安保理関連決議を履行しなければ、クウェート支援の多国籍軍による武力行使を容認する（authorize）決議678（12賛成，2キューバ・イエメン反対，1中国棄

権）が採択された。湾岸戦争は1991年1月17日から開始され，多国籍軍による軍事的勝利・クウェート解放で4月6日に停戦が成立した。

　武力行使容認型多国籍軍は，国連憲章第43条の特別協定に基づく正規国連軍ではないが，「憲章第7章の下で行動し（決議前文）」，国連の集団安全保障の一環としての強制行動を実施した。1999年のNATOによるコソボ空爆事件や2003年の米・英によるイラク戦争が違法であると非難される法的根拠として，国連安保理による武力行使容認決議の欠如がしばしば指摘される。換言すれば，当該決議が採択されれば，多国籍軍の武力行使は合法である。実際に，多数の武力行使容認型多国籍軍が人道支援任務（1992年ソマリアの統合任務部隊 UNITAF）および和平合意後の治安維持任務（1995年ボスニアの和平履行部隊 IFOR・後の1996年平和安定化部隊 SFOR，1999年コソボのコソボ治安維持部隊 KFOR，2001年アフガニスタンの国際治安支援部隊 ISAF）のために派遣された。もはや，国連集団安全保障体制にとって，武力行使容認型多国籍軍は，不可欠の存在である。ただし，注意点は，安保理の武力行使容認決議は，多国籍軍に軍事行動の白紙委任状を付与するものではないことである。任務の明確化および安保理への報告義務化などにより安保理による多国籍軍の統制が図られるように，決議内容を工夫する必要がある。

NATO の戦略転換と東方拡大　　集団防衛組織の NATO は，1991年に東欧諸国のワルシャワ条約機構の解散により直接の仮想敵国が消失したことから，任務の再検討を余儀なくされた。1991年の NATO 首脳会議での「戦略概念」は，共同防衛，いわゆる「5条任務」を基本としながら，多面的で多方向からの脅威に対する緊急即応体制へのシフトに踏み出した。1999年の

NATO首脳会議での「新戦略概念」は，共同防衛の「5条任務」に，紛争予防，危機管理および平和維持といった「非5条任務」を追加し，さらに，非5条任務の適用範囲を「域外適用」を意味する「欧州大西洋地域」に拡大した。国連安保理に軍事作戦を授権された前述の多国籍軍 IFOR, SFOR, KFOR および ISAF は，すべて NATO の指揮下で軍事作戦が遂行されていた。このように，国連が地域機関の NATO を治安維持任務などの多国籍軍として活用するのは，戦闘を目的としない国連平和維持活動（PKO）の場合には随時集合した多国籍軍でも任務の実施が可能であるが，より戦闘的な軍事作戦では，普段から合同軍事演習を実施している地域機関の軍事組織に委託する方が合理的でかつ効果的であるからだ。NATO は，国連の容認下で軍事作戦を履行し，地域的な安全保障の維持に貢献している。2010年の NATO 首脳会議での「新戦略概念」は，NATO の中核的任務として，集団防衛，危機感とともに，後述する協調的安全保障（cooperative security）を挿入している。

　冷戦終結のもう一つの影響は，中・東欧およびバルト諸国が将来の大国ロシアの復活を恐れ，軍事同盟の NATO への加盟を期待し始めたことに端を発する「NATO の東方拡大」であった。冷戦終結時には16カ国の NATO 加盟国数は，1999年に3カ国，2004年に7カ国，2009年に2カ国が加盟して，2014年7月現在合計28カ国に拡大している。他方，NATO の東方拡大は，ロシアに対する新たな「封じ込め」政策とみなされる懸念があった。そのため，ロシアと NATO は，1994年に「平和のためのパートナーシップ協定」を締結し，1997年にロシア・NATO 間の協力関係のための常設合同評議会，その後継組織として2002年にロシア・NATO 理事会（RNAC）を設立して，両者間の意思疎通を図っている。

ヨーロッパ安全保障協力機構の協調的安全保障

冷戦終結は，CSCE の役割にも影響を与えた。1990年のパリ首脳会合で東西冷戦の終焉が宣言されるとともに，機能強化のために事務局などの新設，首脳・外相・高級事務レベル級の会合の定期化など常設機構化の努力が開始された。CSCE は，1992年の制度化された最初の首脳会合（ヘルシンキ）で，自らを国連憲章第8章の下での地域的取極であると宣言し，その任務として，早期警戒，紛争予防および危機管理（事実調査・報告者ミッションおよびCSCE 平和維持を含む）を列挙した。具体的には，予防外交，平和構築，人道支援，選挙管理および人権監視である。そして，名称が，1995年1月よりヨーロッパ安全保障協力"会議（Conference）"からヨーロッパ安全保障協力"機構（Organization）"に変更された（OSCE）。2014年7月現在，アメリカ，カナダ，欧州，中央アジア（モンゴルを含む）を含む57カ国が OSCE に加盟している。

CSCE は，敵対的関係を前提に敵対国との共通の利益（戦争の回避）を追求する「共通の安全保障」概念に基づいていた。他方，OSCE は，対立構造が不明確で不安定な地域における諸国家間の関係を諸国の協調により安定させる「協調的安全保障」に基づいている。後者は，予防外交，非強制手段による紛争解決の追求など軍事的次元よりも政治・外交の非軍事的次元を重視する傾向がみられる。

人間の安全保障の新展開

前述した「人間の安全保障」を実現するアプローチには，2通りある。一つは，「欠乏からの自由」を強調する日本型アプローチである。それは，主権国家の合意を前提とする開発援助型であり，日本の提唱で1999年に実現した「人間の安全保障基金」をもとに，発展途上国の人々の生存・生活・尊厳を確保するための保護（protection）と能力強化

（empowerment）のプロジェクトを支援していくアプローチである。これは，UNDPの考え方に類似する。2001年設立の人間の安全保障委員会の2003年の最終報告書『今こそ人間の安全保障（Human Security Now）』は，「人間の安全保障と国家の安全保障は，相互に補い合い依存している。人間の安全保障なしに国家の安全保障を実現することはできないし，その逆も同様である」（p. 9）と述べている〔人間の安全保障委員会『安全保障の今日的課題―人間の安全保障委員会報告書』朝日新聞社，2003年〕。

他方，カナダは，『恐怖からの自由―カナダの人間の安全保障政策』（2001年）において，第1に「文民の保護」を取り上げ，その関連で『保護する責任（Responsibility to Protect）』（介入と国家主権に関する国際委員会報告書，2001年）を発表した。保護する責任（R to PまたはR2P）とは，国家は一般市民を保護する責任を負うが，当該責任を果たせない場合に，国際社会が，内政不干渉原則に優先して，当該責任を果たすことを意味する。この背景には，1990年代以降，国連は，内政不干渉原則に縛られ，ルワンダ大虐殺（1994年）やボスニア・スレブレニツァ虐殺（1995年）を阻止できなかったこと，また，コソボ空爆事件（1999年）で人道的干渉の合法性が議論になったことがある。本概念は，ハイレベル委員会報告書（A/59/565, 2004年），国連事務総長報告書（A/59/2005, 2005年）および世界サミット成果文書（A/RES/60/1, 2005年）に継承された。世界サミット成果文書によれば，各国は大量殺戮，戦争犯罪，民族浄化および人道に対する犯罪から文民を保護する責任を有することを明記し〔para. 138.〕，当該責任を果たさない場合には，安保理が国連憲章第7章に従って集団措置をとると規定する〔para. 139.〕。それは，個別国家の判断による人道的干渉が認められないことを意味する。

実際に，安保理が「保護する責任」概念を適用して集団措置を行った初めての事例が，2011年のリビア空爆事件である。チュニジアのジャスミン革命の影響を受けたリビアは，2011年2月に，政府側が反政府デモの参加者を殺害・弾圧したことから，内戦状態となった。国連安保理は，2月にリビア当局のリビア国民を保護する責任を想起し，経済制裁決議（S/RES/1970）を全会一致で採択した。3月にリビア情勢を国際の平和と安全に対する脅威と認定して，国連憲章第7章に基づき，文民保護のための武力行使容認決議（S/RES/1973）を採択した（10賛成，0反対，5中・露・印・独，ブラジル棄権）。同決議を受けて，NATOを中心とする16カ国が3月19日から10月31日までの227日間にわたり軍事作戦を実施した。結果として，「保護する責任」に基づく安保理決議は，目的とされていなかったカダフィを攻撃対象とする標的殺害に至り，リビアの政策変更（policy change）を求めていたにもかかわらず，結果的に体制変更（regime change）を支援したことになった。2011年2月以降シリアにおいても，政府側と反政府側との内戦状態が存在しているにもかかわらず，ロシアおよび中国は，リビアの経験から，「保護する責任」に基づく武力行使容認決議の採択にきわめて慎重な姿勢をとっており，今後，同概念に基づく安保理の集団措置が実施されるか否かは予測できない。

(4) 新たな脅威の出現

対テロ戦争　ある政治目的を達成するために，個人の生命や社会組織の財産などに対する暴力・破壊行為あるいは脅迫など社会的恐怖心を発生させるテロリズムは，いつの時代においても解決すべき重大な政治課題であった。1960年代および1970年代のテ

ロリズムは，諸国家共通の利益を侵害するものとみなされ，テロ関連条約（航空機内犯罪防止条約や航空機不法奪取防止条約など）といった国際刑事法・司法協力の制度が整備され始めた。1980年代になると，国家の資金的・物質的支援によるテロリズム，いわゆる国家テロ，国家支援テロまたはパレスチナのような準国家によるテロ行為が多発した。これは，他国に対する一種の武力攻撃の手段という側面を有していた。アメリカは，それを戦争（warfare）の一手段と認識し，「低強度紛争（Low Intensity Conflict: LIC）」と称し，自衛権に基づき報復爆撃を実施した。リビア政府が1985年12月のローマ・ウィーン両空港襲撃事件，1986年4月の米民間機爆破事件や西ベルリン・ディスコ爆破事件に関与しているとみなし，アメリカは1986年4月にリビア空爆を実施した。1993年6月にはアメリカは，ブッシュ元大統領暗殺未遂事件の報復措置として，イラク・バグダッドを爆撃した。1988年12月に発生したリビア情報機関員によるロッカビー航空機事件のように，2003年にリビアは自国の関与および国家責任を認め，米英の遺族に対する賠償金の支払いに応じた。

　国家テロ・国家支援テロの場合には，国家および準国家自身のテロ支援行動を規制すれば，テロ行為も規制されることになり，最終的に，被害国は，テロ支援国家の国際責任を直接的に追及することができた。しかし，1990年代以降，国家と直接的関連性のないテロリズムが発生し始めた。当該テロリストは，領域主権の獲得をめざさない反主権国家的な立場，換言すれば，政治的独立を活動目的としない非国家団体（Non State Actor: NSA）であり，統治権の十分及ばない国家領域に拠点を置いてテロ活動を行う特徴がある。これまでに作成された13本のテロ防止関連条約は，国家による規制を前提としているので，国家権力の及ばない地域に拠点を置くテロ集団に

は法規制が及ばない。また，新たなテロリズムは，2001年の9.11同時多発テロのように，攻撃対象を区別しない，自爆による無差別・大量殺傷テロという特徴がみられる。

　アメリカは，9.11同時多発テロの発生により，国内法では2001年9月14日の上下両院の武力行使容認合同決議，国際法上は自衛権に基づき，ウサマ・ビン・ラディン率いるテロ集団アル・カイダに対する対テロ戦争（War on Terrorism: WOT）を遂行し，ついに2011年5月にパキスタンでウサマ・ビン・ラディンを射殺した。しかし，これでアメリカの対テロ戦争が終了したわけではなく，「アラビア半島のアル・カイダ」のように，緩やかなネットワークにつながったイスラム原理主義の反政府・反国家的テロ集団は，アフガニスタン，パキスタンおよびイエメン以外の地域にも存在する。アメリカは，対テロ戦争に敗北することはないが，勝利することもない。一方，テロ集団も，勝利することはないが，敗北することもない。

　自衛権に基づく対テロ戦争は，現在も継続しており，国際法においてすでに認められたかのごとき様相を呈している。しかし，非対称的な対テロ戦争が国際法上正当化されるのか，さらに，実際にテロ行為の撲滅のために軍事力による掃討作戦が有効なのかなど，改めて検討しなければならない。その検討と並行して，国際社会は，テロリストにサンクチュアリー（逃げ場所）を与えないためにテロ関連条約の当事国数を増やす必要がある。さらに，条約当事国が当該条約を実効的に履行できるように，国内法や法執行機関の整備などを支援する国際協力活動も重要な課題といえる。国際社会は，今後ともテロリズムとの戦いを続けなければならないし，テロ規制は，国際安全保障の重大な政治課題であり続ける。

サイバー安全保障　　近年，コンピュータとそれを結ぶインターネットが作り出す「サイバー・スペース（cyber space, サイバー空間，電脳空間）」において，さまざまなサイバー攻撃（またはコンピュータ・ネットワーク攻撃）が発生している。それは，単なる悪戯レベル（愉快犯）から，国内犯罪レベル（経済犯），サイバーテロ（政治・経済混乱）およびサイバー戦争（国家転覆・国家攻撃）まで広範囲に及ぶ。サイバー攻撃の手法も，データの改竄や破壊，データの過負荷によるシステムの機能麻痺（サービス拒否），コンピュータ・ウイルス，トロイの木馬，ワーム，ロジックボムによるコンピュータの誤作動，データ窃盗（サイバー・スパイ）などのハッキング行為など，多種多様である。具体的事例として，2007年に政府機関，主要な銀行および新聞社のコンピュータが分散型サービス拒否攻撃（DDoS攻撃）を受け約3週間機能麻痺したエストニア・サイバー攻撃事件，2007年にイスラエル機の爆撃を支援する手段としてサイバー攻撃を実行したシリア核施設爆撃事件，2008年にロシア・グルジア間の武力紛争時に発生したグルジア・サイバー攻撃事件，2010年にイランのウラン濃縮施設の制御システムを誤作動させたスタックスネット事件，2011年に日本の防衛産業，中央官庁，国会議員および在外公館の機密情報が窃取された対日サイバー・スパイ事件などがある。

　アメリカは，2010年2月にサイバー空間を「陸，海，空，宇宙」に次ぐ「第5の戦場」と位置付け，2011年7月に，深刻なサイバー攻撃を戦争とみなし，軍事的対応の権利があると発言した。米国国務省法律顧問のハロルド・コー（「サイバー空間における国際法」2012年）によれば，サイバー活動は国連憲章第2条4項における武力行使を構成し，武力攻撃に達するサイバー攻撃によって国連憲章第51

条の自衛権が発生するという。エストニア・サイバー事件を契機に設置されたNATO共同サイバー防衛研究センター（CCD COE）作成の『サイバー戦に適用される国際法タリン・マニュアル（The Tallinn Manual on the International Law Applicable to Cyber Warfare)』（2013年）においても，サイバー活動は，規模および効果において武力行使に匹敵すれば武力行使を構成し［Rule 11］，規模および効果によって武力攻撃に該当する［Rule 13］という。

現在，サイバー攻撃に関連する唯一の国際条約は，欧州評議会作成の「サイバー犯罪条約」（2001年署名，2004年発効。2014年7月現在の当事国数は仏・独・伊・英・米・日を含む42カ国）である。本条約は，国内法においてサイバー犯罪とすべき犯罪類型を規定した刑事実体法，サイバー犯罪を捜査・訴追するための統一的な刑事手続法およびサイバー犯罪の国際性に由来する司法共助や犯罪人引渡しなどの国際協力規定から構成される。日本も，サイバー犯罪条約を批准するために，2011年に「不正指令電磁的記録に関する罪」（ウイルス作成罪，刑法第168条の2）を新設した。本条約はサイバー関連の国際刑事法の重要な基本文書であるが，本条約の普遍性が確保されなければ，サイバー攻撃者（国）は国内法未整備国や条約非当事国を一種のループホールや踏み台として悪用する危険性がある。

国連は，情報技術（Information Technology: IT）の普及から，1998年以降ロシアの提案に基づき総会決議を採択し，情報安全保障（information security）の体制作りに取り組み始めた。2011年のロンドン・サイバー国際会議でもみられたように，情報安全保障に関する欧米諸国と中露の対立が存在する。欧米諸国は，国内の法執行機関によるサイバー犯罪を厳重に取り締まり，サイバー安全保障（cyber security）の改善を図る一方で，サイバー空間の規制は最小限

にとどめ情報の自由な流通を認めるべきと考え，政府によるインターネットの検閲に反対する。他方，中露は，国家主権に基づくサイバー空間の情報統制・監視が必要であり，たとえば，「情報安全保障に関する行動規範」(A/66/359, 14 September 2011) を提案している。

インターネットの管理に関しても，同様に，対立する議論がある。現在，ドメイン名，IPアドレス，プロトコル番号，国コードなどを管理しているのは，米国カリフォルニア州法に基づく非営利団体ICANN (The Internet Corporation for Assigned Names and Numbers) である。発展途上国側は，民間主導よりも国連や国際電気通信連合 (ITU) など政府間国際組織で対応すべきと主張する。発展途上国の情報環境の改善（デジタル・デバイドの解消）をめざして，ITU主導による世界情報社会サミット (WSIS) が2003年および2005年に開催された。このように，インターネット・ガバナンスに関して，公開性・透明性の民間主導論と情報主権の国家統制論の対立がみられる。

今後，国連総会その他の場面で情報安全保障をめぐる議論（サイバー安全保障条約案の作成）がいっそう活発に行われるだろう。

§3 日本の安全保障

(1) 自衛隊とその制約事項

自衛隊の誕生とその防衛力　　第2次世界大戦の敗北後に連合国軍に占領された日本は，戦争の放棄および交戦権の否認を指示するマッカーサー・ノートをもとに日本国憲法を制定した（1946年公布，1947年施行）。第9条が示すように，日本は，交

戦権を否認することで自衛戦争も放棄する完全な非武装国家をめざすこととなった。しかし，1949年8月にソ連の原爆実験成功，10月に中華人民共和国の成立といった国際環境の変化，さらに，1950年6月25日の朝鮮戦争の勃発（〜1953年7月27日）を受けて，連合国軍最高司令官マッカーサーは，同年7月に，在日米軍が朝鮮戦争に向けて朝鮮半島に移動したので，日本国内の「治安維持のため」［警察予備隊令第3条］に，7万5,000名の警察予備隊を設置するよう日本政府に命じた。アメリカは，日本をアジアにおける戦略的要衝と位置付ける一方で，日本も日米関係を戦後の安全保障の柱にしようと考えた結果，対日講和条約と同時に旧日米安保条約が締結された（1951年9月署名，52年4月発効）。旧日米安保条約の前文で，アメリカが日本に「自国の防衛のため漸増的に自ら責任を負うことを期待」したことから，1952年7月には，警察予備隊と海上保安庁の中の海上警備隊を統合した保安庁が，「我が国の平和と秩序を維持」［保安庁法第4条］するために設置された（それぞれ保安隊と警備隊と称する［保安庁法第24条］）。そして，1954年3月に締結された日米相互防衛援助協定（MDA協定）第8条（日本の防衛力増強）に従い，同年7月には，陸，海，空の3自衛隊を有する防衛庁・自衛隊が，「我が国の平和と独立を守り，国の安全を保つため，直接侵略及び間接侵略に対し我が国を防衛すること」［自衛隊法第3条］を目的に発足した。このように，日本政府は，明確な憲法改正を経ることなく政府による微妙な憲法解釈により，自衛隊を自国の防衛目的のため必要な範囲での実力部隊と位置付け，再軍備化を推し進めていった。

　日本の防衛整備について，アメリカは日本を侵略する外国を攻撃する「矛」となり，日本は自国を外国の侵略から防衛する「盾」となるように，後述する新・旧日米安保条約に基づき，日米の役割分

担があらかじめ決められていた。「防衛計画の大綱（1976年の閣議決定）」によれば，自国防衛の「盾」になる防衛力とは，軍事的脅威に直接対抗するよりも自らが力の空白となって地域における不安定要因とならないよう独立国としての必要最小限の基盤的な防衛力を保持すること（基盤的防衛力構想）であり，「限定的かつ小規模な侵略については，原則として独力でこれを排除」する防衛力を整備することであった。全面戦争や大規模の武力紛争になれば，日本は，「矛」としての米軍の強力な軍事力に依存せざるを得なかった。

1990年代以降の流動的な安全保障環境の中で，日本は，基盤的防衛力構想から，多様な事態（人道支援・災害救援，平和維持，海賊対処，武力攻撃対処など）に迅速かつシームレスに対応するために，即応性，機動性，柔軟性，持続性および多目的性を備えた「防衛力の運用」に焦点を合わせた「動的防衛力」概念（2010年）に基づく防衛力整備に変更した（「平成23年度以降に係る防衛計画の大綱（22大綱）」）。さらに，2013年12月には，「統合機動防衛力（平成26年度以降の防衛力計画の大綱，25大綱）」に基づく防衛力整備計画が決定された。

法的および政治的制約事項　自衛隊の運用には，さまざまな法的および政治的制約事項がある。まず，憲法第9条は，自衛隊による自衛権の行使が自国防衛の必要最小限度の範囲にとどまるべきものでなければならないと解釈される。その大前提から，自衛隊法の公布の1週間前に参議院が採択した「自衛隊の海外出動禁止決議」に関連して，武力行使の目的を持った「海外派兵」は禁止されるが，当該目的を持たない「海外派遣」は合法である。大陸間弾道ミサイル（ICBM），長距離戦略爆撃機，あるいは攻撃型空母といった自衛のための必要最小限度の実力を超える攻撃的兵器の保有は禁止されるが，防御的兵器の保有は許される。敵基地

攻撃は国際法上の自衛権の及ぶ範囲内であり、自衛隊の行動の地理的範囲も自国の領土・領海・領空に限定されず、公海・公空に及ぶことが国際法的に可能である。しかし、相手からの武力攻撃を受けてから防衛力を行使し、防衛上の必要から相手国の基地を攻撃するという戦略的な攻勢をとらず、もっぱらわが国土およびその周辺で防衛するという受動的な防衛戦略の姿勢、すなわち、政策として「専守防衛」を採用する。そして、国連憲章上の個別的自衛権は認められるが、自国と密接な関係にある外国への武力攻撃に対する集団的自衛権の行使は、日本国としては対外的には認められるが、現憲法上は許されないと解釈されてきた。しかし、2014年7月の閣議決定により、国際環境の変容から、日本と密接な関係にある他国に対する武力攻撃が日本の存立を脅かす場合には、自国への武力攻撃がなくとも、集団的自衛権の行使が可能であると政府解釈が変更された。今後、集団的自衛権の適用事態の明確化を含めて、法的発動要件の厳格化が求められる。

(2) 旧日米安保条約と新日米安保条約

旧日米安保条約の問題点　対日講和条約と抱き合わせに締結された旧日米安保条約には、いくつかの問題点が内在していた。

　第1に条約の片務性について。日本は、日本への武力攻撃を阻止するために日本国内に米軍を維持することを希望して［前文4項］、日本国内での米軍の駐留権を認めた［第1条］。しかし、アメリカは平和と安全のために自軍を日本国内に維持する意思がある［前文5項］と答え、「外部からの武力攻撃に対する日本国の安全に寄与するために使用することができる」［第1条］と規定して、日本防衛の

義務を負わなかった。アメリカは駐留権を付与されるが日本防衛の義務を負わないという片務性は，アメリカが外国に軍事援助義務を負う条約を締結するためには，「継続的で効果的な自助および相互援助」を前提とするという上院のバンデンバーグ決議（1948年6月11日）に由来する。当時の日本は，警察予備隊が発足したばかりで，「固有の自衛権を行使する有効な手段を持たない」［前文1項］状態であったから，相互援助条約の締結は認められなかった。

　第2に条約の暫定性について。日本は，米軍の駐留を防衛のための暫定的措置として［前文4項］希望したが，効果的な国連の集団安全保障措置またはそれに代わる個別的もしくは集団的な安全保障措置が効力を生じる時まで，この暫定的措置は終了しない［第4条］。冷戦期の当時，国連の集団措置は期待できず，日本が単独で十分な防衛力を整備することも不可能であり，結局，旧安保条約を失効させるためには，日本が十分な軍事力を整備し，バンデンバーグ決議の要件を満たす相互防衛条約を締結する以外方法はなかった。本条約は，条約期限さえ明記されない不平等条約であったといえる。

　第3に内乱条項について。米軍は，外部の国家による教唆または干渉によって引き起こされた日本国における大規模の内乱および騒擾を鎮圧するために日本政府の明示の要請に応じて軍事支援できる［第1条］。国内紛争の対処を外国軍隊に依存する内乱条項の挿入は，日本自身の統治能力の欠如を認めるものであり，政府の要請という条件付きであっても独立国家としては屈辱的な規定であった。旧安保条約は，本質的には，アメリカへの基地提供協定であり，日本が将来軍備を増強して相互援助条約を締結するまでの暫定的・片務的・不平等な安全保障条約であった。

新日米安保条約の締結

1960年に日本は、旧安保条約とはまったく別の、アメリカの日本防衛義務だけでなく相互援助義務を入れた形での新日米安保条約を締結した。日米両国は、「日本国の施政の下にある領域における、いずれか一方に対する武力攻撃が自国の平和及び安全を危うくするものであることを認め」[第5条]、共同防衛行動を行う。ただし、相互防衛義務は、日本の施政権下での範囲に限られ、日本への武力攻撃の場合、アメリカは共同防衛の義務があるが、日本はあくまで日本の施政権下にある米軍基地が武力攻撃されなければ、共同防衛の義務は発生しない。つまり、米国領土への武力攻撃が発生しても、日本の共同防衛義務は発生しない。新安保条約の共同防衛義務は、表面上双務的ではあるが、実質上片務的であった。旧安保条約の片務性という視点からすれば、新安保条約は、日本の基地提供義務[第6条]に対しアメリカの日本防衛の義務[第5条]と非対称的ではあるが、双務性が確保されているともいえる。アメリカが、バンデンバーグ決議があるにもかかわらず、片務的義務を受け入れたのは、1957年のスプートニク・ショックなど冷戦が深刻化する中で日本の地政学的重要性がいっそう認識されるようになったからだと指摘できる。共同防衛のいびつさは、日本が集団的自衛権を行使し得ないという旧来の憲法解釈に由来するものである。

米軍は、日本の防衛とともに、極東地域における平和と安全の維持のために日本国内にある基地を使用する権利が付与される[第6条]。極東地域は、一般的に、フィリピン以北、日本の周辺地域および朝鮮半島や台湾地域を含むものと考えられるが、米軍の行動範囲が極東以外の地域に拡大する危険性は十分予測できる。アメリカによる武力紛争に巻き込まれるという日本の不安を解消するために、

新安保条約の締結時に，事前協議制度が新たに導入された。条約第6条の実施に関する交換公文（1960年）によれば，米軍の日本への配置における重要な変更（陸軍の1個師団，空軍の1航空師団，海軍の1機動部隊以上の変更），米軍の装備における重要な変更（核兵器および中長距離ミサイルの持込み，中長距離ミサイル基地建設），日本から行われる戦闘作戦行動のための日本国内の施設等の使用が，日米間の事前協議の主題とされた。

しかしながら，事前協議制度は，両国の合意形成を目的とするのか，日本に拒否権があるのか，あくまで，アメリカは無断で行動せず，日本と協議し日本の意向を聞く義務だけを負うのか，明確ではない。事前協議制度は，日米間で現在まで一度も援用されたことはなく，その存在意義が問われる。

核持込みの「密約」　1960年の新安保条約交渉の際に事前協議の主題とされた核兵器の持込み（introduction）に関する解釈は，日米間で対立していた。アメリカは，核兵器の持込みとは陸揚げを意味し，核搭載艦船の寄港は事前協議の対象には該当しないと解釈し，他方，日本は，核搭載艦船の寄港は事前協議の対象であると解釈していた。『いわゆる「密約」問題に関する有識者委員会報告書』（2010年3月9日）によれば，日米間には核搭載艦船の寄港が事前協議の対象か否かについて明確な合意はないが，その問題の処理について合意が存在しないわけではないという。日本は，アメリカの解釈に同意しなかったが，アメリカにその解釈を改めるように働きかけることもなく，核搭載艦船が事前協議なしに寄港することを黙認した。日米間には，この問題を深追いすることで同盟の運営に障害が生じることを避けようとする「暗黙の合意」（いわゆる広義の密約）が存在したという。アメリカは，核搭載艦船の寄港を

事前協議の対象から除外することが日本の国内政治上不可能であることを承知していたし，日本もアメリカのNCND (Neither Confirm Nor Deny, 否定も肯定もしない) 政策から事前協議を提起させることは不可能であることを理解していた。日米は，お互いに「Agreement of disagreement（同意しないことに同意する）」という立場をとった。

　もう一つの核「密約」は，「核抜き・本土並み」を目標とした沖縄施政返還交渉において，有事の核の再持込みについての事前協議が行われ，日本がそれを承認するという密約が存在したのではないかというものであった。1969年11月21日に，佐藤首相とニクソン大統領は，公表された共同声明とは別に，非公開の「合意議事録」を作成した。それによれば，「米国政府は，極めて重大な緊急事態が生じた際に，日本政府との事前協議を経て，核兵器の沖縄への再持ち込み (re-entry) と，沖縄を通過させる (transit) 権利を必要とするであろう。米国政府は，その場合に好意的な回答を期待する。」「日本国政府は，……かかる事前協議が行われた場合には，遅滞なくそれらの要件を満たすであろう。」これらの経緯は，若泉敬『他策ナカリシヲ信ゼムト欲ス』（1994年）においてすでに明らかにされていたが，有識者委員会報告書によれば，同合意議事録は佐藤内閣の後継内閣を拘束する効力を持っていなかったと解釈し，必ずしも密約ではないという。

　このように，日米間の核「密約」に関して2009年から2010年にかけて実施された調査（外務省調査委員会と有識者委員会）の結果が公表された。公表された結果を受けて，日本は，1968年に佐藤栄作首相が表明した「非核三原則（持たず，作らず，持ち込ませず）」（領海内へのtransitも認めない）を堅持するのか，それとも，アメリカ側の解釈に

基づき有事の際に核持込みを認める「非核二原則」に政策変更するのか，日本を取り巻く現在の国際環境を考慮して，真剣に議論しなければならない。

在日米軍基地問題　外国軍隊が駐留する場合，軍の機能を維持し国家の威厳を体現するために，駐留軍は受入国の刑事裁判権から免除される。一般的には，軍隊の派遣国と受入国は，刑事裁判権を含む駐留軍の法的地位を規定する地位協定（Status of Forces Agreement: SOFA）を締結する。

　在日米軍に関する地位協定には，いくつかの法的問題が含まれる。第1に日本への米兵被疑者の身柄引渡しについて。旧安保条約に基づく日米行政協定は，米軍人，軍属およびその家族による日本国内での犯罪すべてに米軍の専属的裁判権を認めた。日米行政協定では，米兵被疑者の身柄引渡しは議論の対象外であった。NATO軍地位協定は，派遣国と受入国の刑事裁判権が競合する場合に，軍人・軍属による公務中の犯罪に対する第1次裁判権を派遣国の軍当局に，その他の犯罪に対する第1次裁判権を受入国に付与する。受入国が管轄権を行使すべき被疑者の身柄を派遣国が拘束している場合に，受入国の起訴後に被疑者の身柄を受入国に引き渡す。占領時の残滓をとどめる日米行政協定は，1953年に「NATO並み」に改正され，新安保条約の下での日米地位協定も，同様に，「NATO並み」の規定を引き継いだ［第17条3項］。

　さらに，1995年4月の沖縄少女暴行事件の発生により，10月に日米合同委員会は，地位協定の改正ではなく運用上の改善策として，アメリカは，殺人または強姦という凶悪犯罪の場合に，被疑者の起訴前の拘禁の移転に関する日本からの要請に「好意的な考慮を払う」と合意した。2004年には，起訴前の身柄引渡しの対象犯罪を，

日本側が重大な関心を持つ犯罪（たとえば，放火や誘拐）にも拡大する合意が形成された。米兵被疑者の起訴前の身柄引渡しは，容疑者の逃亡を防ぎ，容疑を確定するために必要であると思われる。

第2に米兵犯罪の裁判権放棄の「密約」について。日米行政協定第17条（刑事裁判権）の「NATO並み」改定交渉の中で，日本が，駐留米軍の軍人・軍属らによる公務外の事件に関する第1次裁判権を「実質的に重要であると考えられる事件以外」放棄する，と表明した議事録の存在が明るみになった。それは，外務省が2011年8月25日に秘密指定解除して公開された「行政協定裁判権小委員会刑事部会」資料（1953年10月28日付）である。この外交資料の公表に際しての日米合同委員会のやりとりは，次のとおりである。アメリカは，当該放棄発言が日本当局側の「一方的な政策的発言」であり，「日米両政府間の合意を構成したことは一度もなかった」と考える。日本側は，「いかなる事件が実質的に重要であり，日本の法に基づいて起訴に相当とするかは，日本政府が決定してきた」し，アメリカもその理解を共有する。日本側が関連資料の公表の了承をアメリカに求め，アメリカは公表に異議なし，とした。日米両国は，当該議事録の秘密合意性を否定したが，日本が1954年以降5年間で97％の第1次裁判権を放棄したという報道もある。在日米軍法務部担当者（*The Handbook of the Law of Visiting Forces*, 2001, p.387）も認めているように，日本による米兵の不起訴率が高く，事実上，日米の秘密合意（密約）が実施されていたことは確かであった。

第3に米軍属による公務中の犯罪について。公務中に犯罪を行った米軍人・軍属の第1次裁判権は米国にあるが，1960年に米連邦最高裁が「軍属を平時に軍法会議にかけることは憲法違反である」という判決を下した。両国で処罰されない「空白状態」を避けるため

に，アメリカは軍属に公務証明書を発行しないことで，日本に裁判権を事実上ゆだねる運用を続けてきた。ところが，2000年に海外駐留の米軍属の重大な犯罪について米国内で裁判にかけることができるとする「軍事域外管轄法（MEJA）」が成立したことで，犯罪を行った米軍属への公務証明書の発行を2006年に再開した。法務省の資料によれば，2006年から2010年まで「公務中」で不起訴となった米軍属が62件あり，いずれもアメリカでも起訴されず，懲戒処分35人・処分なし27人であった。2011年1月に沖縄市で米軍属による交通事故で日本人1名が死亡する事件が発生した。3月に，那覇地検は日本に第1次裁判権がないとして不起訴処分とし，米軍側は当該軍属を運転禁止5年間の懲戒処分にとどめた。この事件をきっかけに，2011年11月23日に，日米合同委員会は，「日米地位協定における軍属に対する裁判権の行使に関する運用についての新たな枠組みの合意」に達した。それによれば，アメリカが，公務中に死亡事件など重大な犯罪を行った米軍属に対する第1次裁判権を行使（刑事訴追）しない場合に，アメリカは，日本側の裁判行使に「好意的な考慮を払う」とした。これにより，日本は，公務中の軍属による犯罪に対して裁判権を行使できるようになった。

　第4に飲酒事故の「公務外」扱いについて。1956年の日米合同委員会合意では，自宅と勤務先の往復時の飲酒運転は，原則「公務外」とする一方で，「出席を要求されている公の催事における場合」には「公務中」扱いであった。そのため，軍主催のパーティーなど公的行事で飲酒して帰宅途中で起こした交通事故は「公務中」とみなされ，日本の裁判権が及ばなかった。2011年12月16日の日米合同委員会で日米地位協定の運用が見直され，在日米軍の軍人・軍属が，米軍基地外で起こした飲酒事故は，すべて「公務外」とみなされる

ようになった。このように，駐留米軍に対する日本の裁判権行使が，日米地位協定の条文からでは理解できないほど，極端に制限されていたことが理解できる。

第5に環境保全条項の欠如について。日米地位協定には，米軍基地内で環境汚染があった場合のアメリカによる原状回復義務や日本側の立入調査権を規定する環境保全条項が欠如している。日米地位協定の環境分野の運用改善は，2000年の「環境原則に関する共同発表」によって行われているが，日本側にとって満足のいくものではなかった。そのため，2014年2月以降，日米地位協定の環境補足協定を含む環境の管理に係る交渉が行われている。

上記の問題点から明らかなように，日米地位協定は，一度も改正されたことがなく，問題が発生する度に，日米合同委員会による運用改善で対処してきたのが現状である。運用による改善策は，アメリカの自由裁量に依存し好意的態度に期待するという不確実で不安定なものでしかない。日米安保条約の信頼性を高めるためにも，日米地位協定の改善策は，確実性・透明性を高める法改正が適切である。

(3) 湾岸戦争以降の日本の国際対応

ジャパン・バッシング　前述のように，マルタ会談（1989年）での冷戦終結宣言後に国連の集団安全保障体制が機能回復した結果，国連は，1990・91年の湾岸危機・湾岸戦争において多国籍軍に武力行使を容認し，イラクに対して軍事的勝利（＝紛争の強制的解決）を得ることができた。参加した多国籍軍の総兵力は約75万人であり，参加国数は31カ国であった。世界では，国際社会の安全保障は国際公共財であり，国際社会全体で負担しなければなら

ないものと考えられていた。国際社会への貢献方法として「カネ、モノ、ヒト」の3種類が存在する中で、世界では、やはり「ヒト」の貢献、それもヒトの「汗」よりも「血」の貢献が高く評価される。日本は、国際社会の安全保障を前提とした貿易立国であるがゆえに、他国よりもよりいっそう積極的に国際的な安全保障に関与しなければ、ただ乗りする者（free rider）と非難される。しかし、日本は、海外での自衛隊による軍事的参加が国内法上認められないことから、湾岸危機に際して、イラクに対する経済制裁および多国籍軍への軍事資金の援助しか実施できなかった。それも、こうした対応は、「too little, too late（少なすぎるし、遅すぎる）」と批判され、日本は、最終的に1兆円の資金援助をしたが、まったく評価されなかった。むしろ、国際社会において日本叩き（Japan bashing）、さらに日本無視（Japan passing）がみられるようになった。

国連PKOへの参加　こうした状況に鑑み、日本は、湾岸戦争後の復興支援策として、日本近海を想定していた「機雷等の除去」〔自衛隊法第99条、現第84条の2〕を法的根拠として強引に掃海艇をペルシャ湾に派遣（1991年4〜10月）した。自衛隊は、「海外派兵」ではなく「海外派遣」として、初めて国際的軍事活動に参加した。さらに、湾岸危機・湾岸戦争時の苦い経験から、日本は、1992年に「国際連合平和維持活動等に対する協力に関する法律」（PKO協力法）を成立させて、自衛隊の国連PKO参加の道（ヒトの貢献）に大きく舵を切った。2012年6月まで、カンボジア（1992〜93年）、モザンビーク（1993〜95年）、ゴラン高原（1996〜2013年）、東ティモール（2002〜04年）、ネパール（2007〜11年）、スーダン（2008〜11年）、ハイチ（2010〜13年）、東ティモール（2010〜12年）、南スーダン（2011年〜）の九つの国連PKO事例に、のべ7,600人以上の自衛

官が派遣された。

自衛隊の国連PKO参加実績が示すように，日本は，国際社会の平和と安定が自国の平和と安全に密接に結びついていると認識している。そして，国際的な安全保障環境の改善に主体的・積極的に取り組むために，2007年に国連PKOの参加を自衛隊の「付随的業務」［自衛隊法第8章雑則］から自衛隊の「本来任務」［第3条］に格上げした。しかし，日本の国連PKO参加には，さまざまな法的制約がある。1998年に，武器の使用について，従来個人判断であったものを原則として上官の命令によると改正した。2001年には，本来業務の凍結解除とともに，武器使用の防御対象を自己および自国PKO要員だけでなく他国要員を含む「自己の管理下の者」にも拡大する改正が行われた。このような改正を行っても，自衛隊の行動準則は，国際基準と比較してきわめて制約されたものであった。一般的に国連PKOでの武器使用は，①自己防衛，②任務妨害の排除，および③基地襲撃への反撃の場合，自衛行為として認められているが，日本のPKO協力法は，①しか認めていない。旧来の集団的自衛権の行使と解釈されるおそれから，駆け付け警護（救助要請に対する出動），警備活動および基地防御のための武器使用が認められていない。日本が国連PKOに参加した場合に共同作戦において支障をきたすことが予測され，武器使用に関するPKO協力法の国連基準への早期改正が喫緊の政治課題として残されていた。しかし，2014年7月の閣議決定により，今後，駆け付け警護に伴う武器使用および任務遂行のための武器使用を認めるように法整備が進められることになった。

対テロ戦争への参加　2001年の9.11同時多発テロを契機に，アフガニスタンに拠点を有するテロ集団アル・カイダと

の対テロ戦争を実施するために，アメリカを中心に多国籍の有志連合軍が形成された。日本は，アメリカから「show the flag（旗幟を鮮明にしろ，自衛隊の参加で日の丸を掲げ日本の存在を示せ，など多様な解釈あり）」と要請された。それで，集団的自衛権の行使と解釈されないように多国籍軍の指揮命令系統に入らず有志連合軍を独自に支援するために，海上自衛隊が旧テロ対策特別措置法（失効後は旧補給支援特別措置法）に基づきインド洋での補給支援活動に派遣された（2001～10年）。

さらに，2003年のイラク戦争後のイラク復興支援活動に関して，「boots on the ground（地上部隊の派遣を）」という人的貢献の要請を受け，連合国暫定当局（CPA）の指揮命令系統とは別に，陸上自衛隊がイラク人道復興支援特別措置法に基づきイラク南東部サマーワに派遣された（2004～06年）。これは，日本が国連PKOといった国連安全保障体制の枠とは別の多国籍軍による共同軍事作戦に事実上参加し，日本の安全保障政策が新たな段階に進んだことを意味する。

海賊対処への参加　　国連安保理は，2008年以降毎年，ソマリア沖・アデン湾での海賊行為を抑止する行動を各国に要請する決議を採択している（2008年のS/RES/1816，2012年はS/RES/2077）。アジアと欧州を結ぶ海上輸送の大動脈である同海域を通過する年間2万隻の船舶のうち10%を占める2,000隻は日本関連の船舶であり，同海域での航行の安全確保は日本の安全保障に直結する問題である。日本が，国連海洋法条約に即して，海賊対処のために自衛隊を派遣するには根拠法が必要であった。しかし，緊急対処の必要性から，海賊対処法の制定を待たずに，2009年3月に海上自衛隊に海上警備行動［自衛隊法第82条］を発令し，護衛艦を派遣した（2009年～）。海

賊対処法（6月19日成立，6月24日公布）が施行された7月24日から，海上自衛隊による海賊対処活動の根拠法が，海上警備活動から海賊対処法に変わった。「すべての国は，最大限に可能な範囲で，……海賊行為の抑止に協力する」［国連海洋法条約第100条］必要があり，特に貿易立国である日本にとって，航行の安全を確保する国際責任は重い。

有事法制の成立　　前述の特別措置法は，その場しのぎの時限立法であり，やはり，安全保障政策として恒久的な法整備が必要である。1978年，1981年および1984年に防衛庁は，立法の準備としてではなく問題点の整理として有事法制研究をまとめたが，日本の有事法制が急速に整備され始めたのは，1990年代後半以降であった。日本は，戦争法に関する1949年のジュネーブ諸条約に1953年に加入した段階で，当該諸条約を履行するための国内法整備を行わなければならなかったにもかかわらず，戦争・軍事に対する国民の嫌悪感が影響したのか，有事法制は40年以上凍結されたままであった。有事法制として，1999年の周辺事態法，2000年の船舶検査活動法，2003年の武力攻撃事態法，2004年の国民保護法その他，有事法制7法がある。法整備の背景には，台湾有事を想起させた中国ミサイル演習（1996年）および北朝鮮によるミサイル発射事件（ノドン発射1993年，テポドン発射1998年）や工作船事件（能登半島沖1999年，九州南西海域2001年）などが影響したと思われる。

　これらの有事法制に対し，戦争準備のための法制であるとの批判があるが，有事法制が存在しなければ，戦争になった際に，自衛隊は超法規的行動に出ざるを得なくなる（1978年の栗栖統合幕僚会議議長の超法規発言）。平時にこそ冷静に有事法制の議論を行う必要がある。

(4) 日本を取り巻く安全保障環境

　日本の安全保障にとって潜在的な脅威であると以前から憂慮されていた事態は，中国と中華民国（台湾）の間での武力紛争（台湾有事）および北朝鮮と韓国の間での武力紛争（朝鮮半島有事）の勃発である。その危険性や可能性は，現在いかなる状況になっているのか。

朝鮮半島情勢　朝鮮半島情勢は，近年，緊張の度合いが高まりつつあり，きわめて厳しいものとなっている。まず，平和的な方法による朝鮮半島の検証可能な非核化を目標とする六者会合（米，韓，日，露，中，北朝鮮）が2003年から開催され，2005年には，北朝鮮が「すべての核兵器及び既存の核計画を放棄すること，並びに，核兵器不拡散条約及びIAEA保障措置に早期に復帰すること」を約束した共同声明が採択された。しかし，2006年の北朝鮮による地下核実験により，2008年以降六者会合は中断したままである。その後，北朝鮮は2009年5月および2013年2月の2回にわたり地下核実験を実施した（合計3回）。国連安保理は，核兵器開発の中止を求めてそれぞれ経済制裁決議（1718, 1874, 2094）を採択したものの，北朝鮮の核実験を阻止できず，現在，北朝鮮は事実上核保有国となったと思われる。

　さらに，北朝鮮は，核兵器の運搬手段である大陸間弾道ミサイル（ICBM）の技術を習得するために，1993年5月（ノドン，射程約1,300キロメートル），1998年8月（テポドン，射程約1,500キロメートル），2006年7月（テポドン2号，射程約6,000キロメートル），2009年4月（テポドン2号改良型）および2012年4月（発射実験失敗）および同年12月にミサイル発射実験を行った。国連安保理は，各ミサイル実験に対して，2006年にミサイル活動停止要求決議1695，2009年に核実験後に採択

された弾道ミサイルの開発中止を求めた安保理決議1718に違反するとの議長声明，2012年4月にミサイル発射が安保理決議1718および1874に対する深刻な違反であると以前の議長声明よりも強く非難する議長声明，2013年1月に追加経済制裁決議2087を採択した。国連は，核兵器およびICBMの実験を中止するように北朝鮮に安保理の経済制裁決議を科しているが，北朝鮮が当該実験を中止するには至っていない。

　日本は，北朝鮮のミサイル発射に対して，国連の経済制裁決議を履行するとともに，2005年に「弾道ミサイル等に対する破壊措置」〔自衛隊法第82条の3〕を規定し，実際に2009年，2012年に2回，および2013年4月の計4回，自衛隊に破壊措置命令が発令された。

　日本は，北朝鮮の軍事的脅威とともに，北朝鮮との間で日本人拉致問題を抱えている。2002年9月17日に小泉純一郎首相と金正日国防委員長との間で日朝平壌宣言が締結された。北朝鮮が日本人拉致の事実を認め謝罪した結果，日本人拉致被害者5名が帰国した。しかし，政府認定の拉致被害者は12件17名であり，拉致の可能性が排除できない特定失踪者も多数存在する。そのため，日本は，安保理の経済制裁とともに日本独自の制裁措置を実施して「対話と圧力」の外交を引き続き実施しているが，2014年5月の日朝協議において拉致被害者らの再調査が合意され，当該問題は，解決に向けて大きく動き始めた。

東シナ海情勢　2005年の中国「反国家分裂法」は，中国と台湾の平和的統一の可能性が完全に失われた場合，中国は「非平和的方法」をとることができると規定した。以前から武力統一の可能性を認める発言はあったが，これは，武力行使の不放棄という国家方針が条文の形で明記されたことになる。台湾は，1979年

のアメリカの台湾関係法により，安全が保障されているので，中国としては，台湾の武力統一の際に，アメリカの介入を阻止する必要がある。中国には，1996年の台湾海峡でのミサイル演習時に，同海域への米空母の展開によりミサイル演習の停止を余儀なくさせられた苦い経験がある。その事件以降，対米軍事戦略として，日本の九州から沖縄，台湾，フィリピン，ボルネオ島に至るライン（第1列島線）を設定して，その内側の海域を中国の聖域とする。さらに，日本の伊豆諸島から小笠原諸島，グアム・サイパン，パプアニューギニアに至るライン（第2列島線）を設定し，台湾有事の際に，第1列島線と第2列島線の間で米軍の増援を阻止するという戦略（Anti-Access/Area-Denial, A2AD, 接近阻止・領域拒否戦略）が採用され，中国海軍力の強化が推し進められている。

　近年，中国が強硬に主張する尖閣諸島の領有権問題は，海底油田などの当該海域の海洋権益の確保という経済的視点とともに，軍事的な A2AD 戦略からも分析できる。というのも，日本の沖縄列島は，地政学的にみて，中国海軍が外洋進出するのを抑え込む形状で位置する重要な戦略的地点である。2010年9月の中国漁船衝突事件後の日中対立や2012年9月の日本政府による尖閣諸島の土地取得（国有化宣言）に端を発する中国国内での反日破壊デモも，中国が尖閣諸島の戦略的価値を十分認識している証左である。中国による領有権の主張は，漁船や政府船舶の領海侵犯，領空侵犯，尖閣諸島を含む防空識別圏の設定などさまざまな形態で示される。2013年4月26日に中国外務省報道官は，尖閣諸島を「核心的利益（core interest）」（武力を行使してでも守るべき利益という意味）と明言した。同発言は公式サイト上であいまいな表現に修正されたものの，これも，領有権主張の一形態であろう。

中国は，南シナ海を核心的利益と位置付け（2010年），東南アジア諸国とパラセル（西沙）とスプラトリー（南沙）諸島の領有権争いを行っている。東シナ海の海洋権益をめぐる主張も同じ文脈であり，2012年11月に総書記に就任した習近平が強調した「海洋強国の建設」に連動するものである。中国の海洋ナショナリズムおよび対米軍事戦略（A2AD戦略）が関連諸国との対話で修正され，「力の支配」ではなく「法の支配」が成立しない限り，東シナ海情勢は政治的に安定せず，尖閣諸島をめぐる日中対立も，今後とも解消されることなく継続するであろう。

　日本は，このような東シナ海の政治状況に，いかに対応すべきか。大前提として，日本は，黙認していると誤解されないように，中国の積極的な外交攻勢に対し毅然として自国の意思表示を明確に行う必要がある。その上で，第1に，相互不信の除去，相互理解の促進ならびに政治対立の解消のために日中対話および日中を含む多国間対話が求められる。第2に，政治的緊張状況の中でも軍事的偶発事件が発生しないように，ホット・ライン協定のような信頼醸成措置の構築が不可欠である。2007年に日中間で，日中防衛当局間の直接的連絡システムである「海上連絡メカニズム（Maritime Communication Mechanism）」の設置が合意されたが，いまだ協定は締結されておらず（2014年7月現在），その早期締結が強く望まれる。

[岩本誠吾]

第4章　開発／発展と貧困撲滅をめざして

§1　開発／発展問題へのアプローチ

ミレニアム開発目標は達成されたか

　国連は2000年にミレニアム・サミットを開催し，2015年までに，貧困者の人口割合を1990年の割合の半数に減少させること，飢餓人口の割合も同じく1990年の水準より半減すること，すべての子どもの就学実現など，八つの目標と具体的な18（後に21に増加）のターゲットを掲げた「ミレニアム開発目標（Millennium Development Goals: MDGs)」を採択した（表4-1）。たとえばターゲットの1については，1990年時点では貧困者の人口割合が47％であったが，2008年には23％にまで減少し目標を達成した。また目標3のジェンダー平等については，初等教育での就学率における男女平等はほぼ実現している。しかし現状のままでは達成が見込めない目標も多数残るようである。そのうえ進展の状況には地域ごとの違いが目立っており，東アジア地域については多くの目標が達成されているのに対して，特にサハラ砂漠以南の地域では目標達成は難しいといわれている。さらに重大なのは，自由な競争の下で，貧富の格差が国家間だけではなく各国の国内でも極端に拡大していることである。2008年には，

表4-1 MDGs ミレニアム開発目標（Millennium Development Goals）

八つの目標	具体的な21のターゲット
1 極度の貧困と飢餓の撲滅	1.A 1日1.25ドル以下で生活する人口の割合を1990年に比べて半減する。 1.B 女性・若者を含むすべての人の完全かつ生産的な雇用とディーセントワーク（働きがいのある人間らしい仕事）の提供を実現する。 1.C 飢餓に苦しむ人口の割合を1990年に比べて半減する。
2 初等教育の完全普及の達成	2.A すべての子どもが，男女を問わず初等教育の全課程を修了できるようにする。
3 ジェンダー平等推進と女性の地位向上	3.A 2005年までに初等・中等教育において，2015年までにすべての教育レベルで，男女格差を解消する。
4 乳幼児死亡率の削減	4.A 1990年から2015年までに5歳未満の乳幼児死亡率を3分の2引き下げる。
5 妊産婦の健康の改善	5.A 1990年から2015年までに妊産婦の死亡率を4分の1に削減する。 5.B 2015年までに，リプロダクティブ・ヘルス（性と生殖に関する健康）の完全普及を達成する。
6 HIV／エイズ，マラリア，その他の疾病の蔓延防止	6.A 2015年までにHIV／エイズの蔓延を阻止し，その後，減少させる。 6.B 2010年までに，必要とするすべての人々は誰もがHIV／エイズの治療を受けられるようにする。 6.C 2015年までに，マラリアその他の主要な疾病の発生を阻止し，その後，発生率を下げる。
7 環境の持続可能性の確保	7.A 持続可能な開発の原則を各国の政策やプログラムに反映させ，環境資源の損失を減少させる。 7.B 生物多様性の損失を抑え，2010年までに，損失率を大幅に引き下げる。 7.C 2015年までに，安全な飲料水と基礎的な衛生施設を継続的に利用できない人々の割合を半減する。 7.D 2020年までに，少なくとも1億人のスラム居住者の生活を改善する。
8 開発のためのグローバルなパートナーシップの推進	8.A 開放的でルールに基づいた，予測可能でかつ差別のない貿易および金融システムを構築する。 8.B 後発発展途上国の特別なニーズに取り組む。これには，後発発展途上国からの輸入品の無税，数量制限の撤廃，重債務貧困国に対する債務救済および2国間援助債務の帳消し，貧困削減に取り組んでいる国に対するより良い条件でのODA供与を含む。 8.C 内陸発展途上国および小島嶼発展途上国の特別なニーズに取り組む。 8.D 債務を長期的に持続可能なものとするために，国内および国際的措置を通じて発展途上国の債務に包括的に取り組む。 8.E 製薬会社と協力して，発展途上国の人々が安価で必要不可欠な薬品を入手できるようにする。 8.F 民間セクターと協力して，情報通信技術における新技術による利益が得られるようにする。

出所）*Millennium Development Goals Report 2012* などを参照して筆者作成。

アメリカで生じたサブプライム・ローン問題を皮切りにして,「100年に一度」といわれる世界経済の危機を迎えた。それをようやく脱した2010年代に入ると,ギリシャの経済危機を契機にしたヨーロッパ連合（EU）の経済的低迷,そして「失われた20年」といわれた経済不況を経験した日本など,世界経済は明るい展望が見出しにくい状況にある。他方で金融問題については G8 から G20 へと協議の場が移行したことにも表されるように,中国やインドなど新興経済大国が登場している。開発／発展問題も世界経済の立て直しなくしては新しい発展が望めないが,本章は,日々めまぐるしく変転する世界経済の現状分析を行うのではなく,開発／発展問題を切り口として世界経済の枠組みを考えるための素材を提供する。

開発／発展への視点　本章でいう開発／発展とは,英語では development を指し,かつては「南北問題」といわれた先進国と発展途上国との経済格差を是正するためのキーワードであり,今日でも貧困撲滅を実現するためのキーワードとして用いられるものである。その点では,発展途上国が抱える経済発展のあり方をめぐる問題が中心となるが,本章では「国際関係」を意識して,開発／発展の問題を国際経済協力の視点からとらえ,国際協力の中心を担っている国際機構の活動を振り返りながら考えていく。その理由は,第1に,私たちの日常生活は世界経済の動きに大きな影響を受けており,国内政策は常に国際関係と連動しているのであって,一国の開発問題も国際社会の動きの中でとらえる必要があるからである。第2に,先進国首脳会議あるいは主要国首脳会議と呼ばれる G8 の動きや先進国中心の同盟的な政策は国際社会に大きな影響を持っているが,発展途上国も参加する国際機構を通じた活動こそが,世界政府の存在しない現代世界において,より公正で民主的な国際

社会を築き上げることができるからである。もっとも,国際機構もさまざまであるから,それらが常に公正で民主的かどうかは検討する余地がある。第3に,開発／発展問題のあり方は時代によって変化が大きいので,開発／発展という名の下に何が問題とされ,またどのように解決されようとしてきたのかをみておくと,今後どのような問題が焦点になり,その対策はどうあるべきかについて考えやすくなるからである。

以下では,現在の国際協力の枠組みはどのようにして形成されたか,国際協力にはどのような問題が課せられ展開してきたかを探り,私たちに大きな関わりがある日本の援助について特徴や課題を考えていく。

§2 国際経済協力の枠組み

国際経済協力は,国家間の経済協力と国際機構を通じたものに分けられるが,この基本的な枠組みは第2次世界大戦後すぐに作られ,現在まで引き継がれている。国際機構を通じたものには「国際連合」があり,また専門機関といわれる「国際通貨基金 (IMF)」と「国際復興開発銀行 (IBRD, 以下では世界銀行と呼ぶ)」がある。さらに,世界貿易の基本的枠組みを作ってきた「関税及び貿易に関する一般協定 (GATT: ガット)」も国際機構とみられる側面を持っており,50年近く活動を行ってきた。そして今日では,「世界貿易機関 (WTO)」に引き継がれている。もちろん今日では,これら以外にさまざまな専門分野の国際機構や EU などの地域的機関が存在し経済協力活動を行っているが,ここでは世界規模の機構について考える。

国際連合　国際連合は，戦争の惨害から将来の世代を救うために設立されたことから，国際の平和と安全の維持を活動の第1の目的に掲げている［国連憲章第1条1項］。また第2次世界大戦は，経済的側面からみれば，英仏と日独との経済圏の再分割をめぐる戦争としてとらえることができるし，植民地であったアジア・アフリカ地域での経済開発の必要性が認識されたことから，将来の戦争を防ぐためにも，経済的社会的国際協力の推進も活動の目的とした［第1条3項］。国連の前身ともいえる国際連盟よりも幅広い目的を規定したのは，平和のためには自由な貿易と生活水準のいっそうの向上が不可欠だと認識されたからである。

しかし国連の当初の活動は経済協力に関する審議が中心であり，具体的活動は，IMFと世界銀行，ガットなどの専門的国際機構に任されていた。国連が本格的に開発／発展問題と向き合うようになるのは，植民地の独立とそれら新興独立諸国の国連加盟が果たされる1960年代以降といってよい。

ブレトンウッズ・ガット体制　第2次世界大戦後の国際経済秩序を支えるための国際制度として，IMF，世界銀行およびガットが設立され，これら三つを柱としたブレトンウッズ・ガット体制が成立した。ガットは1995年にWTOに継承されたが，この体制は紆余曲折を経ながらも現在まで続いている。

アメリカのブレトンウッズに集まった45カ国の政府代表が，IMF，世界銀行を設立・運営するための協定を採択したのは第2次世界大戦末期のことであり，大戦が終了するや，両機構は世界経済の運営に動き出すことになった。この二つの機構は，1930年代の世界恐慌によって崩壊した通貨体制を立て直し，戦争によって破壊された欧州の経済復興と世界の生産施設・生産資源の開発のための国際投資

を促進するため,アメリカのイニシアティブによって生み出された。したがって両機構は,戦争を通じて世界の金準備の大部分を手に入れたアメリカの経済的実力に裏付けられたものであり,かつ自由貿易を通じて世界経済の発展を標榜するアメリカの政策を反映していた。

また,世界大戦の原因の一つとされた経済ブロックを打破し,自由で平等な貿易体制を確立するために,アメリカは「世界貿易及び雇用の拡大に関する提案」を行った。これに基づき国連貿易雇用会議で国際貿易機関憲章(ITO憲章,ハバナ憲章とも呼ばれる)が採択されたが,自由貿易に伴うリスクを懸念したアメリカの批准拒否などで成立しなかった。この憲章を起草する過程で関税引き下げ交渉が行われており,憲章発効までの暫定的な取り決めとして「関税及び貿易に関する一般協定(GATT)」が締結された。そしてITOが成立しなかったため,ガットがその後の世界貿易を規律することとなった。

§3 南北問題の興亡

開発／発展の問題が国際社会で大きく取り上げられるようになったのは,1950年代末以降であり,米ソ対立を中心とした冷戦に象徴される「東西問題」と並んで「南北問題」が国際社会の取り組むべき課題とされてからである(表4-2)。これまで欧米諸国の植民地であったアジアやアフリカの地域が次々と独立を果たす中で,新独立国の側から「政治的独立から経済的自立へ」というスローガンが打ち立てられた。また,東西いずれの陣営も,新独立国を自らの陣営に取り込むための方策として,開発援助を強化する動きに出た。

表 4-2　南北問題関連年表 (1945年以降)

1945年　国連発足，IMF，世界銀行設立	1980年　ブラント委員会報告『南と北―生存のための戦略』
48年　GATT 発効	81年　南北サミット（カンクン）
55年　アジア・アフリカ会議（バンドン10原則）	86年　発展の権利宣言（国連総会）
60年　石油輸出国機構（OPEC）結成 植民地独立付与宣言（国連総会）	87年　ブルントラント委員会報告『地球の未来を守るために』
61年　経済協力開発機構（OECD）設立 第1回非同盟諸国首脳会議 「国連開発の10年」提案	92年　環境と開発に関する国連会議（地球サミット）開催
62年　天然資源に対する永久的主権決議（国連総会）	95年　世界貿易機関(WTO)協定発効 国連社会開発サミット開催
64年　第1回国連貿易開発会議（UNCTAD）	97年　アジア通貨危機発生 地球温暖化防止京都会議
66年　GATT，第4部（貿易及び開発）追加	2002年　持続可能な開発に関する世界サミット（ヨハネスブルグ）
68年　アラブ石油輸出国機構（OAPEC）結成	08年　リーマンショック＝世界金融危機発生
71年　金―ドル交換停止＝ニクソンショック	20カ国・地域首脳会合（G20 金融サミット）開催
72年　ストックホルム人間環境会議	
73年　第4次中東戦争，OAPECによる石油戦略（第1次石油ショック）	
74年　国連資源特別総会開催，新国際経済秩序（NIEO）樹立宣言採択	

ここでは，発展途上国の側からみた開発要求の内容とそれに対する先進国の対応を，後に述べるような新国際経済秩序（New International Economic Order: NIEO）の樹立要求へとつながる問題に焦点をしぼってみてみよう。

(1) 政治的独立から経済的自立へ

経済的自立を阻むもの　「政治的独立から経済的自立へ」というスローガンの中で，発展途上国が特に問題としたのは，自国資源の開発を通じての経済発展であり経済的自立であった。この時期には，「資源ナショナリズム」という言葉が大きな推進力

を持った。ところで，資源ナショナリズムが強調されなければならなかった背景には，植民地時代に現地の首長と欧米の企業が締結した資源開発のための利権契約の存在があった。これは「コンセッション契約」とも呼ばれ，自国領域内で外国の私企業が，一定期間，特定の資源開発や公益事業を行うために与えられる特別の許可，またはそのために結ばれる契約を指し，広義にはその内容を意味するものである。最近ではその内容に即して経済開発協定とも呼ばれているが，植民地時代には，契約期間がきわめて長く，開発許可区域がきわめて広範なこと，さらに首長側に支払われるロイヤルティ（使用料）が低額であることなどから，コンセッションを得た外国資本の企業が「国家の中の国家」を形成しているともいわれたのであった。

　このような状況を脱するための方策として，ロイヤルティの値上げをはじめとして，契約期間の短縮，開発事業への経営参加を求めるなど，さまざまな契約改訂の努力もなされた。しかし根本的な改革がなされない中で，発展途上国の中には企業の国有化に踏み切るところも現れた。国有化そのものは，日本国憲法第29条3項が「私有財産は，正当な補償の下に，これを公共のために用ひることができる」と規定しているように，先進国，発展途上国を問わず主権国家の権利として認められている。問題なのは「正当な補償」とは一体どのような内容を持つのかである。

　先進国側は，自らの国内事情を考慮して，国有化の際には公共目的および無差別の原則とともに「迅速，十分，実効的」な補償が必要であり，それらを欠く場合には国有化は国際法上違法であると主張する。これに対して国有化を断行する発展途上国側は，そもそも国有化の目的は自国経済の自立であって，国内事情に応じた補償で

足りると考えた。また企業と国家が紛争になった場合に，当該国家の裁判所に訴えるなどの国内的手続でしか解決方法がないのか，あるいは国際的な仲裁裁判所への付託などによる解決が可能なのかも問題となった。

天然資源に対する永久的主権　この状況で発展途上国側が，経済的自立のために自国の資源を自由に開発・管理・利用する権利として主張したのが「天然の富と資源に対する永久的主権」であり，その内容をめぐって国連総会で争われた。そうした中で先進国側と発展途上国側の妥協として成立したのが，1962年の国連総会決議1803（XVII）「天然の富と資源に対する永久的主権」であった。この決議では，永久的主権を認めたうえで，国有化の際には国内法と国際法に従った適当な補償が支払われるものとし，補償に関する紛争が生じたときは，国内裁判手続が尽くされねばならないが，当事者間で合意する場合には仲裁または国際裁判で解決されることとしたのである。

　この決議は，投資の安定を要求する先進国と経済的自立のために主権を強調する発展途上国との間で鋭い対立が生じた結果，特に補償問題で妥協的な表現がとられることとなった。しかし国連総会を舞台に展開されたことは，数において圧倒的に有利な発展途上国側が，その後自らの立場をはっきりと表明できる決議を生み出す上で好都合であった。同じ表題の決議が次々と採択され，永久的主権の概念が適用される範囲を拡大し，補償条件は国有化を行う側に有利になっていった。つまり，発展途上国による外国企業への事業参加の権利を確認した1966年決議2158（XXI），永久的主権の対象を国家の管轄権内にある海底，底土およびその上部水域にまで拡大した1972年決議3016（XXVII），国有化に対する補償額や支払い方法の決

定，また国有化から生じる紛争解決は，いずれも国有化国の国内法に基づくとされた1973年決議3171（XXVIII）が採択された。これらが1974年の新国際経済秩序樹立宣言に引き継がれたのである。

　もっとも，これらの決議が実際上どこまで拘束力を持っているのかは疑問であり，特に補償に関する争点はこれで解消されたわけではない。むしろ先進国と発展途上国との間で結ばれる2国間の投資保証協定などでは先進国の主張がそのまま反映されることが多い。しかしここで重要なことは，発展途上国が，その数だけでなく結束によって，正当な国際経済関係の原則を作り直すことが可能になることを示したところにある。

(2) 援助より貿易を——GATT 対 UNCTAD

ガットの意義と問題点　　ガットは，自由貿易推進のために「自由・無差別・多角的」というスローガンで表される基本原則により活動を行ってきた。ここで「自由」とは，関税による規制は認めるとしても，貿易量をあらかじめ設定するような数量規制，政府が自国企業などの輸出促進を援助する輸出補助金，海外からの安い製品をブロックするためにしばしば口実として利用されたダンピング防止税など，関税以外の障壁は原則として廃止していこうとすることをいう。また「無差別」とは，海外から輸入する同種の製品については関税などで差別をつけないことを約束する最恵国待遇原則や，いったん国内に入ってきた製品に対しては自国製品と同じ扱いを認める内国民待遇原則の採用を意味する。さらに「多角的」とは，関税の引き下げなどについて，2国間交渉に任せるのではなく，多数国間による「ラウンド交渉」を通じて相互に痛み分けする交渉方式を採用することを意味していた。

このように自由貿易を推進するために作られた協定ではあったが，①ブロック経済を否定するために作られたものの，戦前から続く英仏経済圏は容認されたこと，②特別の規定を設けてアメリカ農業の保護を容認したこと，③非関税障壁の撤廃を義務ではなく努力目標とする「暫定的適用に関する議定書」が作成されそれに基づいてガットが発効したこと，などからみて，実際には「自由・無差別」貿易原則は多くの例外によって危うくさせられたのである。それでも，アメリカ自体が経済力を持っていたことに加えて，アメリカがヨーロッパ，日本などへ経済支援を行ったことによって，先進国では戦後復興がなされた。

しかし原理的な問題として，発展途上国と先進国との経済関係にみられるように，自由貿易の原則をそのまま適用することは，対等でないものを対等に扱うことによって不平等がいっそう拡大することになるのではないかという点がある。そこで，国際社会では，対等でないものを不平等に扱うことによる，いわゆる「補償的不平等」を通じて実質的平等を確保する重要性が叫ばれ，ここでも国連を舞台として発展途上国の主張を実現していこうとする努力が重ねられた。

UNCTADの設立　　その舞台となったのが，1964年に開催された国連貿易開発会議（UNCTAD）であり，以後は国連総会の下部機関として活動することになった。UNCTADの活動に理論的基礎を与えたのが，いわゆる「中心―周辺」論である。初代の事務局長に就任したアルゼンチン出身の経済学者プレビッシュに代表される開発理論であった。プレビッシュは，ラテンアメリカの経済を素材にして，低開発の根源を探り，19世紀後半から第2次世界大戦までの期間に，工業製品の輸出国である中心国（先進国）と1

次産品の輸出国である周辺国（発展途上国）との間の貿易が，周辺国に不利になる形で行われてきたという「交易条件の悪化」によって，中心と周辺との不均等な発展がもたらされたと主張する。こうした低開発からの脱却の方法として，以下の三つを提示する。①国際商品協定を締結することによって1次産品価格を安定させ，交易条件の悪化傾向を改善する。②モノカルチュア経済を脱却するために輸入代替工業化を進める。③工業化にとって障害となる国内市場の狭隘さを打開するために地域的な経済統合を進める。つまり，低開発の原因が，国内問題ではなくて国際関係の一つである現在の国際分業体制のあり方にあり，この不均等な発展は周辺国の工業化を推進することによって克服されると考えるのである。この考え方を基礎に，UNCTADでは，1次産品に関する国際商品協定の締結要求と，発展途上国の製品・半製品に対する特恵貿易（一般特恵）の要求，工業化に伴う外貨不足を補うための先進国からの援助の要求を含めて，「三大要求」として定式化された。

(3) 開発援助のための国際機構の設立

「援助より貿易を」というのはあくまでもスローガンであって，上の「三大要求」にもあるように，工業化に伴う外貨不足を補うためには，先進国のみならず国際機構からも援助を必要とした。国連は，先のUNCTADに加えて，1960年代から70年代にかけて開発援助のための国際機構を設立した。1965年には国連開発計画（UNDP）が設立され，援助を必要とする各国の開発計画の作成に協力したり，援助要請国と援助を行う国際機構との間での事業活動の調整・監督に従事した。また工業化推進機関として，1967年に国連工業開発機関（UNIDO）が国連総会によって設立され，発展途上国

の労働者や経営技術の訓練だけでなく，各種の研究調査なども行ってきた。また，1970年代初頭に深刻化していた農業問題に対処するために，食糧・農業に関する生産や開発計画に融資を行う国際農業開発基金（IFAD）が，1977年に活動を開始した。これらの機関が，発展途上国が多数を占める国連総会の下で，開発援助のための多国間開発システムとして活動を行っている。すでにあった世界銀行グループの機関とは別に設立されたということに注目すべきであり，発展途上国の意見が反映されやすいシステムが必要とされたといえる。

(4) NIEO から開放的な市場経済体制へ

NIEO の興亡　1974年，国連は第6回資源特別総会を開催し，新国際経済秩序（NIEO）樹立宣言およびそのための行動計画に関する決議を採択し，さらに同じ年の第29回総会は，「国家の経済権利義務憲章」と題する決議を採択した。NIEO 樹立宣言は，①現在の発展途上国が依然として低開発状態にあるのは，発展途上国が植民地であった時代に作られた国際分業体制が現在でも引き続き存続しているところに原因があること，②ところがこの秩序は，発展途上諸国が国際的な活動のあらゆる分野で強い影響力を発揮し始めているという現在の国際政治経済関係の動きと直接矛盾するようになってきたこと，③しかも現在の国際社会は先進国の利益と発展途上国の利益が独立しているのではなく相互依存関係にあること，④したがって，国際社会に関連するすべての決定については発展途上国の積極的，平等な参加が必要になっていること，を述べる。

しかしこれらの決議採択を絶頂期として，NIEO の構想は事実上失敗していく。決議採択の背景にあったのは，前年の第4次中東戦

争をきっかけにした，アラブの石油輸出国による石油輸出の規制措置（いわゆる「石油戦略」）であった。いわばこれまで石油を支配していたメジャーと呼ばれる先進国企業から，石油輸出国機構（OPEC）による管理へと移っていったことで，発展途上国側にも先進国と対等に闘える交渉力ができたという自信があった。これに対して先進国の側も，相互に経済対立を含みながらも，団結強化を図ることとなった。何よりも石油危機に対して協調して政策をとるために，先進国首脳会議（サミット）を定期的に開催することとなった。

　一方，団結を誇っていた発展途上国の側では利害対立が表面化する。まず，石油価格の高騰によって莫大な資金を得た石油産出国が出現した。こうした諸国では，1人あたりの国民総生産（GNP）は先進国と肩を並べるようになった。また，輸出指向の工業化を進めてきた発展途上国は「新興工業国」あるいは「中進国」として一定程度の成長を遂げることに成功した。しかし，大半の国々は思うような発展戦略が描けないままであり，むしろ石油価格の高騰が発展の阻害要因となった。またサハラ以南のアフリカ諸国やアフガニスタンのような内陸国などは貧困がいっそう進むという事態になった。

　こうして1970年代後半には，先進国は規制緩和や民営化・民間化を通じて公的支出を削減する一方で，自由競争を促進する新自由主義的な経済手法を採用することによって石油危機を切り抜けた。一方，発展途上国の側では，累積債務に苦しむ国家が現れたかと思うと，飢餓で苦しむ「後発発展途上国（最貧国）」の数が増大するというように，80年代に入ると，多様な困難を見せる「発展途上国問題」が浮上する。

発展の権利による修正

　経済面での利害対立によって団結が緩んだ発展途上国は，その立て直し策として，発展の

問題を人権問題として位置づけ，普遍的価値を持たせようとした。つまり「発展の権利は譲ることのできない人権であり，それによってすべての人および人民は経済的，社会的，文化的および政治的発展に参加し，貢献しかつ享受する権利を有する。」と述べる「発展の権利宣言」を採択した（1986年国連総会）。そして，発展の権利を実現するために，国家が責任を果たすだけでなく，先進国を含む国際社会もまた責任を果たさなければならないとする。実は1968年の第1回国際人権会議がイランの首都テヘランで開催されたときに，自由権と社会権は不可分のものであり，自由権の実現のためにも社会権の保障は必要であるという主張がなされていた。発展の権利はこの考え方を深め，発展途上国の側から「高次の人権」と位置付けようとしたものであり，また先進国のNGOもこれに共鳴した。しかしながら，この考え方を具体化するためにはどのような方策が必要であるか展望がなく，今日では言及されることも少ない状況にある。

開発の課題克服への二つの道　1970年代の混乱を経て，開発問題を克服するために二つの道が用意された。一つは先進国が主導する「開放的な市場経済の復権」政策である。これは，「小さな政府」の下で，規制をできる限り緩和して市場の自由度を高め，また自由貿易を活発化させることで世界経済全体の活性化を促し経済発展を図ろうとする政策である。この政策は，1980年代に英米で採用され日本もそれに追随した。さらに，1980年代末の冷戦終結と1990年代の社会主義陣営の崩壊によって，ロシアをはじめとする旧社会主義陣営も包摂する形でグローバル化した。

　もう一つは，1970年代から80年代にかけての「開発」の失敗はむしろ「工業化」の失敗であり，工業化をひたすら追求することは，

先進国が1960年代後半から70年代に経験した「公害」のグローバル化をもたらすだけであるとして，開発よりも広い概念としてdevelopmentをとらえた「持続可能な発展」をスローガンにして，各国の社会経済構造を立て直そうとする政策である。

この二つの道はまったく対立するようにもみえるが，問題解決のためには，一国だけの努力では十分ではなく，国際社会全体で取り組むべきものであり，そのためには国連をはじめとする国際機構が，大きな役割を果たさなければならないと考えているところに共通点があるといえる。もっともその場合，国際機構といっても，前者では，ブレトンウッズ，WTOなどの専門機関による主導が期待されているのに対して，後者では，国連あるいは国連が支援する新しいすべての国の参加を平等に保障するような国際会議による努力が期待されている。後者の問題については，本書第6章で議論されるので本章では簡単に触れ，以下では前者に焦点をしぼって考えてみよう。

§4 グローバル化時代の開発／発展

グローバリゼーション（グローバル化）という言葉が頻繁に使われるようになるのは1990年代半ば以降であるが，モノやカネ，ヒトや情報が国境を越えて流通する状況は19世紀末からみられる。しかし重要なことは，いまその流れがこれまでにないスピードを持ち，経済社会状況を急速に変化させていることである。このスピード感を生み出したのが，自由貿易政策への回帰であり，新自由主義に基づく国内・国際経済政策である。そしてこれらの政策は，ブレトンウッズ，WTOのような国際機構によっても支えられた。

(1) **自由貿易への回帰**──国連外での進展

投資自由化と補償問題　発展途上国による投資規制の問題については，国連（多数国間）レベルでは，1962年から1974年までの間に大きく進展した。他方で，2国間レベルでは，投資の増大を目的とした先進国と発展途上国の間の2国間投資保証協定（BIT）が締結され，それは1990年代から急増し，2,500件ほどに上っている。現在では，投資だけでなく，経済関係全体にわたる自由な貿易を促進するために，自由貿易協定（FTA）や経済連携協定（EPA）も多数結ばれている。こうした協定は，投資をはじめとする経済活動に対するリスク回避に重点が置かれるので，国連総会決議が示したような国による規制は影を潜め，特に国有化に対する補償についてはこれまで先進国が主張してきた「迅速，十分，実効的」な水準を要求している。投資を呼び込みたい発展途上国が譲歩するのは仕方ないとしても，ここで注目しておきたいのは，「開発」が，国連を舞台にした多国間主義から力関係を明確に反映する2国間主義へと変化しつつあるのではないかということである。さらに，従来は各国の経済政策を自由に追求する（経済主権の実現の）ために規制すべき対象であった多国籍企業の活動が，むしろ世界経済の成長エンジンとして活性化すべきものとして位置付けられるという，視点の移行が注目される。これも国連の枠組み外で行われたということに注意しておきたい。

WTOの発足と展開　1995年1月のWTOの発足は，自由貿易への回帰を象徴する出来事であった。これは，1980年代に台頭した先進国間での保護主義への反省を土台にしたものであり，1986年から1993年まで続けられたウルグアイラウンド交渉で妥

結したものである。WTO協定の特徴は，①一括加盟方式が採用されたこと，②農業，繊維など物品の貿易に関する規則の発展に加えて，③サービス，知的所有権，貿易関連投資措置など新分野の協定が成立したことと，④紛争処理手続の司法化とも呼ばれるような，パネル（小委員会）や上級委員会の制度を確立したことにある。ここに世界貿易に関する体系的規則が誕生したことになる。

　他方，問題点としてしばしば挙げられるものとして，①モノ，カネの自由な流通に比べて，労働力の自由移動について規制が大きいこと，②自由競争を支えるセーフティネットとしての社会保障制度とどのように調和させるのか，③環境保護政策を理由にどこまで貿易が規制できるか，などの問題は十分検討されずに課題として残された。

　そうしたこともあって，WTOが進める自由貿易体制への反対運動が多方面から生じた。まず，発展途上国側からの反発が挙げられる。発展途上国全体への十分な還元がなかったからである。確かにアジア地域を中心にして大幅な経済発展を示した諸国はある。しかし，それ以上に多くの国が低開発に悩み，1日1ドル以下で暮らす人口は増大し，また1970年代よりも1990年代に貧困化が進んだ国が増えた。NGOによる批判も大きかった。WTOの活動は先進国や大国の利益に貢献するものの，市民や労働者にはむしろ生活が脅かされるととらえられ，1999年のシアトル閣僚会合開催に際して，反グローバリズムの観点からデモ活動が行われた。

　2001年からWTO発足後初めての多角的貿易交渉が開始された（ドーハラウンド）。ドーハラウンドでは，農業，非農産品市場へのアクセス，サービス，アンチダンピング，環境，途上国問題と，包括的な内容について交渉され，発展途上国を意識して「ドーハ開発ア

ジェンダ」と名付けられた。しかし，10年以上経った現在（2014年3月）でも妥結の見通しはない。他方で，WTOでの交渉挫折は，先にも言及したようにBITだけでなくFTAやEPAなどの協定の爆発的な増加を促進し，世界全体のルールを整備するというよりも，2国間や地域でのルール作りを優先して，関係国間での自由貿易を促進しようとする動きが顕著になった。近年話題になっているTPP（環太平洋戦略的経済連携協定）も，協定に入っている諸国間の交渉を通じて自由貿易を拡大していこうとする仕組みの一つである。

(2) **開発援助の変質**──IMF・世界銀行の「復権」

IMFの機能変化　　すでに述べたようにIMFの設立目的は，為替取引の自由化と為替相場の安定による貿易自由化拡大であり，為替取引の自由化を推進するために，金と交換可能なドルを基軸通貨とした固定相場制が採用されていた。これはアメリカの経済力が相対的に低下した1970年代初めに放棄され，変動相場制に移行した。

また，自由化による国際収支の悪化が生じた場合に備えて，為替相場安定のための短期融資が予定されており，融資額は割当額の200％まで可能とされた。そして，借入に当たっては，リザーブトランシュと呼ばれる100％までは無条件で借りることができる部分と，クレジットトランシュと呼ばれる残余の100％が4期に分けられ，条件付きで借りることができる部分からなる。しかしこのシステムでは，割当額の大きい国は借りやすいが，割当額の少ない発展途上国は当然，借入限度額も少なく，充分な対応ができない。そのため，1960年代に入ると発展途上国融資のための別の手段が開発された。それが，累積債務の繰り延べ返済や1次産品の緩衝在庫基金

の設置であった。しかし1980年代以降，発展途上国の債務問題が順調に解決しない原因は各国の国内経済政策の誤りにあると考え，自らの経済学理論に基づき，通貨供給の抑制や財政面での経費削減，補助金カット，為替レートの引き下げなど，いわゆる「構造調整プログラム」の採用を条件とした融資を行うことになった（コンディショナリティ）。これは，条件を満たさない場合には貸出停止とするというように，国内経済政策への実質的介入であり，新自由主義に基づくグローバル化を進める契機となった。

世界銀行の機能拡大と変化　世界銀行の設立目的は，国際復興開発銀行という正式名称に表れているように，ヨーロッパの戦後復興と非ヨーロッパ地域の開発援助であり，そのために生産性の高い事業へ融資することを中心に考えられていた。したがって，金利も民間銀行並みで短期融資を柱としたIMFに対して，世銀では7年から25年の中期返済を認めていた。また，1956年には，国際金融公社（IFC）が設立され，民間企業への直接の融資を始め，1960年には，国際開発協会（IDA：第二世銀）が，無利子，返済期間50年といった，通常より有利な条件で融資を行う発展途上国向けの組織として設立された。それ以外に国際投資紛争解決センター（ICSID）が1966年に，多国間投資保証機関（MIGA）が1988年に設立され，現在ではこれらの五つを総称して世界銀行グループと呼ばれる。

　世銀は，設立当初こそ，ヨーロッパの復興援助を目的に掲げていたが，1950年代以降はもっぱら非ヨーロッパ地域の開発援助を担うようになり，経済インフラの拡充を中心とするものだった。しかし，1968年にマクナマラが総裁に就任して以来拡大路線をとり，インフラ整備だけでなく，農業開発や保健・衛生・教育といった「人間の

基本的必要（Basic Human Needs: BHN）」を満たすための援助も行うようになった。これに対して工業化の進展を重視する発展途上国は反発し、折から進められていた NIEO 路線との対立が明確になっていた。その後、累積債務問題などで発展途上国の経済政策の失敗がみえてくる1980年代になると、世界銀行の活動が再度脚光を浴びるようになった。世界銀行は IMF と同じく、構造調整融資を開始し、発展途上国の経済政策に直接介入する。その結果、いくつもの国で貧富の経済格差が拡大するばかりでなく、世界銀行が融資するプロジェクトによって、環境破壊や先住民族の人権侵害などが引き起こされるという批判が相次ぐようになった。その結果、構造調整融資の見直しや、融資の際に環境や人権保護に配慮したプロジェクトであるかどうかをチェックするシステムなども導入された。

グッド・ガバナンス支援　1990年代に入ると、健全な市場経済を運営する基盤として良い統治（グッド・ガバナンス）が必要となる、という認識が定着し、世界銀行の貸付条件としてグッド・ガバナンスが導入された。またグッド・ガバナンスを支援することも世界銀行の活動に組み入れられるようになった。ここでグッド・ガバナンスとは、①政府権力の使用に際してはアカウンタビリティ、透明性、公開性が求められること、②法治体制が整備されていること、また独立した司法部門が確立していること、③効率的な公共部門が存在していること、④腐敗、汚職が抑制されていること、などが挙げられる。グッド・ガバナンスの確立のために、具体的には各国の民法や刑法などの法典化や司法制度の構築を支援する活動があげられる（法整備支援）。グッド・ガバナンスの条件は、明示はしていないものの、欧米の社会が基本としているものであり、その意味では西洋的価値の重視ともいえる。これを押し付けとみる

か，普遍的価値の実現とみるかは難しい問題であり，評価は今後に任されている。

世界銀行の貧困削減政策　開発論の文脈では構造調整融資が見直され，1999年には，IMFと世界銀行は合同で「貧困削減戦略文書」の作成を決定し，また2001年には，OECDが貧困削減ガイドラインを策定するなど，21世紀の開発戦略の中で貧困削減がクローズアップされることになる。本章の冒頭に掲げたミレニアム開発目標もそうした動向の一つである。特に世界銀行は，ミレニアム開発目標を達成するためには，持続的な経済成長によって貧困問題を解決する必要があることを強調した。そして国ごとに「貧困削減戦略文書」を作成し，貧困の原因の明確化や貧困削減に最も効果を有する公的な措置は何か，そして削減目標と進展状況のチェックなど，具体的な戦略を立てた。またこの戦略で重要な点はジェンダーをはじめ，市民社会，NGOなどの「社会セクター」の強化と，そうしたセクターが参加するプロジェクトが重視されることである。もっとも，「経済成長」に着目する人にとっては貧困削減政策の内容が明確でないと批判しており，どういう政策に優先順位をつけるかという問題について今後の行方が注目される。

(3) **オルタナティブな開発論**

内発的発展論　貧困削減は緊急かつ重要な課題であり，早期の実現が必要であるが，貧困削減を唱えるだけでは社会全体がよりいっそう発展していくことはできない。人間性を全面的に開花させるという意味での「発展」を追求できる考え方を探る必要がある。そのような考え方の一つとして「内発的発展論」あるいは「もう一つの発展論」が示唆を与えてくれる。もっとも，さまざま

な立場から内発的発展が唱えられており,「内発的発展」の内容もさまざまであるが,大枠としては次のようにいえる。つまり,地球のすべての人や集団が衣食住の「基本的必要(BHN)」を充足し,人間としての可能性を十分に発揮できる,もっと豊かな条件を作り出すことであって,固定的な価値の実現を問題にするというよりも,運動の方向性を示す理論である。したがってこの理論によれば,欧米諸国型の発展と発展途上国型のそれとが同じものである必要はなく,それぞれの社会に応じた多系的な発展が追求される。大きくみれば,発展途上国ではBHNを満たすための農工業の発展=適正発展が必要とされ,先進国では浪費型生活=過剰発展から低消費型生活=適正発展への転換が求められる。つまり発展モデルが,公然とまたは暗黙のうちに欧米中心になっていたことへの反省が前提とされていることに注意したい。南が北に追い着くことが南北問題の解決ではなくて,あらゆるレベルで「支配―従属関係」を抜け出して,「自前の」発展を行うことがどのようにすれば可能かということが問題解決の焦点となる。

内発的発展の実践 　内発的発展の枠組みは,現実に行われている運動を考察する中から抽出されてきたものであり,現実によって鍛え直されるものである。ここでは内発的発展に関連すると思われる,地域レベル(国家内,国境を越える地域の両方を含む),国家レベル,地球レベルでの実践例について簡単にみていきたい。

　まず地域レベルでは,先進国内のエコロジー運動がある。1960年代後半から激化した先進国内の公害は,「成長の限界」を予感させるとともに経済成長万能主義への反省を生み出した。巨大技術の否定や自然との共存を謳った「緑の党」をはじめとして,ごみ処理問題を通じて環境にやさしい生活を追求する市民団体の結成など,市

民生活に密着した運動が高まってきた。エコロジー運動は2011年の福島原発事故以来,いっそう切実な課題となっている。最近の日本においても,少子化や高齢化で農村や地方都市の状況は劇的に変化している。その中で「村おこし運動」と呼ばれるような,地域の社会経済システムを自律的に維持・運営していこうとする努力がみられるが,これも「内発的発展」の試みの一つだろう。

 国家レベルでは,発展途上国間の経済協力が模索されている。現在,先進国のクラブとされる「経済協力開発機構(OECD)」の加盟国以外にも,目をみはる経済成長をとげつつあったブラジル(Brazil)やロシア(Russia),インド(India),中国(China)(=BRICs)などが,アフリカ諸国に援助を始めている。さらにアフリカの中でも南アフリカ(South Africa)が台頭し,先の4カ国に南アを含めて,BRICSと呼ばれるまでになった。もっとも,こうした動きは先進国に依存せずに貧しい国同士が対等な関係で協力して発展を遂げるべきだと主張したかつての「集団的自力更生論」とは別物であり,必ずしも内発的発展が意識されているわけではない。最近では,国民総幸福量(GNH)を最大化することを目標に活動しているブータンに人々の関心が集まったように,国家レベルの発展活動でも人間のあり方に注目した活動がある。アマルティア・センがいう「人間の潜在的能力」〔『不平等の再検討―潜在能力と自由』岩波書店,1999年〕をどのように引き出し,人間の幸福に発展をどのように結び付けるかが課題だといえる。

 地球レベルでは,1987年に「環境と開発に関する世界委員会」,通称ブルントラント委員会が発行した『Our Common Future(日本語訳:地球の未来を守るために)』が,「持続可能な開発(sustainable development)」をキーワードにして,「将来の世代の欲求を満たしつ

つ，現在の世代の欲求も満足させるような開発」の重要性を提起した。この5年後の1992年の地球サミットは，持続可能な開発／発展という考え方を引き継ぎ，まさに環境と開発／発展に関する国連会議として大きな注目を浴びた。

　もっともこれら三つのレベルの運動が有機的に連携しているわけではない。国家間では協力よりも対立が目立っており，また国家と市民・NGOとの対立も根深いものがある。他方で，内発的発展の理念に注目すれば，重要なのは具体的な人間の人権保障であり，その人間を取り巻く集団＝人民の権利保障である。このことは国際関係において尊重されるべき価値は何かということを考えるにあたって，国家中心ではない，人間中心のものに変えていくことの重要性を示している。

§5　経済協力と日本

　前節までにみた開発／発展問題の解決策の一つとされているのが，先進国による発展途上国への援助・経済協力である。しかも経済大国の日本は，国内外から，援助は国際社会における責務であると位置付けられている。他方で，先進国による援助に対して，現地住民の生活の向上に役立たないだけでなく，生活そのものを破壊してしまうといった非常に批判的な立場もある。さらに国民の一部には，日本経済の停滞を反映して，対外援助よりも国内経済の立て直しを優先すべきだという声も聞かれる。そこでこの節では，私たち自身がこの問題を考える上での素材と視点を提供する。

(1) 援助と経済協力

　援助や経済協力の問題を考える場合に注意しなければならないのは，その言葉の持つ多様性である。援助も経済協力もさまざまな使われ方をするし，私たちが一般にイメージしているものと異なる場合がある。というのは，一口に援助といっても，広義には先進国から発展途上国への資本，商品，サービスなどの移転をいう場合もあり，狭義にはその中でも公的な資金の移動だけを指す場合もあるし，経済協力という言葉に至っては発展途上国からの輸入の促進といった問題も含めて論ずる場合もあるからである。

ODAの定義　　たとえば政府開発援助（ODA）について，日本も加盟しているOECDの下部機関である開発援助委員会（DAC）は次のように定義している。①政府ないし政府の実施機関によって供与されるもの，②発展途上国の経済開発や福祉の向上に寄与することを主たる目的とするもの，③資金協力に関して，その供与条件が発展途上国にとって重い負担にならないようにグラント・エレメント（GE）が25％以上であること，である。このGEというのは，援助条件の緩やかさを示すための指標であり，金利10％と仮定された商業条件の借款をGE 0％とし，条件（金利，返済期間，据置期間）が緩和されるにしたがってGEのパーセンテージが高くなり，贈与の場合には100％となる。

　三つの要件のうち実際に重要なのは③だけであるが，国際的には3要件を満たすODAのみが真の意味での援助とみなされている。しかしながらこのODAでさえ，贈与だけではなく低利とはいえ利子をとる資金協力が含まれていることは，私たちが「援助」という語感から受け取るイメージとは隔たりがあるのではないだろうか。

図4-1 日本の政府開発援助実績の対国民総所得（GNI）比の推移

（百万ドル）　■ 政府開発援助実績　── 対GNI比　（％）

年	実績	対GNI比
2001	9,847	0.23
2002	9,283	0.23
2003	8,880	0.20
2004	8,922	0.19
2005	13,126	0.28
2006	11,136	0.25
2007	7,697	0.17
2008	9,601	0.19
2009	9,467	0.18
2010	11,021	0.20
2011	10,831	0.18

*1　支出純額ベース
*2　東欧および卒業国向け援助を除く
出所）『ODA白書　2012年版』

このことを念頭に置いて、以下ではODAを中心としながらも、経済協力全体の問題を扱う。それは、ODAだけを取り出してみたのではみえない部分があることを示したいからである。

ODAの現状　まず、図4-1、表4-3も参照しながら、現状と問題点をまとめてみよう。

① 日本のODAは、2011年は約108億ドルであり、米、独、英、仏についで5位となっている。1991年から2000年までは世界第1の援助国であったが、国内財政の悪化もあり2000年代に入り減少を続けている。もっとも国民総所得（GNI）比でみるとOECD加盟国の中では従来から下位にあり、DACの平均値を常に下回っ

表4-3 DAC諸国のODA実績等

順位	国名	実績2011年支出純額(単位百万ドル)	GNI比(％)	順位	国民1人当たりの負担額2011年(ドル)	贈与比率2009/2010年の平均(％)	GE 2009/2010年の平均(％)
1	アメリカ	30,924	0.20	19	100.1	100.0	100.0
2	ドイツ	14,093	0.39	12	172.3	81.0	91.0
3	イギリス	13,832	0.56	6	222.2	95.1	100.0
4	フランス	12,997	0.46	10	201.0	67.6	86.1
5	日本	10,831	0.18	21	85.0	52.3	87.6
6	オランダ	6,344	0.75	5	384.5	100.0	100.0
7	スウェーデン	5,603	1.02	1	622.6	98.9	99.9
8	カナダ	5,457	0.32	14	160.0	100.0	100.0
9	オーストラリア	4,983	0.34	13	223.0	98.2	99.4
10	ノルウェー	4,934	0.96	3	1,002.8	97.4	100.0
11	イタリア	4,326	0.20	19	71.4	95.4	99.0
12	スペイン	4,173	0.29	16	88.8	88.7	97.2
13	スイス	3,076	0.46	11	408.0	98.8	100.0
14	デンマーク	2,931	0.85	4	527.2	98.8	100.0
15	ベルギー	2,807	0.54	7	259.0	97.7	99.6
16	フィンランド	1,406	0.53	8	261.3	98.0	100.0
17	韓国	1,328	0.12	23	27.2	45.7	93.5
18	オーストリア	1,111	0.27	18	132.5	99.7	100.0
19	アイルランド	914	0.51	9	199.5	100.0	100.0
20	ポルトガル	708	0.31	15	67.0	75.2	92.9
21	ギリシャ	425	0.15	22	37.7	100.0	100.0
22	ニュージーランド	424	0.28	17	97.1	100.0	100.0
23	ルクセンブルク	409	0.97	2	802.4	100.0	100.0
		134,038				86.3	95.4

出所）『ODA白書 2012年版』掲載のデータから筆者作成。

ている。

② 援助の「質」の問題に関していえば，GEの割合が他国に比べて低いことがみてとれる。現在はそれでも多少高くなっているが，かつては援助国の経済成長を刺激するためのインフラ整備などに援助を行っていたため，GEはもっと低かった。

③ GEが高くなった原因に，援助の対象国の広がり，特にアフリ

カ諸国など最貧国への無償援助の比率が大きくなったことがある。
④ 同時に，援助対象分野も徐々に広がってきた。鉄道や港湾の整備といったインフラ整備への支援から，近年は食糧や医療など生活に必要な物資や技術などの援助，また援助国の住民が自立できるための農業・漁業・畜産などについての技術支援などにも及んでいる。

(2) 経済協力の半世紀

日本の援助の特徴は，経済協力に関する日本の活動開始時点から振り返ってみるとよく理解できる。この節では，20世紀に行われた経済協力の歴史を4期に分けてみていこう。

第1期：戦後賠償を中心とする揺籃期（1954〜63年）

日本は1954年のコロンボ・プラン加盟によって「援助」を開始した。コロンボ・プランとは，アジア太平洋諸国の経済発展を目的として英連邦諸国が中心となり1950年から活動を開始した国際機関である。この1954年には，日本はビルマ（現在はミャンマー）との間で平和条約を締結し，あわせて賠償と経済協力について合意がなされた。日本国内の急速な経済復興を背景にして，先進国に仲間入りを果たし，賠償を中心としつつ経済協力の国内体制を整備していった時期である。もっともこれは実態としては，日本製品を購入することを条件とするいわゆる「タイド」の資金が，アジア諸国に供与されることによって，日本産業の市場確保を後押しするという効果を持っていると同時に，日本のODAがアジア重視という特徴を示す背景にもなっている。

第2期:資金協力,民間投資などの拡大期(1964〜76年)

1965年を境に日本の経常収支は黒字を基調とするようになり,資本の海外進出も増加していく。第1次石油危機(1973年)前後から,民間直接投資を中心として政府が支援を行う大規模プロジェクトや産油国への技術協力などを実施するようになり,経済協力の多様化が進むにつれて,「官民あげてとの印象を与えかねない経済進出は発展途上国側からの反発を招くとともに,先進国側からも我が国が援助と貿易を結びつけているとして批判が強まることとなった」ことから「経済利益の追求という色彩が残されていた我が国の援助は大きな曲がり角を迎えることとなる」〔『ODA白書 1994年版』〕。こうして,新たな援助理念を世界に向けて,とりわけ石油ショック後に開かれるようになった先進国サミットにおいて,表明する必要性が出てきた。なお,この表明が先進国を対象としていることに注意したい。

第3期:計画的拡充期からトップドナーへ(1977〜89年)

新たな援助理念として打ち出されたのが,「相互依存関係の認識」と「人道的考慮」である。つまり世界経済の安定した発展のためには,発展途上国と先進国との相互の発展がなければ不可能であるという意味で「相互依存関係の認識」が必要なのであり,発展途上国の低所得者層に直接の支援を行うとともに,発展途上国の経済力向上を支援するという意味で「人道的考慮」がなされなければならないのである。こうして1978年5月には「3年間倍増計画(ODA第1次中期目標)」を掲げ,大幅な援助拡大をめざすことになる。第2期が日本の高度成長と一体となって経済協力が拡充されてきた時期とするならば,この第3期は,国際的地位の高まりや,国際的責務の増大を踏まえた経済協力に転換した時期とも

みることができるが，それは同時に日本の経済協力に対する批判が強まっていく時期でもあった。

1980年代に入って，大幅な経常収支の黒字を記録した日本は，援助疲れをみせていた他の先進国の肩代わりをして発展途上国への資金の大幅な還流計画を発表し，「経済大国責務論」を打ち上げた。1989年には日本がODAの最大供与国になった。その年の『ODA白書』は，「世界の平和を守り，国際社会の繁栄を確保するため，その増大した国力にふさわしい役割を果たすことは当然の責任」であるとして，そのため，①平和のための協力，②ODAの拡充，③国際文化交流の強化，をうたい，援助問題では世界のトップに立って指導していこうという意気込みがみられる。その背景には，第2次世界大戦後，自らが被援助国であった日本が経済成長を遂げて先進国となり，今度は援助国としてアジア各国に援助した結果，アジアが世界の経済成長の牽引車とまでいわれるほど成長したという実績があろう。いわば，こうした「実績」が日本の経済援助のあり方に自信をつけさせていたのである。

第4期：冷戦終結と新しいODA政策（1990年代）　こうして日本は援助大国となったが，冷戦終結と国内のバブル経済崩壊によって，1990年代に入ると援助政策は転換をみせ始める。日本のODAは，「経済主義」といわれるように，相手国の政治には干渉せず，もっぱら経済成長の促進に重点を置いてきた。しかし冷戦終結後，そのやり方にある程度の変容を迫られることになった。1992年6月に閣議決定された「政府開発援助大綱（ODA大綱）」がそれである。

この大綱ではODAの基本理念として，人道的考慮，相互依存関係の認識，環境の保全，自助努力の支援，をあげ，援助を行う場合

に具体的に次の四つの原則に注意を払うこととした。①環境と開発の両立、②軍事的用途および国際紛争助長への使用の回避、③被援助国の軍事支出、大量破壊兵器、ミサイルの開発・製造、武器の輸出入の動向確認、④被援助国の民主化促進、市場指向型経済導入努力、人権保障状況確認、など。つまり、「我が国及び国際社会から見て、民主化プロセスに著しい逆行、重大な人権侵害、過度な軍事支出の継続等明らかに問題である場合については、我が国の援助方針を見直すこととなり」〔『ODA白書　1992年版』〕、実際にも、ハイチ、ミャンマー、ケニアなどに対する援助政策を見直したことがある。また、1998年5月のインドとパキスタンによる核実験に対しては、新規の無償資金協力の停止や、円借款の停止措置を決定した。逆に、モンゴルや中央アジア、ベトナムなどにおける民主化・市場経済化努力に対しては積極的な支援を行った。

(3) 半世紀後のODA政策
（トップドナーからの転落と人間の安全保障）

トップドナーからの転落　　21世紀の日本のODA政策は第5期とも呼ぶべき時代に入っている。それは「トップドナーからの転落と人間の安全保障への転換」と特徴付けることができる。2001年に日本はODA供与額でトップの座を降り、一時返り咲いたものの、援助額の縮小傾向は否定できない。また近年では、アジア地域の経済発展を受けて、他の地域、特にアフリカ諸国への援助が注目される。中でも人道的援助活動の必要性が強調され、1993年以来、日本政府とアフリカ諸国の間で開発問題を取り扱う国際会議（TICAD: ティカッド、アフリカ開発会議）が定期的に開催されている。

また2003年には「ODA大綱」が改訂され，ODAの目的を「国際社会の平和と発展に貢献し，これを通じて我が国の安全と繁栄の確保に資すること」とし，①良い統治に基づく発展途上国の自助努力支援，②個々の人間に着目した「人間の安全保障」の視点，③社会的弱者の状況や貧富の格差や地域格差を考慮した「公平性の確保」，④日本の経験と知見の活用，⑤国際機関や他の援助国，NGOとの連携，など，国際社会における協調と連携，を基本方針に挙げた。この大綱の下に，中期政策，国別援助方針，分野別開発政策などが策定されている。

人間の安全保障の強調　　この時期の転換を象徴するのが，「人間の安全保障」という概念の導入である。人間の安全保障は「国家の安全保障」との対比で用いられることが多い。つまり，これまで国際関係における安全保障が，もっぱら国家の安全を念頭に置いて考えられてきたのに対して，人間の安全保障は，紛争やテロ，飢餓や貧困，自然災害など，人間の生存や生活，尊厳に対するさまざまな「脅威」から一人一人を守り，人間の持つ豊かな可能性を実現するために，保護したり脅威に対処できるよう個人やコミュニティの能力を向上させるなどして，個人や社会の自立を促すものである。そして具体的な脅威を取り除くための援助が重視された。こうした意味では，かつて唱えられた「人間の基本的必要（BHN）」を満たす援助という考え方の延長にある。これに国際社会の平和を連動させる人間の安全保障の主張は，国連の場でも日本のイニシアティブでなされた。2001年には国連に「人間の安全保障基金」が設立され，日本は多額の資金を基金に提供している。

(4) NGOの役割

本章ではこれまで、ODAを中心として経済協力についての日本政府の役割をみてきたが、発展途上国の人々の「発展」を援助しつつ、対等な関係を築き上げていくためには、いわゆる草の根レベルでの協力も必要である。この点で、NGOの存在は重要である。開発NGOは、民間の非営利団体で、開発協力事業や人材派遣、開発教育などの分野で発展途上国の開発に貢献する活動を行っている団体を指す。『ODA白書』によれば、海外援助に関係しているNGOは、約400〔『ODA白書 2012年版』〕あるといわれている。NGOの活動は、草の根レベルに根拠を置くことによって、現地の人々の声を反映しやすく、迅速かつきめ細かな協力が可能になる反面、人材が不足しがちで安定した財政基盤を持ちにくいという弱点もある。

このようなNGOの性格に着目して、政府はODAを通じてNGOとの連携を強める方向に動いてきた。1989年度には、日本のNGOに対する事業補助金制度を発足させ、ODAで対応が困難な案件で、被援助国の人道的ないし経済社会開発・民生の安定につながると考えられる案件、たとえば農漁村開発・人材育成・女性自立支援・保健衛生などを対象に補助金を交付するようになった。この制度はその後も継続され、現在は「草の根・人間の安全保障無償資金協力」と呼ばれている。同じく1989年度から、他の先進国・発展途上国NGOとの連携を強化する目的で、比較的小規模なプロジェクトで、発展途上国で活動しているNGOなどからの要請に対する「日本NGO連携無償資金協力」も実施している。

これに加えて近年では、官民連携（PPP）と呼ばれる、民間企業の提案に基づいた支援事業が展開されようとしている。たとえば上

下水道や空港など，基盤となるインフラ整備はODAで行い，それへの投資や運営・維持管理を民間で行うというものである。これによって効率的・持続的に事業が行われることになり，「病院や学校を建てておしまい」といったかつての日本の援助に対する批判に応えるものとなっている。他方で，日本企業にのみ事業を行う機会が与えられるならば，ODAが日本の経済成長のために行われるということになり，かつての批判が繰り返される危険性があることも指摘しておきたい。

　いずれにせよ，ODAは一体，誰の，何のために行われるのか，の問いは常に私たち自身が振り返って考えてみなければならない課題である。

〔桐山孝信〕

第5章　国際社会と人権問題

§1　国際社会と個人・人権

　近代国際社会の成立以来,国際社会は,第一義的に主権国家からなる国家間社会として存続してきた。国家は元来,その管轄下の個人の取り扱いについて,他国の干渉を受けることなく自由に決定できるとされていた。すなわち国家は,その独立権の一側面として国内（管轄）事項（国際法上国家が自由に処理することが許されている事項）に他国から干渉されない権利を有し,他国の国内（管轄）事項に干渉しない義務を負っており,国内における個人の取り扱いは元来この国内（管轄）事項に入ると考えられてきたのである。しかし,第2次世界大戦後における人権の国際的保障の発展は,このような考え方に変更を迫りつつある。国際慣習法上,国家がその管轄内にある者に対し,少なくとも一定のカテゴリーの基本的人権について保障義務を負っているという議論は,今日強いものとなっている。

　国際連合は今世紀に入って「人権の主流化」の方針を打ち出し,国連のあらゆる活動を人権の尊重に基礎を置いたものとすることを明らかにしている。この動きはコフィー・アナン事務総長のイニシアティブによるところが大きく,同事務総長は1997年に発表した報

告書『国連の刷新：改革プログラム (Renewing the United Nations: A Programme for Reform)』において，人権プログラムの強化と同プログラムの国連活動の全領域への統合の必要性を主張した。その後の同方針の展開は，本章で取り扱う人権理事会の創設をもたらし，また本章および第3章で論じられる「保護する責任」論にもつながっている。

<small>本章の構成</small>　人権の国際的保障は後述のように国際連合を中心とした普遍的制度として，また地域的な保障制度として発展してきた。

それはまず宣言（世界人権宣言など）や条約（国際人権規約など）による基本的人権の国際的な標準設定に始まり，次にその国際標準の国内的達成を促進する段階を経て，さらに国際的に履行を監視する段階（保護の段階）に進むと考えられる。現在，人権の国際的保障は「標準設定」「促進」の段階を超えて国際的「保護」の段階に至ったといわれる。

本章ではまず，今日に至るまでの国連を中心とした人権の国際的標準設定作業を概観した後，諸国における人権保障を確保するためのさまざまなレベルでの活動について触れる。それは人権条約に基づく国際的監視手続のほか，多国間ないし個別国家において人権保障の確保を目的とする政策行動をもカバーする。いわゆる人権外交の問題である。

人権外交といい得る外交活動の源流は，少なくとも19世紀初頭のイギリスによる奴隷取引禁止をめぐる活動に遡ることができる。イギリスはその植民地において奴隷取引を廃止したのみならず，フランスを説得して奴隷取引廃止に導き，また1815年のウィーン会議では奴隷取引非難の言明を引き出し，その後の反奴隷取引諸条約締結

にも貢献した。もちろん，このような反奴隷外交の背景には，人道的考慮だけでなく奴隷制度の経済的不効率性の認識があったことは否定できない。いやむしろ，人道的考慮だけで外交政策を動かすことはあり得ないと考えるのが妥当である。人権の保障確保は，外交政策の優先順位の中で必ずしも最優先されるとは限らないのであって，通常は相対的に低い優先順位しか与えられていないことが多い。時と場合と相手方に応じた対応を求められる政策行動と人権という普遍的な価値とは必ずしも相容れないという考え方もあり得よう。しかし，今日の国際社会において，他国における人権保障の確保を外交の目的とは無縁のものと考えることはできなくなっているといってよい。

　個別国家の人権外交に比べ，多国間人権外交は，そもそも人権が普遍的な論点であるということに加えて，より正統性を付与されやすく，公平であるとみられること，国際機関が措置をとる場合には他の国際協力の分野において2国間の微妙な関係に影響を与えにくいこと，国際レベルでの人権の制度化が進行すればそれだけ安定し，政治的な変動に対して脆弱でなくなること，といった点で優れているといえる。本章では，多国間人権外交の例として，国連と，ヨーロッパ審議会およびヨーロッパ安全保障協力機構（OSCE）の諸活動を取り上げ，個別国家の人権外交の例としてアメリカを取り上げて，それぞれの意義と問題点を検討することにする。

§2 人権の国際的保障の発展
——国際法規範としての人権の確立

(1) 少数者保護条約から国際人権章典へ

前史—少数者保護条約　信教の自由など人の権利の問題を扱った国家間の合意は，古くは17世紀に遡る。20世紀に入って，第1次世界大戦後の新興東欧諸国を中心とする民族的少数者について，その言語使用や教育施設開設の権利を保障する一連の条約が，ポーランド，セルビア，ルーマニア，ギリシャおよびチェコスロバキアと主たる同盟および連合国の間で結ばれた。また1921年から32年までの間に国際連盟に加盟した諸国でバルト三国とアルバニアおよびイラクは少数者を保護する趣旨の宣言を行った。

これらの条約は，少数者を含めた住民一般，国民一般を対象とする思想，信条，宗教の自由，法の前の平等など，広範な諸権利の保障規定をも含み，条約違反には国際連盟理事会が適当で効果的な措置をとると規定するなど，後の人権の国際的保障につながる画期的な要素を含んでいた。しかし，条約の目的は，少数者保護あるいは人権保障そのものというよりは，少数者に対する差別や弾圧が外国（特にドイツ）の干渉を招くことを予防して，「ベルサイユ体制」（第1章§1(2)参照）を維持することにあった。それゆえに，諸権利の保障義務を条約の一方当事者である主たる同盟および連合国が負うことはなかった。

人権保障—連合国の戦争目的　第2次世界大戦において，連合国は，その戦争をユダヤ人弾圧などの人権侵害を行う全体主義諸国に対する戦いであると性格付け，人権の尊重をそ

の戦争目的にうたった。1942年1月にワシントンで採択された連合国共同宣言は「この宣言の署名国政府は、……各政府の敵国に対する完全な勝利が，生命，自由，独立及び宗教的自由を擁護するため並びに自国の領土及び他国の領土において人権及び正義を保持するために欠くことのできないものであること……を確信し，……」と記している。そしてそれは戦後の国際秩序を維持するため連合国 (the United Nations) が設立する一般的国際機構＝国際連合 (the United Nations) の目的に引き継がれた。

国連憲章の人権規定　国際連合憲章の前文は，「われら連合国の人民は，……基本的人権と人間の尊厳及び価値と男女……の同権とに関する信念をあらためて確認し，……」と述べ，第1条3項では，国際連合の目的の一つとして，「人種，性，言語又は宗教による差別なくすべての者のために人権及び基本的自由を尊重するように助長奨励することについて，国際協力を達成すること」が規定されている。また経済的及び社会的国際協力に関する第55条は，その目的として「人種，性，言語又は宗教による差別のないすべての者のための人権及び基本的自由の普遍的な尊重及び遵守」を掲げ，第56条は，その達成のために加盟国が国連と協力して「共同及び個別の行動をとることを誓約する」と規定している。これらの規定からわかるように，国連憲章は，先に述べた従来の諸条約のような当事国の義務の偏りや保障すべき人権の範囲の限定を伴わず，基本的人権が包括的に尊重されるべきであることを規定している。

国際人権章典の起草と世界人権宣言　このような国連憲章の規定は，第56条があるにもかかわらず，それによって直ちに国連加盟国が人権保障義務を負っていると解釈する

ことには疑義があるといわれるほどに、あまりに一般的で抽象的である。国連では、憲章規定をより具体化するために憲章とは別個の国際文書の起草が必要であると考えられた。その文書は「国際人権章典」として構想され、国連人権委員会で起草作業が開始された。その一部として、1948年の国際連合第3回総会で「世界人権宣言」が採択された。それは前文と30条からなり、身体的、精神的自由権とともに社会権をも幅広く取り扱っている。その第1条は「すべての人間は、生まれながらにして自由であり、かつ、尊厳と権利とについて平等である」と規定して、基本的人権を前国家的、自然権的な権利としてとらえることを、1789年のフランス人権宣言第1条と類似の表現で確認している。

国際人権規約　国際人権章典は、世界人権宣言として成立した法的拘束力のない「宣言」の他に、当事国を法的に拘束する（つまり、条約の性格を有する）「規約」およびその履行確保の手続を定める「実施措置」から成るものとされていたが、後二者を合わせたものとして「国際人権規約」が、1966年の国際連合第21回総会で採択された。国際人権規約は「経済的、社会的及び文化的権利に関する国際規約（社会権規約、A規約）」と「市民的及び政治的権利に関する国際規約（自由権規約、B規約）」という二つの規約から成り、自由権規約に「市民的及び政治的権利に関する国際規約の選択議定書」（個人の通報権を規定）が付属する形となった。その後1989年に「死刑の廃止を目指す、市民的及び政治的権利に関する国際規約の第2選択議定書（死刑廃止条約）」が採択されたので、1966年の議定書は第1選択議定書とも呼ばれる。国際人権章典の一部としての国際人権規約は世界人権宣言の条約版であるということができるが、世界人権宣言とは二つの点で大きく異なったものとなっている。

一つは、自由主義諸国と社会主義諸国の人権のとらえ方の相違から、二つの文書に分かれて作成された点である。社会主義諸国は、自由権と社会権の相互依存性を強調し、一方の保障がなければ他方の十分な保障もあり得ないと主張して、規約を一つの文書で作成すべきであるとしたが、自由主義諸国は、国家の不作為を要求する自由権は、直ちに実施可能だが、国家の作為を要求する社会権は、実施のために一定の財源を必要とするため、漸進的に実施するようにすべきであるなどと主張して、二つの規約にすべきだとし、最終的に二つに分かれることになったのである。しかし、自由権と社会権の相互依存性は、規約採択から間もなくして確認されることになる。

1968年に世界人権宣言20周年を記念してテヘランで開催された「人権に関する国際会議」で採択された「テヘラン宣言」は、先進国と途上国の間のギャップが拡大しつつあり、それが国際社会における人権の実現を妨げていること、社会権の享有なくして自由権の享有はないこと、人権の実施のための進歩達成の基礎となるのは、健全で効果的な、経済、社会の国内的、国際的発展であることを確認している。また、1993年にウィーンで開催された世界人権会議が採択した「ウィーン宣言」は、すべての人権の普遍性とともに、それらの不可分性、相互依存性を確認している。

もう一つは、両規約の第1部第1条に共通して、人権享有の前提として保障されるべきものとして、「人民の自決権」が規定されたことである。この共通第1条1項は「人民の自決権」を定義して「すべての人民は、自決の権利を有する。この権利に基づき、すべての人民は、その政治的地位を自由に決定し並びにその経済的、社会的及び文化的発展を自由に追求する」と規定している。政治的原則としての民族自決権の理念自体は市民革命期にすでに現れていた

が，第 2 次世界大戦後の国連を中心とする非植民地化の潮流の中で，国際法上の権利として確立したといわれている。後述のように，個々の基本的人権が十分に保障されるためには，植民地状態のような抑圧的な体制は排除されねばならないというのが自決権規定挿入の趣旨である。

(2) 差別撤廃への取り組み

「すべての者」の人権享有に向けて　世界人権宣言が人権の国際的保障の出発点であり，その内容の十全な実現が人権の国際的保障の目的であることは疑いを容れない。ただ，そこで「すべての者は」「何人も」というように言及される「人間」は抽象的存在であって，いわば輪郭だけの肖像である。世界人権宣言採択の後における国連での議論の発展は，その肖像に「色」をつけ，「顔」を描いて性別も明らかにし，さらに経済的，社会的「背景」を描き込むことによって浮かび上がってくる問題に取り組むことによって，真に「すべての者」の基本的人権の享有を達成しようとする流れとしてとらえることができる。

人種差別の撤廃　そもそも西欧諸国の人民は，市民革命によって自らを解放しながら，他方でアジア，アフリカに植民地を広げてきた。植民地人民はまさに近代的人権の唱道者によって差別され，抑圧されてきたということができる。この矛盾は，第 2 次世界大戦後，1960 年前後をピークとして非植民地化が進行し，旧植民地の新独立国が多数国連に加盟してくるにつれて，国連で大きく取り上げられるようになった。植民地状態からのあらゆる人民の解放をめざす努力は，自決権の発展を促すことになったが，それは本節の(3)で取り上げる。ここでまず取り上げるのは，人種差別撤廃へ

の取り組みである。

世界人権宣言第2条は、宣言中に掲げる諸権利の享有において、「人種、皮膚の色、性、言語、宗教、政治的意見その他の意見、国民的若しくは社会的出身、財産、出生又は他の地位等によるいかなる差別も」あってはならないと規定しているが、差別そのものの撤廃に関する規定ではなく、また実際に人権のパイオニアとしての欧米先進国が、自らとそれ以外の地域の人民との間に差別構造を設けてきたことはすでに述べたとおりである。国連において、人種差別の問題への対処は、まずナチスによるユダヤ人弾圧という惨禍の経験に基づいて、「集団殺害罪の防止及び処罰に関する条約（ジェノサイド条約）」の採択から始まった（1948年）が、白人国家ではない諸国が多数加盟してくる過程において、上に述べた矛盾がさらに大きく取り上げられたのは当然のことであろう。人種差別の問題は、少数の白人がそれ以外の人種を制度的に差別してきた南アフリカ共和国（南ア）のアパルトヘイト体制において、端的に示されている。国連は特に1960年代から反アパルトヘイトの取り組みを強め、アパルトヘイト体制そのものを「人類に対する罪」とみなすに至ったが、人種差別一般への取り組みも進め、1963年には「あらゆる形態の人種差別の撤廃に関する宣言（人種差別撤廃宣言）」、1965年には国際人権規約よりも早く、「あらゆる形態の人種差別の撤廃に関する国際条約（人種差別撤廃条約）」を採択した。人種差別撤廃条約は人種差別を幅広く定義し、また国家自身が差別を行うことを禁ずるだけでなく、社会に存在する差別を禁止する義務をも当事国に課している。

女性差別の撤廃　国連は人種差別以外にも種々の差別の撤廃に取り組んでいる。とりわけ女性差別に関しては、人種差別撤廃条約と並ぶ包括的な条約である「女子に対するあらゆる形態の

差別の撤廃に関する条約（女子差別撤廃条約）」を採択した。droits de l'homme, rights of man という表現からもわかるように（英語で human rights という用語が一般に使用されるようになったのは比較的最近のことで，世界人権宣言採択の後であるともいわれる），歴史上，基本的人権はまず男性の権利であった。産業革命下，女性は特に労働条件において過酷な取り扱いを受けてきた。女性差別撤廃の国際的な努力はまず労働関係において始まり，さらに家族関係や政治的権利の領域にわたっていったが，女子差別撤廃条約はそれらを集大成した文書として，「国連婦人の10年」の期間中の1979年に国連総会で採択された。女子差別撤廃条約も，人種差別撤廃条約と同じく，当事国に，社会に存在する差別を禁止し，撤廃する義務を負わせている。

　これら一連の差別撤廃への取り組みにみられる具体的な属性を持った「人間」への注目は，社会的な弱者の保護と平等の確保のための一連の宣言・条約の成立によっても示されている。国連総会は，1959年に「児童の権利に関する宣言」，1989年に「児童の権利に関する条約」を採択し，また1975年には「障害者の権利に関する宣言」，2006年には「障害者の権利に関する条約」を採択している。

(3) 人民の自決権の発展

国際人権規約の自決権規定　すでに述べたように，第2次世界大戦後の非植民地化の潮流は，植民地人民の政治的独立獲得の正当性を示す概念としての「人民の自決権」を発展させてきた。世界人権宣言第2条後段は「個人の属する国又は地域が独立国であると，信託統治地域であると，非自治地域であると，又は他のなんらかの主権制限の下にあるとを問わず，その国又は地域の政治上，管轄上又は国際上の地位に基づくいかなる差別もして

はならない」と規定しているが，この規定は植民地本国と植民地の間で差別を設けないことを述べているにすぎず，植民地の存在そのものを否定しているのではない。

これに対し，国際人権規約に自決権を規定しようという動きがまずソ連から示され，1952年の段階で，アジア・アフリカ（AA），ラテンアメリカ（LA）諸国の支持により，国連総会で自決権挿入の決議がなされた。1960年に国連総会が採択した「植民地諸国，諸人民に対する独立付与に関する宣言（植民地独立付与宣言）」は，「外国による人民の征服，支配及び搾取は基本的人権を否認し，国連憲章に違反し，世界平和と協力の促進にとっての障害となっている」ことと，「すべての人民は自決の権利を有」し，それに基づいて「すべての人民は，その政治的地位を自由に決定し並びにその経済的，社会的及び文化的発展を自由に追求する」ことを確認している。この後の部分は国際人権規約共通第1条1項とまったく同じであり，すでに述べた国際人権規約への自決権挿入の趣旨は，そのままこの前の部分で述べられている。さらに，政治的独立とともに経済的独立が達成されて初めて真の独立が達成されるという認識に基づく，自決権の経済的側面としての「天然の富と資源に対する永久的主権」を反映する規定が，国際人権規約共通第1条2項に置かれた。

非植民地化後における自決権の役割
―分離権としての自決権

自決権は政治的な従属を脱して自立に向かう「すべての人民」の権利である。上記のように，自決権は非植民地化の文脈で盛んに主張され，その下で国際法上の原則として確立してきたということができる。したがって，その主体としてまず植民地人民を挙げることに問題はない（ただ，その「人民」を代表することを主張する団体が複数ある場合には，民族解放団体としての正統

性が問題となり得た)。しかし,「すべての人民」が主体である以上,自決権の適用は非植民地化の文脈を離れてもあり得るとしなければならない。植民地と宗主国との関係に限らず,独立国(非植民地化の結果としてのそれを含む)からの分離権の問題である。

1960年代から70年代にかけて,分離権の存否が問われる事例が相次いでみられた。一つはビアフラ共和国のナイジェリアからの独立宣言,もう一つはバングラデシュのパキスタンからの独立である。前者が近隣諸国をはじめとして他国の支持を得られぬまま鎮圧されたのに対し,後者ではインドの軍事援助に加えて国際社会の支持があり,分離独立が達成された。ビアフラがナイジェリアの東部であるのに対し,バングラデシュはパキスタンと数千キロ離れて位置していることから,当時,自決が認められるためには分離元の国との間に「塩水」が介在していなければならない,との議論もなされた。しかし,政治的従属の存否の判断に当たって地理的要因を決定的なものとして位置付けることはそれ自体論理的ではない。両事例の結果の差違は,自決権に基づく非植民地化を達成しながら,自国内に民族(部族)対立を抱える形で独立した国が多いアフリカにおいて,分離権の積極的承認が自国の不安定化につながると憂慮する諸政府が,地域内で分離に向かう動きを認めない傾向にあったことなどの政治的要因に照らして理解されるべきであろう。その民族(部族)対立の大きな要因は,独立が植民地の区画をそのまま国境線に用いて(つまり uti possidetis＝現状維持の原則に基づいて)なされたことに求められるだろう。

冷戦の終焉後,従来は必ずしも表面化しなかった国内の民族(部族)対立がアフリカ,欧州を含む各地で内戦へと発展する事態が増加し,旧ユーゴスラビアの連邦解体のように結果として分離独立に

至る例が現れた。アフリカでも，2011年にスーダン南部が南スーダンとして分離独立を果たしている。しかし，それらの事例において自決権をめぐる議論は目立っていない。

国際司法裁判所は，コソボ暫定自治政府のセルビアからの分離独立に向けた独立宣言の合法性について判断を下し（2010年7月22日），一方的独立宣言を妨げる国際法規則は存在しないと判示した。分離権をめぐる評価もあり得るが，裁判所はそれを行わず，独立の帰趨はもっぱら政治状況に委ねられると述べたに等しい。

先住民の権利としての自決権

先住民は，一般の少数民族とは異なり，現在の支配民族よりも以前から当該国の領域に居住し，伝統的な生活様式を維持してきた民族として，特別の取り扱いを受けるべきであると論じられてきた。特に先住民には，歴史上多数民族によって収奪されてきた土地（とりわけ彼らにとっての宗教的聖地である場合）の使用等を含む自治が認められねばならないと主張され，その主張はしばしば自決権の文脈でなされる。

自由権規約の下でこれまで，カナダ先住民が同規約第1条に基づく通報を行っている。しかし，自由権規約委員会は同条に基づく通報は受理しないという立場を明らかにし，もっぱら同規約第27条が規定する少数民族に属する者の権利の文脈で処理している。先住民が自決権の主体たり得るか否かはともかくとして，通報制度の下で自らにはその判断の権限がないというのが自由権規約委員会の立場である。

他方で国連総会は，2007年に「先住人民の権利に関する国際連合宣言（先住民の権利宣言）」を採択した。そこでは，先住民が自決権を有することが明記されている。ただし，それは既存国家の領土保全を害するものではないとされ，分離権としての自決権は認められ

ないとの立場も明瞭に示されている。そのような限定が付されても先住民を多く抱える諸国の姿勢は消極的であり、特に同宣言の採択に際して米・加・豪・NZの4カ国が揃って反対に回ったことに留意する必要がある。

(4) 人権の国際的標準設定と不干渉原則

自国の管轄の下にある者に対する基本的人権の保障の問題は、外国人の取り扱いを除いて、伝統的には国内事項とみなされてきた。自国の管轄下にある外国人については、国家は一定の保護を及ぼす義務を国際法上負うとされてきたが、自国民の取り扱いについては他国ないし国際社会が干渉すべき問題とはされなかったのである。しかし、以上に述べてきたような人権に関する国際的標準設定の進展の中で、人権保障の問題はもはや国内事項ではなく、不干渉原則は適用されないという見解が強くなってきた。

国連の枠組みにおいては、国連憲章第2条7項は、「本質的に」国内管轄事項に属する問題について国連には干渉する権限はないことを規定している。この条項は当初、国連の行動を強く規制するように作用するのではないかと危惧されたが、一般にはそれは杞憂であったと評価されている。人権に関しては、国際人権章典などの整備の過程で、国内管轄事項ではなく「国際関心事項」となっているとされ、あるいは、特に国際人権規約の効力発生以後、人権の国際的保障は「標準設定」「促進」の段階を越えて本格的な国際的「保護」の段階に入ったともいわれてきた。しかし、国連人権委員会による人権侵害に関する通報処理手続は、人権侵害が当該手続にかかる要件として、それが「大規模かつ系統的な」人権侵害の「事態」を構成していることが必要であるとしている。個々の「偶発的な」

人権侵害の「事件」に関しては当該手続で取り扱われることはないのである。少なくとも当該手続に関する限り，国連は「大規模かつ系統的な」人権侵害の「事態」と認められるケースについては不干渉原則の対象とはならないと位置付けているとしても，そのように認められない場合については，慎重な態度をとってきたということができる。

　自由権規約は，当事国に，規約実施状況に関する報告義務を課し，当該規約の下で設置される人権委員会（自由権規約委員会）が報告書を審査するという規定を置き，その審査の終了後，委員会は審査に基づいて「一般的性格を有する意見（general comment）」を述べるとしている。規定の体裁からすれば，この「意見」は各当事国宛てに出されるものとするのが自然なのだが，各国の人権状況について委員会が実質的に評価，批判を行うことになるとしてとりわけ社会主義国から反対が出たため，「意見」は規約の各条文ないし問題ごとに出されることとなった。規約の当事国として人権保障義務を負いつつも，国際的監督については消極的に対応するという国家の側の反応をここにみることができる。

　また，比較的最近においても，たとえば中国政府は，天安門事件をはじめとする人権侵害に関する外部からの非難に対し，国内事項への不当な干渉であるとして反論している。

　このように，人権保障は「国際関心事項」とされるとはいえ，人権保障を確保するための他国ないし国際社会からの働きかけは，各国の主権を前にして必ずしも容易なことではない。以下では，人権の国際標準の履行を確保するために，多国間の枠組みで，また個別国家の外交政策としてとられてきた行動を概観し，人権の国際的保障の現状をみていくことにする。このような行動は，それを広く

「人権外交」と呼ぶことができよう。ただその前に、とりわけ国連における人権外交を概観するにあたって押さえておかねばならない概念として、「人間の安全保障 (human security)」について簡潔に説明しておこう。

(5) 人間の安全保障

人間の安全保障の登場　　国際関係において安全保障という概念は、伝統的にはもっぱら国家と結び付いていた。言い換えれば、安全保障の主目的は、対外的な脅威に対する国家の独立と領土保全の維持にあった。そこには人間そのものに対する視点はなかった。あるいは、国家の安全保障が個人の安全につながると、いわば予定調和的に考えられていた。しかし、とりわけ冷戦の終焉後、民族・部族対立が各地で表面化し、内戦に至る事態が多く発生した。そのことは、国家が対外的に独立を維持してもそれだけでは個人の安全は図れない、個人の安全を図るために国家だけでなく国際社会も行動する必要がある、という認識につながった。このように安全保障の対象を個々の人間とする視点を設定するならば、それは必然的に、武力紛争の犠牲となることからの保護だけでなく自然災害や貧困からの保護など、およそ人間が直面している困難からの保護をも包括するというように広がりを持ってくるといえよう。人間の安全保障とはこのように、国際関係において個々の人間を安全保障の対象とし、その包括的保護を図っていこうとする種々の営みを指す概念である。

　国連の枠組みで人間の安全保障の概念を最初に用いたのは、国連開発計画 (UNDP) の1994年の年次報告であった。そこでは、人間の安全保障の構成要素として、経済的安全保障・食糧の安全保障・

保健衛生の安全保障・環境の安全保障・人身の安全保障・共同体の安全保障・政治的安全保障が挙げられている。概念の出自がUNDPであることからもわかるように，人間の安全保障はまず，発展の不平等に起因する発展途上国の貧困や生活条件をめぐる状況の改善の文脈を中心として出てきた概念であるといえる。その意味では，途上国の経済発展の促進という問題を人権の問題として位置付けた上で人民間の「連帯」に基づいて発展を遂げていく権利として「発展の権利」が構想された（発展の権利に関する宣言。1986年12月4日国連総会決議41/128）のと同様の発想の下に，同じ問題を安全保障の問題として論じようとしたものとみることもできる。しかし，途上国の貧困や経済発展の遅れは政治的不安定としばしば関連しているし，上記報告書も外国からだけでなくあらゆる攻撃からの人身の安全保障を挙げている。

人間の安全保障の意味と意義　以上のように，人間の安全保障には少なくとも二つの側面——暴力からの安全保障（＝恐怖からの自由）と食糧や健康等人間として最低限必要なものについての安全保障（＝欠乏からの自由）——があるということができる。

「恐怖からの自由」の側面での議論には，端的にいえば，国家が個人の安全や福祉を図れない場合の国際社会からの介入，いわゆる人道的介入の正当性の問題も含まれていた。「欠乏からの自由」の側面では，低開発，発展の不平等の問題を，政治的不安定や武力紛争との関係も含め検討し，国際社会としての行動を定めていく包括的アプローチが求められているといえる。

　もっとも，人間の安全保障の概念の内実は必ずしも明確に定まっているとはいえない。国連総会は2012年9月10日に人間の安全保障

に関する決議66/290を採択し，加盟国の人間の安全保障に関する共通の理解をまとめている。そこでは，人間の安全保障は，恐怖からの自由と欠乏からの自由を享受するすべての人の権利，平和・開発・人権の相互関連性の認識に基づくべきであり，保護する責任（本章§3(3)）とは別個のもので武力行使や強制措置等を求めるものではなく，不干渉原則を損なうものでもないとされている。この決議が国連の方針を規定していくとすれば，人間の安全保障はあくまで平和的に，領域主権の尊重に基づいて，「政府，国際機構及び地域機関並びに市民社会のさらなる協調とパートナーシップ」（同決議）により推進されていくことになるだろう。

§3 多国間の枠組みにおける人権外交

(1) 人権条約の実施

国際人権規約の報告制度 社会権規約，自由権規約はともに実施措置として報告制度を規定している。当事国は規約の実施状況に関する報告書を提出する義務を負い，特に自由権規約の場合には公開の場で自由権規約委員会による審査が行われる。また自由権規約については選択議定書で規約違反を主張する個人からの通報制度が規定されているが，ここでは，自由権規約の報告制度を中心にみていこう。

報告制度は規約違反を問うための手続ではなく，また報告審査の後に出される委員会の「一般的性格を有する意見」を国別に出すことさえ一部諸国の反対により実現しなかった。当初，報告制度は何ら実質のないもので終わるのではないかという危惧も持たれたが，

しかし，審査の場における議論（報告書が各国代表によって紹介された後，各委員と代表の間で質疑応答がなされる）はこれまで，建設的な実質を持っていると評価されている。審査で問題となった事柄について各国は総体に，次の審査（5年ごと）までに少なくとも改善の努力をすることが多い。その背景には，人権問題にたずさわる国際，国内のNGOが，被審査国の人権状況についての情報を，非公式な形ではあれ委員に与えているということがある。

当事国の人権状況の公表と審査を通じて，条約の国内的実施の進展を促す制度である報告制度は，人権の国際標準を受け入れても国際的監督には消極的，否定的態度を示しがちな国家には，比較的なじみやすい制度であるといえる。とりわけ，普遍的な人権条約であり，政治的，経済的，文化的事情が相異なる諸国を当事国とする自由権規約等には適合した制度として，かつ実質を伴いつつ，運用されているといえよう。その過程で，たとえば委員会が条文ごとに示してきた「一般的性格を有する意見」は，委員会の規約解釈を示すものとして，選択議定書の下における通報手続における委員会の判断（法的拘束力を伴わない「見解」という形で示される）もそれに基づいて行われ，実質的に規約の有権的（authentic）な解釈であるかのような地位さえ得ている感がある。また1992年以来，委員会は各報告書審査の後に委員会としての意見（comments, concluding observation）を公表するようになっており，特に冷戦の終結後，委員会が当事国の信頼を得つつあることを示している。

国連の諸条約では，基本的人権の国際標準は設定されても，その国際的実施はなお限定的であり，国際標準の各国内における実現は，第一義的にはなお各国政府の態度にかかっているといわざるを得ない。その一方で以上に述べたような自由権規約の報告制度の円滑な

§3 多国間の枠組みにおける人権外交　175

運用は，外交政策上，人権保障について国際的に悪い印象を与えることが好ましいことではないという認識が諸国に広がりつつあることを背景としているのであり，そのことが，人権条約に基づかない多国間，2国間の人権外交を可能としてきているともいえるのである。

(2) 国連人権委員会から人権理事会へ

国連人権委員会の通報処理手続とその運用に対する批判
国連人権委員会へは世界各地から人権侵害に関する「通報」（国連では，非難の意味合いが強い「申立」「請願」などの用語を避けて中立的な「通報」を用いる）が毎年多数寄せられていた。委員会は長い間，自らがこれらの通報に基づいて行動をとる権限を否定してきたが，1967年の経済社会理事会決議1235で，一貫した大規模な人権侵害の事態が存在する場合に限定して（すなわち，個別の人権侵害の「事件」への対応はできない。これは委員会の活動が特定の条約に基づくものではないことから，国内管轄事項不干渉の原則［国連憲章第2条7項］との折り合いをつけたものである。換言すれば，大規模人権侵害の事態はもはや憲章第2条7項の国内管轄事項ではないと考えられたということができる），通報の取り扱い権限を付与された。この決議に基づき，委員会はそのような人権侵害の事態に関し公開での審議，事実調査などを行うことができる。これは1235手続と呼ばれた。その後1970年の経済社会理事会決議1503は，通報処理手順を具体化し，他方で審議を非公開とする手続を定めた。この手続は1503手続と呼ばれた。公開手続は後に国別手続とテーマ別手続に整理された。

　国連人権委員会は，このような枠組みの下で人権侵害の事態に対処してきたが，その一方で委員会に対する批判が増幅してきた。委

員会は政府代表で構成されており，国連の政治機関の一つであって，活動によっては，純粋な人道的動機というよりは，その他の政策的動機に基づいているとして非難されるものがあった。1967年に設置された，南アのアパルトヘイトに関するアドホック専門家作業部会や，1968年から69年に設置された，パレスチナのイスラエル占領地に関する特別委員会，作業部会の場合がそうであって，これらの場合には，委員会による設置決議においてすでに，人権侵害が事実生じていることを前提とし，南アやイスラエルによる統治の正統性という，高度に政治的な問題に言及されていた。また，事実調査活動においては，現地調査が行われることが望ましいが，問題の政府の同意なしに行うことはできない。そこで，通常，調査団の人選などについて政府側と折衝が重ねられるのだが，上の事例では，政府側が承諾する可能性のないような国の出身者で固めるといったことが行われ，政府側の受け入れ拒否に遭うと，現地外での調査のみに基づいて報告書が作成された。そこでは，事実調査という客観的であるべき活動に，国連の政治的立場が影を落としていたということができる。

このような事例を含め，委員会に対する批判は，

①事案の取り上げ方が選択的であり，あらゆる大規模人権侵害の事態に対応しているとはいえない

②委員会の中に，特定の他国を非難することを主目的に構成国となっている国，自国に対する非難を和らげることを主目的に構成国となっている国がある

という評価に基づくものであった。要するに委員会の活動に恣意性を否定できないということであって，その意味において，委員会の「政治化」が批判されることになった。

人権理事会の成立と活動

アナン国連事務総長は2005年9月に作成した報告書『In Larger Freedom』において，人権委員会の政治化と専門性の低下を指摘し，また人権の主流化の推進の必要性を説く中で，委員会に代わる新たな機関の設立を提唱した。新機関は経済社会理事会でなく総会の下部機関とするか，もしくはそれ自体国連の主要機関とし，委員会よりも小規模なものとする，構成国は総会で3分の2の多数で選出されるものとし，年間を通じて会期を持てるようにする，といった提案がなされた。この提案は同年の国連首脳会合（世界サミット）で承認され，翌2006年に採択された国連総会決議60/251により，委員会の廃止と人権理事会の設置が決定された。

人権理事会は経済社会理事会の下を離れて総会の下に置かれ，公平な地理的配分に基づき3年の任期で選出される47の理事国で構成される。理事国は3期連続で務めることはできない。人権委員会と規模はほぼ変わらないが，選出母体が経済社会理事会の64カ国から総会の193カ国に増加し，かつ3選が禁止されたことで，構成国の固定化という批判は免れることになった。

人権理事会は，制度構築に当たって人権委員会に向けられた批判の克服をめざした。すなわち，理事会は1235手続と1503手続（特別手続と申立手続）を引き継ぐ一方，新たな制度として「普遍的定期審査（universal periodic review）」を設けたのである。これはすべての国連加盟国の人権状況をピア・レビューの形で審査する制度で，各国がほぼ4年に1度審査を受けるスケジュール（年間48カ国）が組まれている。人権委員会に向けられた選択性やダブルスタンダードにかかわる批判を克服するべく，全国連加盟国を等分に，比較的短い周期で審査の対象とする方式となっている。また審査に当たっては，

審査対象国からの報告書とともに，国連人権高等弁務官事務所がまとめた人権条約等の下での審査対象国の実績に関する報告書と，NGOや国内人権機関等利害関係者の見解をまとめた文書が用いられる。すべての審査は全理事国で構成される作業部会で行われ（審査の進行は各審査について選出される3名の報告者＝トロイカにより行う），審査は対象国との双方向対話により進行する。審査結果たる成果文書の作成に当たっては，上記の利害関係者を含む全当事者の関与が保障され，全体として，客観的で透明性のある評価の確保が図られている。

　普遍的定期審査は2012年から2巡目に入り，日本はすでに2回目の審査を終えている。

　この制度は人権委員会廃止と人権理事会設置の趣旨をそのまま表しており，その成否により理事会の意義が問われることになる。2013年春までの運用に照らして一定の評価を試みるとすれば，以下のようになるだろう。

　1カ国あたりの審査に割り当てられる時間は，現在3時間とされている。これは決して十分な時間とはいえず，この制度の欠点といえようが，しかし，すべての国連加盟国の人権状況を比較的短いサイクルで審査することを重視した結果であり，むしろ継続していくことに意義を見出すべきであろう。

　各国の報告書を受けて審査を行うというスタイルは，人権条約の報告制度と類似しており，制度として重複する印象を与えるが，普遍的定期審査の特徴は，審査がピア・レビューの形で行われるという点にある。それは対象国にとっては4年に1度，全理事国の目が自らに注がれるということであり，そこでなされる批判の政治的な重みは小さくない。また，諸国の代表の発言が記録され，集積され

ることが諸国の慣行を形成し、さらには法的信念の表明につながることで、国際人権規範ないし人権標準の明確化がもたらされるであろう。

審査に当たり基準となる人権規範は、国連憲章、世界人権宣言、対象国が締約国となっている人権条約、および対象国が遵守を申告した規範である。当該国が締約国となっている人権条約に限らず、すべてのコミットメントが基準となる。これまでの運用の実際において、ときに対象国が締約国になっていない条約の規範に照らして批判が行われることがあるが、注目すべきは、対象国がそれに対し、自らがその規範を含む条約の当事国ではないことを挙げて対応するのではなく、むしろ当該規範の下で自らの行動の正当化を図るという方向性がみられることである。このことは、人権規範が条約を離れて一般国際法上の規範としても認識されつつあることを示していると考えられる。

(3) ジュネーブ、ニューヨークから現地へ
——人権高等弁務官と国連安保理の行動

人権侵害に対処するための国連の活動は、とりわけ冷戦終結後についてキーワードとして表せば、この節の表題のようになるといえるだろう。国連本部で会合する機関における議論だけでなく、「人権の緊急事態」が生じている地域での現地活動が、新たな担い手を得ているのである。

国連人権高等弁務官の設置と活動　　人権高等弁務官設置の議論は国連の初期からあったが、それが実現したのは、1993年の世界人権会議が国連総会に高等弁務官設置を検討するよう勧告を行ったことによる。世界人権会議と、その勧告を受け

た国連総会の各々の議論では，高等弁務官設置に積極的なアメリカを中心とする先進国側と，人権概念の普遍性に疑義を呈するマレーシアなどの発展途上国側の間で対立があり，設置決議は両者の妥協の結果採択された。たとえばアメリカ案にあった，高等弁務官が人権侵害の事例に関する事実調査を実施するという条項は，政府との対話という表現に置き換えられた。

1995年に国連総会に提出した報告書で，人権高等弁務官はその作業を特定している。すなわち，「人権の緊急事態」に関する早期警告，特別報告者や作業部会による現地調査，それらの報告に基づくフォローアップおよび助言・技術サービスの提供である。高等弁務官（およびその特別代表）は設置以後，1994年から翌年にかけてのルワンダ，ブルンジをはじめとして「人権の緊急事態」の存在する多くの地域を訪問し，ブルンジやマラウィには事務所を開設した。2013年4月現在，高等弁務官の地域事務所は12，国別の事務所はパレスチナを含め12開設されている。

人権高等弁務官は，上記の設置時における対立にも配慮して，自らの活動がたとえば1235手続に基づく活動に取って代わり得るものではないということを認識しているが，その上で「人権の緊急事態」にいち早く対応し，幅広く政府との対話を重ね，現地でのプレゼンスを継続しており，いわばフィールドワークに力点を置いた活動として注目に値しよう。とりわけ，平和維持活動（PKO）との連携がみられる点に注意すべきである。人権高等弁務官事務所は，PKO機関の人権部（human rights component）という形で要員を派遣し，人権状況の調査や人権保護のための制度構築等にあたらせており，2013年4月現在，派遣先はソマリア，コンゴ民主共和国など14に上っている。人権部の設置は国連安全保障理事会がPKOの派遣

を決定する際に取り決められることであり，このことはとりもなおさず，PKO をはじめとする国連安保理のイニシアティブによる活動が，人権，人道の問題と深く関わっていることと関連している。

安全保障理事会と人権・人道　冷戦の終結後，国際の平和と安全の維持の分野における国連の役割を増大させようとする傾向は，一つには PKO の活動領域を広げる形で働いてきた。従来の停戦監視を中心とする任務にとどまらず，紛争の双方当事者による人権尊重の監視や選挙監視，新たな統治機構の確立の援助に至るまでの幅広い活動が，ブトロス・ブトロス＝ガリ事務総長の「平和への課題」の表現でいえば紛争後の「平和建設（peace-building）」「平和の制度化（institutionalization of peace）」のための重要な要素として，とりわけ冷戦後，内戦状況への対応が多くなってきた PKO の活動に組み込まれてきた（第 2 世代の PKO）。周知の活動であるカンボジア（国連カンボジア暫定統治機構：UNTAC），エルサルバドル（国連エルサルバドル監視団：ONUSAL）などがその成功例として挙げられる。1991年10月に締結されたカンボジア紛争の包括的政治解決に関するパリ協定は，UNTAC が人権の尊重が確保される環境を形作ることに責任を負うと規定していたし（UNTAC の任務終了後は引き続き国連人権委員会が人権状況を監視するとも規定していた），ONUSAL は，人権に関する部局を持ち，1990年 7 月に内戦当事者間で締結された人権に関するサンホセ協定の両当事者による遵守を監視し，違反を報告する任務を負っていた。とりわけ後者の活動は「アメリカズウォッチ」など人権 NGO からも評価されている。ただ，その活動に当たって政府の協力を必要とし，また紛争当事者に対して中立の立場を維持することを求められる PKO が人権監視の任務を負うことについては，とりわけエルサルバドルのように国内

紛争の一方の当事者が政府である場合，政府側の人権侵害を摘発することをも求められることから，しばしば困難を伴うことが指摘されている。

　国連安保理が国連憲章第7章に基づいて行動を起こす際にも，冷戦終結後，人道，人権との関連がしばしばみられるようになっている。安保理は，憲章第7章に基づく行動をとる前提として平和に対する脅威，平和の破壊または侵略行為の存在を認定することになっている（実行上はそのような認定なく第7章の下で行動をとる旨のみ示されることもある）が，平和に対する脅威の存在の認定に当たって，人道上の危機が平和に対する脅威を構成するという判断をしばしば行っている。このような判断は冷戦終結後が初めてではなく，かつて1966年には当時のローデシア（現在のジンバブエ），1977年にはアパルトヘイト政策を継続していた南アフリカ共和国に対する制裁発動に当たって，人権侵害が平和に対する脅威を構成するという論法を用いているが，冷戦終結後はその頻度が大幅に増してきている。1991年4月の安保理決議688は，イラクの，とりわけクルド人居住地域における文民の抑圧が，結果として平和に対する脅威となると述べ，抑圧を中止することをイラクに要請した。この決議をイラクが遵守しなかったことが，米，英，仏による軍事行動につながり，結局イラクは国連のプレゼンスとクルド救援物資の国内通過を認めることになった。また1994年6月の安保理決議929は，ルワンダにおける人道上の危機が平和に対する脅威を構成するとして，加盟国に対し，人道目的の達成のための一時的な活動を行うために事務総長と協力することを認め，これがフランスによる介入の法的根拠となった。

　このような傾向の背景には，冷戦終結後，安保理における拒否権

行使が減少し，必ずしも厳密な論理構成を必要とすることなく決議を成立させることができるようになったということがある。また「人権の緊急事態」に対し安保理が憲章第7章の下で行動しようとする場合，現行の国連憲章の下では，平和に対する脅威という，ある意味ではフィクションといわざるを得ないものを用いるよりほかないということも事実である。安保理の憲章第7章に基づく行動が「人権の緊急事態」に対していち早く行われるとすれば，現在の国際的諸制度の枠組みにおいては，それよりも強力な国際的行動は望み得ないほどのものともなり得ることは確かだろう。

「保護する責任」論の登場　「人道の危機」「人権の緊急事態」が必ずしも平和に対する脅威であるとは限らないという観点から，大規模人権侵害に対してフィクションを介在させることなく人道的動機のみによって安保理が行動することができるようにする試みとして，近時盛んに論じられているのが「保護する責任」論である。そこでは，各政府にはその国民を保護する責任があるが，政府にそれを果たす意思または能力がないと認められる場合，国際社会が代わって責任を負わねばならない，と論じられる。端的にいえば，ある国に政府がコントロールできない「人道の危機」「人権の緊急事態」が存在するような場合，人道目的の介入が正当化されるという議論である。人権の主流化という国連の方針に沿って行われる議論であるといえる。人権の観点からこの議論を突き詰めるとすれば，個人が居住国の武力介入甘受を経てまで「保護される権利」を有するという議論に至ると考えられるし，そうした議論が認められるならば人道的介入の普遍的承認がもたらされるといえよう。後にも論ずるように，人道的介入をめぐっては濫用の危険が指摘され，不干渉原則を形骸化させる可能性があるという批判がな

されてきた。「保護する責任」論は，今後の展開によっては，19世紀から続いてきた人道的介入の議論に終止符を打つ可能性もある。しかし，人権概念の普遍性に疑義を呈する諸国も少なくない現在の国際社会において，大国を中心とする安保理に人道的介入を認めること，ましてや個別国家にそれを認めることには，慎重であるべきだろう。

(4) ヨーロッパの多国間人権外交──ヨーロッパ安全保障協力機構

1973年から1975年にかけて，ヨーロッパのアルバニアを除く33カ国と，アメリカ，カナダが参加して，ヘルシンキなどで開かれた，ヨーロッパにおける安全保障の枠組み設定を目的とする「ヨーロッパ安全保障協力会議（Conference on Security and Cooperation in Europe: CSCE）」は，その「最終決定書」の原則宣言（ヘルシンキ宣言）において，安全保障の問題（武力による威嚇及び武力行使の禁止，国境の不可侵，領土保全）と並んで人権保障を掲げた（国連憲章，世界人権宣言の尊重，人権条約の遵守）。この「最終決定書」は，それ自体は法的拘束力を持たないことが明記されているが，再検討会議を開催することによって，その履行状況と発展を討議することが決められた。

再検討会議は，ベオグラード（1977年10月〜1978年3月），マドリッド（1980年11月〜1983年9月），ウィーン（1986年11月〜1989年1月）の3度開かれた（その後はヨーロッパ安全保障協力機構 OSCE への移行とも関連して，ほぼ2年ごとに首脳会議が開催された。もっとも，1999年11月のイスタンブール会議以降開かれていない）。

再検討会議などにおける人権問題に関する議論を以下に概観しよう。最初の2回の再検討会議は，東西の緊張が高まった時期に当たる。まずベオグラード再検討会議では，カーター政権のアメリカを

中心とする西側陣営による，東側の人権条項不履行の非難をめぐる応酬に終始し，続くマドリッドでもその状況は基本的に変わらなかったということができる。しかし，ゴルバチョフ政権の登場と緊張緩和という状況の変化を受けたウィーンでは，少数者問題（参加国がその領域内の民族的少数者の種族的・文化的，言語的および宗教的アイデンティティを保護し，その増進のための条件を作り出すことを明記）などについて一定程度の進展がみられ，再検討会議で初めて作成することができた最終文書の中で，人権に相当の部分が割かれた。また，次回の再検討会議までに「人的次元（human dimention）」（CSCE, OSCEの枠組みでは，人権に関わる問題をこのように呼ぶ）に関する会議を3回開催することが決められた。この決定により1989年5月から6月にかけてパリで開かれた第1回の会議は最終文書の採択には至らなかったが，1990年6月にコペンハーゲンで開催された第2回の会議文書では，その間の東欧における政治的変化を反映して「法治国家」「自由選挙」「財産権」などが共通の認識として語られるようになった。そしてこの状況は1991年9月から10月にかけて開催されたモスクワでの第3回人的次元会議に受け継がれた。1994年のブダペスト首脳会議は，1995年以後CSCEを常設機構化し，ヨーロッパ安全保障協力機構（OSCE）へと発展させることを決定した。

人的次元メカニズム　このような展開の中で，人的次元の実施のためのメカニズムがウィーンで初めて創設され，さらにモスクワで開かれた第3回人的次元会議でも，より客観性を増した手続が取り決められた。前者はウィーンメカニズム，後者はモスクワメカニズムと呼ばれる。

　ウィーンメカニズムでは，
(1) ある参加国（A国とする）が人的次元に関するコミットメントを

遵守していないと考える他の参加国（B国とする）は，当該問題に関する情報の提供を求めることができ，この要請には10日以内に書面で回答がなされねばならない。
(2) 以上の手続で不十分と考える場合，B国はA国に対し2国間の会合の開催を求めることができる。この要請があれば，原則として1週間以内にその日時が外交チャネルで決定されねばならない。
(3) B国は，さらに必要と考える場合には当該問題について他の参加国の注意を喚起することができる。
(4) B国は，またさらに必要と考える場合には，(1)，(2)の結果に関する情報を再検討会議，人的次元会議に提供することができる。
という手順となる。

ウィーンメカニズムがこのようにもっぱら政府間の手続であるのに対し，モスクワメカニズムでは個人資格の専門家による事実調査を取り入れている。すなわち，
(1) ウィーンメカニズムの(1)または(2)の後，B国はA国に対し，専門家からなる調査団を招請するよう申し述べることができる。
(2) A国がそれを拒否した場合でも，他の参加国5カ国の賛意が得られれば，B国は当該問題に関し報告者を任命することができる。

OSCEの関連各文書は，人権と多元的民主主義，法の支配は全参加国の直接かつ正当な関心事項であり，もはやもっぱら関係国の国内問題ではない，OSCEは単なる価値の共同体であるのではなく責任の共同体である，したがって参加国は自国の人権問題につき不干渉を援用することはできない，と繰り返し強調している。

このようなCSCE（OSCE）の手続は，次のような特徴を持ってい

る。つまり，第1には，他の参加国のイニシアティブにより開始されるのが原則であるということであり，ある参加国における人権侵害が他の参加国の安全保障その他の利益に関係してくる場合でなければ発動されにくいという側面が否定できない。そして第2には，モスクワメカニズムで事実調査活動が取り入れられたとはいえ，人的次元メカニズムは基本的には2国間ないし多数国間の「対話」を中心に構成されているということである。

　CSCE（OSCE）は当初から，東西対立の中で全ヨーロッパ諸国が集う形で始まったものであり，元来参加国の異質性を前提として，緩やかなコミットメントに基づいて発展してきたものである。また，人権，人道とともに安全保障を視野においてきたCSCE（OSCE）は，人権保障そのものを問題とするというよりも，ヨーロッパの安全と安定との関わりで人権を問題として取り上げるという傾向を示している。OSCEが人権の分野で特に関心を有しているのが，国際関係の安定と密接に関わる民族的少数者の保護の問題であり，そのために民族的少数者高等弁務官を設置している，といったことに表れている。

　この少数者保護に関連して興味が持たれるのが，ヨーロッパ審議会が1994年に採択した民族的少数者保護枠組条約である。これはヨーロッパ審議会が採択した人権条約でありながら，実施措置の点でヨーロッパ人権条約実施機関とは関係がなく，また特に国際的関連を有する少数者問題を重視する趣旨の規定を置いている。審議会の地理的拡大により審議会加盟国とOSCE参加国がかなりの程度重複するに至っている現在のヨーロッパにおいて，人権，人道に関心を有しつつも主に安全保障の側面に重きを置いてきたOSCEと，安定と安全の問題を排除するわけではないが本質的に人権の領域に

関心を有してきたヨーロッパ審議会の、人権保障の分野での活動の連関が、人権問題の中でも特に安全保障と密接に関わる少数者問題においてまず表れてきつつあるとみることもできるのである。

§4　個別国家の外交政策としての人権外交
──アメリカの人権外交

(1)　**冷戦期**──カーター・レーガン政権

アメリカは建国以来内政外政において人権問題に関心が高い国であった（ウィルソンの14カ条やルーズヴェルトの四つの自由にそれは表れている）といえるが、1970年代に入って、世界各地に大規模な人権侵害が多発したことを動機の一つとして、国外の人権問題への関心が高まった。その関心においては政府よりも議会が先行して、1961年には「対外援助法」が成立していた。1977年のカーター政権誕生時には、すでに人権外交展開の前提となる法的枠組みは整っていたのであって、それを政策的に用いた最初の大統領がカーターであったということができる。

カーター政権
―「選択された怒り」

カーター政権の人権外交は、いわば「公開外交」であった。人権に関わって問題があるとみられる国との外交関係においては、当該問題がまず最重要の懸案として表舞台で取り上げられた。対外援助法第502条Bは「国際的に認められた人権の大規模な侵害……を行っている政府」への軍事援助を禁じている。同法の規定により各国の人権状況に関する国別報告書が作成されることになっているが、カーター政権の下でそれに基づき、アルゼンチン、ボリビア、エル

サルバドル，グアテマラ，ハイチ，ニカラグア，パラグアイといった中南米諸国に対する軍事援助が中止されたといわれている。

しかし，カーター政権が人権侵害に対してみせた怒りは「選択された怒り」であるとの批判を免れなかった。たとえばアミン大統領の独裁下にあったウガンダとの関係が断ち切られることはなかったし，東チモールにおける人権侵害がインドネシアへの援助の制限につながることはなかった。1980年から81年にかけてのエルサルバドルにおける大規模人権侵害にもかかわらず，援助はむしろ増額されたといわれる。

その一方で，たとえば1975年の「ヨーロッパ安全保障協力会議（CSCE）」最終決定書の人権条項をめぐって，同会議のベオグラードでの再検討会議でソ連，東欧を不遵守のかどで公然と非難したことは，建設的な議論を妨げたと批判され，「公開外交」は「声高な」人権外交として批判を受けることになった。

しかし，カーター政権が超大国アメリカの政権としてみせた人権へのコミットメントは，各地域の独裁体制の正統性を少なからず揺るがしたし，同政権が多国間の枠組みにおいてみせた積極的姿勢（女子差別撤廃条約と社会権規約への署名を含む）は好意的に迎えられた。

レーガン政権
—反人権外交と方針転換

1981年に誕生したレーガン政権は，当初「反人権外交」を掲げて登場した。反人権の旗頭であったリフィーヴァー（Ernest Lefever）を人権局（Human Rights Bureau）長官に任命しようとしたことにその姿勢は端的に表れていた。しかし，彼の任命案は議会に拒否され，政権にとって人権へのコミットメントを全面否定することは困難となった。ただ，レーガン政権において，そのコミットメントは反共イデオロギーと併せた形で表されることになった。ニカ

ラグアの左翼サンディニスタ政権に対抗して反対勢力たるコントラへの援助を大規模に行ったこと，エルサルバドルにおいて左翼勢力に対抗している軍事政権を援助したことなどに，その姿勢は端的に示されている。

国連大使であったカークパトリック（Jeane Kirkpatrick）が，人権はアメリカ外交において中心的役割を果たすべきであるだけでなく，人権を中心に据えない外交の成功はおぼつかないと表明する一方で，右翼的独裁（「権威主義」）は左翼的独裁（「全体主義」）よりも政治的権利の保障の度合いが高く，究極的には民主化に向かうのであって，人権の大規模侵害を起こすことはない，と述べたことに表されているように，レーガン政権の下では事実上，「全体主義」国家の公然たる非難と「権威主義」国家の公然たる擁護という方針がとられた。政権の第1期には軍事援助額は300％増加したといわれている。

しかし，政権の第2期にはその方針に変化がみられた。「権威主義」体制でも極右的政権は当初から忌避される傾向にあったが，1986年にレーガン政権はハイチのデュヴァリエ政権崩壊を支援し，「権威主義」は「全体主義」と同じく切り捨てるという方針を明確にした。レーガンは当時の議会演説で「アメリカ人民は人権を信じ，左翼か右翼かにかかわらずあらゆる形態の独裁に反対する」と述べている。チリ，アルゼンチン，ウルグアイ，エルサルバドル，フィリピンなどの民政移管，中道政権への移行は，レーガン政権の人権外交の成果であるといわれる。もっともその背景には，抑圧的体制への援助はその体制が崩壊したときに反米政権を生む結果になるという，すぐれてプラグマティックな判断があったとも考えられる。

このように，当初反人権外交を標榜したレーガン政権は，実際には人権へのコミットメントを徐々に強める方向に動いたということ

ができる。ただ，レーガン政権の人権外交はカーター政権と比較して，アメリカの国益，アメリカ的価値とより密接に結びついていた。レーガン政権はもっぱら自由権を強調して社会権を認めず，さらにいえば自らは人権の国際標準に沿った行動を拒否し，自国の主権を優先させた。しかし，カーター政権からのこのような変容を経て初めて，人権外交がアメリカ外交の中に根付いたとみることもできるだろう。

(2) **冷戦終焉後**──ブッシュ・クリントン・ブッシュ政権

ブッシュ（父）政権
―価値志向とプラグマティズム

レーガン政権を1989年に引き継いだブッシュ（George H. W. Bush）政権は，早々に冷戦の終焉という大転換期を迎えた。新秩序の構築が期待される中で，アメリカ世論は外交において人権に高い地位を与えることを支持していた。ブッシュ政権内部でも，法の支配，民主主義，人権の保護に関する国際的コンセンサスがアメリカの経済的利益の促進にリンクするという意識が強く共有された。しかし，少なくとも2国間関係における同政権の行動は，かなり明確な形でプラグマティックなものであり，しばしば政治的・経済的利益を優先し，人権を下位に置いた。クウェート侵攻以前の段階では，イランとの関係で「敵の敵は味方」と位置付けられていたイラクの人権侵害は顧みられなかったし，ザイールのモブツ政権への対応も同様であった。天安門事件で公には中国に抗議したが，経済的関係には何ら変更を加えなかった。ブッシュ政権の人権外交は，新たな世界秩序に目を向けつつも，レーガン政権が人権に対して示したプラグマティズムをほぼ引き継いだものであったといえよう。

国際人権標準への態度は，レーガン政権ほどではないにせよ消極的であった。ブッシュ政権下でアメリカは自由権規約を批准したが，それは多くの留保，了解，宣言を伴うものであった。

クリントン政権
―民主主義の拡散

1992年にブッシュの再選を阻止したクリントン陣営は選挙戦において，ボスニア問題で明確な対応ができていないことなど，ブッシュ政権の人権外交の不徹底と遅鈍を批判し，自らは人権を外交政策の要として，国際機構との協働を含む人権外交像を提示した。クリントン政権のスタートは，ブッシュ政権がそれを有しつつも常に背景に置いていた価値志向の人権外交の強調から始まったといえよう。同政権の最初の国務長官は，カーター時代の人権外交を経験したクリストファー（Warren Christopher）であったし，その他主要ポストにも人権NGO出身者などが起用された。

クリントン政権は「民主主義国は互いに攻撃することはない」（クリントン大統領1994年一般教書演説）という原則に立って各国における民主主義の進展を支援するという政策をとった。もっともそれは（アメリカを含めた）市場民主主義社会をまず強化し，将来の拡大の核とするというものであり，経済・貿易の自由化と自由権とをリンクさせた，まさにアメリカ的民主主義の世界的拡大が構想されたということになる。この人権と市場経済とを密接にリンクさせた外交は，1997年のアジア通貨危機への対処において強権的政権の腐敗を批判したことによく示されているが，経済が主で人権が従になっており，特にすでに民主主義的体制の下にある国において人権の発展を阻害しているとの批判がなされたし，国内では民主党支持者から，民主党を経済エリートに奉仕する政党にしようとしているとも指摘された。実際クリントン政権は，カンボジアやミャンマー，ザイー

ルなどとの関係では人権問題を理由に援助の停止や削減を行う一方，当時すでにアメリカにとって重要な貿易相手国となっていた中国との関係では，信教・表現の自由などの人権問題やチベット問題の存在にもかかわらず，前政権と同様に経済関係を優先させた。また，国際通貨基金（IMF）や世界銀行の融資活動を人権と連関させることにも消極的であった。

クリントン政権は，上記のように国際機構，特に国連への関与を強めた。とりわけ安保理において，人権侵害を平和に対する脅威または平和の破壊と積極的に構成することを通じ，大規模人権侵害に対する国連憲章第7章の下での武力行動を推し進めた。ソマリア，ハイチ，ルワンダへの多国籍軍派遣やソマリア，旧ユーゴスラビアでの平和強制部隊の試みには各々人権・人道の考慮が背景となっている。また，安保理決議による旧ユーゴスラビアおよびルワンダ国際刑事裁判所（ICTY, ICTR。ジェノサイド等の責任者を訴追）の設置にも主導的役割を果たした。

人権条約では，クリントン政権下で人種差別撤廃条約の批准が実現したが，多くの留保を伴うものではあった。しかし，同政権が各人権条約の報告制度に対応するため，機関横断的な作業部会を設置したことには注目される。

クリントン政権の人権外交には，少なくとも当初，カーター時代の国際的人権標準（社会権を含めた）に基づいた価値志向の要素が間違いなく含まれていた。しかし，共和党が多数を占める連邦議会や経済界などとの関係で修正を余儀なくされていった結果，同政権の人権外交は，一貫した評価を与えにくいものになったということができよう。ただ，アメリカの国益（特に経済的利益）やアメリカ国民が直接関わらない分野や事例（たとえばICTY, ICTR。これらの設置は

推し進めたが,アメリカ国民も対象となる国際刑事裁判所（ICC）には消極的)では,一定の成果がみられたといえるだろう。

ブッシュ（子）政権
―「アメリカ的価値」への傾倒

2001年にクリントンの次に登場したブッシュ（George W. Bush）は,テキサス州知事時代,アメリカの人権条約批准に公然と反対していたほどに,反人権的であった。彼は,クリントンの世界主義の理念に対抗してアメリカをアメリカ的価値に引き戻すと主張して,選挙戦を戦った。

ブッシュ政権は,用語として人権ではなく「人間の尊厳（human dignity）」を用いた。それは法の支配,表現の自由,信教の自由,私有財産の尊重等を含むとされたが,それらについて述べる際,あくまで人権という表現は用いなかった。このことはブッシュ政権が,人権をアメリカ的価値に引きつけた結果,それ自体国際標準を想起させる人権という用語をあえて避けるに至ったとみることができる。またブッシュにとって,自由は神の恩寵としてあまねく行き渡るべきものであった。

2001年9月11日に起こった同時多発テロの衝撃の後,「テロとの戦争」を標榜したブッシュ政権は,アフガニスタン,イラクにおいて単独の武力行使に踏み込んでいく。それは自由のための戦いと位置付けられ,アメリカ世論もそれを支持した。その「テロとの戦争」遂行の過程でグアンタナモ収容所などに収容されている捕虜の処遇が問題とされたとき,国連諸機関（人権高等弁務官,拷問禁止委員会を含む）やNGOからの,「テロとの戦争」を口実とした人権侵害が行われているとの批判に,ブッシュ政権はほとんど対応しようとしなかった。

ブッシュ政権の下でアメリカは,国連人権委員会の設置以来,初

めて，その席を失った。同委員会の政治化の一端を担ってきたことが落選の理由の一つであるといわれたが，落選は西欧諸国からの信頼の後退を意味した。また，政治化を脱し，真の人権唱導国で構成する機関として人権理事会が2006年に発足した時，アメリカはグアンタナモ問題を抱えていたことから，理事国候補とはならなかった。

　ブッシュ政権の，アメリカ的価値への傾倒と「テロへの戦争」遂行は，人権外交という観点からみる限り，評価を与えることは困難である。評価を与えるに値しないとみるべきかもしれない。また，「人間の尊厳」という形でアメリカ的価値を前面に押し出し，プラグマティックな対応をむしろ排除したことに着目すれば，そこに個別国家による人権外交の，もう一つの負の側面である恣意性が端的に表れているといえよう。

　アメリカの人権外交は「自由の砦」としてのアメリカの建国精神に基づいているといわれる。以上に概観してきた五つの政権は，それぞれに人権（という用語を用いるか否かにかかわらず）を外交政策における価値基準として位置付けてきた。しかし，実際の運用においては，経済的利害を中心とする国益に照らし，プラグマティックで選択的な対応がなされてきたといわざるを得ない。一方，プラグマティズムをむしろ排したブッシュ（息子）政権は，アメリカ的価値への傾倒という恣意性に陥った。このようなユニラテラリズム（＝単独行動主義。従来の政権にも程度の差こそあれ共通してみられた）は人権そのものを損なうという批判もある。アメリカの人権外交の歴史は，個別国家の人権外交の限界を表しているといえよう。

§5 まとめ——人権,安定,干渉

　今日,国際的保障の側面を抜きにして人権を論ずることはできない。国連や地域的機構の枠組みにおける国際的標準設定が進展し,人権の中でも身体的自由など基本的な権利については,条約という特定の合意の形をとらずとも諸国を拘束する,慣習国際法規則になっているという見解も強い。ただ,そのような国際標準の存在と,その履行の確保とは自ずから別の問題である。人権概念自体の普遍性に疑義を唱える声は,弱くなってきたとはいえ存在するし,人権はいまだ不干渉原則からまったく自由であるとされてはおらず,国内問題であるという抗弁も今なおよく聞かれる。また,基本的に国内の問題である人権保障について,条約の枠組みを離れて他国が関心を持つことを一般に期待することはできない。当該他国の国益に触れる,たとえば安全保障上の利害が関係する場合に初めて,関心が期待できるのである。条約上の制度としての実施措置には,ヨーロッパ人権条約にみられるような強力なものもあるが,元来同質性の高い西欧諸国で始まった制度であればこそ,それだけの権威と実効性を持つことができたということができる。国際人権規約では,むしろ違反を問うことをしない緩やかな実施措置がうまく機能している。そして条約の枠組みによらない多国間,2国間の諸行動においては,安定と安全の考慮や世界戦略といったものとの結びつきが人権外交にとって不可欠であるといってよい。むしろそのことを前提として,可能性を探っていくのが,人権外交という理念を保持していく条件となるだろう。また忘れてはならないのが,NGOをはじめとする,市民の側からの国際人権に対する意識の高まりも,外交政策に影響を与えることができるという点だろう。たとえばアメ

リカで1986年に成立した「反アパルトヘイト包括法」は、アパルトヘイト政策をとっていた南アフリカ共和国に対する「建設的関与」に固執して制裁を回避しようとする政府の意向に反して、大規模な民間の運動に動かされた議会が成立させたものであり、単純にアメリカの国益からのみ説明することは難しいといわれているのが、その一例である。

人権外交に関して冷戦終焉後、大きな論点となっているのが、「保護する責任」論により強化される、人道的介入である。人道的介入とは、相手国内の人権状況を改善する目的でなされる介入であり、そのような目的で行われる場合には、国際法上の（不干渉原則違反としての）違法性が阻却される、とされるものであり、議論としては19世紀から行われている。当時、トルコ帝国内のキリスト教徒の保護を名目に行われた武力干渉を正当化するために、これが論じられた。しかし、人道的介入の正当化に対しては、主に「人道」の内容がはっきりせず、容易に濫用されるおそれがあるという観点から否定論も強かった。第2次世界大戦後においても、バングラデシュ独立に絡むインドのパキスタン介入や、タンザニアのウガンダ介入は、人道的色彩の濃いものであり、諸国の強い批判の対象とはならなかったが、当事者はむしろ、自衛行動としての正当化を図った。すでに述べてきた、冷戦終結後の国連安保理やクリントン政権の行動は、明確に人権、人道問題解決のための、武力行使を含む強制行動の多用という傾向をみせている。1999年に行われた、コソボ自治区におけるアルバニア系住民抑圧に対する措置としての北大西洋条約機構（NATO）軍による空爆には、中国などの拒否権行使が予測される安保理を回避してなされたという批判も強かった。自由権規約委員会委員も務めたミュラソン（Rein Müllerson）万国国際法

学会 (Institut de Droit International) 会長は，1997年に刊行した『人権外交』と題する著書の中で人道的介入を基本的に肯定し，上記の，もっぱら人道的動機に基づく安保理の行動を認める趣旨の国連憲章改正案に賛成している。しかしその一方で，その発動は慎重であるべきであり，侵害が大規模で生命に対する権利など特に基本的な権利に関わるものであり，介入が少なくとも住民の大多数によって受け入れられること，介入それ自体が国際の平和と安全を害するものでないことなどを条件とすべきであると主張している。

　「人権の緊急事態」において，ときにはこのような介入という行動以外，状況を改善できないと判断される場合があることは否定できない。しかしその行動は「選択的」であってはならない。既述のように，「保護する責任」論が「保護される権利」にまで推し進められるとすれば，行動の選択性へのはどめとなる可能性がある。しかし少なくとも現状においては，強制的性格の行動には慎重であるべきだろう。

[戸田五郎]

第6章　地球環境保護

§1　国際社会における地球環境保護の歴史

(1) ストックホルム会議（1972年）

　環境（environment）とは,「取り囲んでいる周りの世界」を意味し，一般的には，人間や生物の周囲にあって，意識や行動の面でそれらと何らかの相互作用を及ぼし合うものを指す。したがって，自然環境のほかに社会的，文化的な環境が含まれることもある。産業革命以降，人類は，化石燃料をはじめ地球の資源を積極的に利用し，大量生産と大量消費を繰り返してきた。その結果，今日我々は，深刻な環境破壊に直面し，その解決を迫られている。

　しかしながら，今日最も普遍的な国際機関である国際連合は，その設立文書（国際連合憲章）の中で，基本的人権の保護のための国際協力を機構の目的として挙げているのに対して，環境保護に関する規定には一切触れていない。このことは，第2次世界大戦直後の国際社会において，環境保護がほとんど関心を持たれていなかったことを意味する。言い換えれば，環境問題は，先進国の戦後復興が一段落する1960年代までは，少なくとも国際問題としては顕在化して

いなかった。もちろん，当時，国際社会で環境問題がまったく無視されていたわけではない。たとえば，すでに戦間期において，カナダ領で操業していたトレイル精錬所の煤煙が，国境を越えて隣国であるアメリカの市民や農作物に損害を与える事件が発生していた。両国の合意によって設置された仲裁裁判所は，国際法上の原則として，国家は隣国に損害を発生させないような方法で自国領域を使用（自国民に使用を許可することも含む）しなければならないとして，私企業である精錬所の活動を管理するべき立場のカナダ政府は国際法上の責任（国家責任）を負うと判断した（1941年トレイル精錬所事件最終判決）。また，フランスが戦前から計画中であった自国領のラヌー湖から流れるキャロル河の水の転流をめぐって，スペインが異議を申し立てた事件では，河川の利用に関する制限主権論が展開され，19世紀以前の領域に対する絶対主権概念（たとえばリオ・グランデ河の利用をめぐるハーモン・ドクトリン）を修正する判決が仲裁裁判所により示された（1957年ラヌー湖事件判決）。2つの事件は，国際的な環境保護を検討していく上で重要な判例である。しかしこれらの判決はいずれも，環境保護に特有の国際法を適用したわけではなく，一般国際法上の原則の解釈を環境保護に当てはめた結果であることに注意しなければならない。

　もともと，環境問題は，第2次世界大戦後の高度経済成長期に先進国の国内で発生した国内問題がその発端であった。日本でも1960年代に水俣病や四日市ぜんそくなど，いわゆる四大公害病が問題となり，訴訟を通じて，加害者である企業や国・自治体などの責任が追及された。このような国内の環境問題は，公害（pollution）と呼ばれ，各国の国内法規制によってある程度緩和されたが，その後，国境を越える環境汚染問題が新たな問題として認識され，特に国土の

狭い先進国が密集するヨーロッパで高い関心を集めた。その中でも森林破壊や湖沼の酸性化，海洋汚染による漁業資源問題等を懸念する北欧諸国から，国連で環境保護に関する検討を提起する運動が起こり，1972年にスウェーデンのストックホルムで，国連人間環境会議が開催された。同会議は，環境問題としてはもちろん，個別テーマの特別総会として初めて開催された国連の特別会議である。

同会議の最大の成果は，国連人間環境宣言（ストックホルム宣言）の採択である。ストックホルム宣言は，前文と26の原則から構成されている。その内容は，環境保護に関する既存の国際法の確認にとどまらず，漸進的な規範も含まれ，前述のトレイル精錬所事件判決で確認された領域管理責任をさらに発展させた原則21や，損害賠償責任制度のための国際協力を促す原則22など，環境保護に関する法原則の形成と発展にとって重要な内容を含むものであった。また原則25は，各国の環境保護および改善のために，国際組織が調和のとれた能率的かつ精力的な役割を果たすことを確認している。会議では，同原則に基づき，環境保全のための専門機関として国連環境計画（United Nations Environment Programme: UNEP）の設置が決議され，同年の国連総会決議2997（XXVII）に基づいて正式に設立した。

またストックホルム会議は，ロンドン海洋投棄条約（1972年）の交渉開始を確認するなど，その後の環境保全に関する国際制度の構築に大きく貢献した。たとえば，世界遺産保護条約（1972年），野生動植物取引規制条約（ワシントン条約・1973年），船舶起因海洋汚染防止条約（MARPOL 73/78条約・1978年）など，自然動植物の保護や海洋汚染防止を中心として，この時期に多数国間環境条約の数が急増した。表6-1は，1970年代以降の主要な多数国間環境条約の一覧である。

表6-1 主要な多数国間環境条約

採択年 / 発効年	日本の発効年	名　称（通称）
1971 / 1975	1980	特に水鳥の生息地として国際的に重要な湿地に関する条約（ラムサール条約）
1972 / 1975	1992	世界の文化遺産及び自然遺産の保護に関する条約（世界遺産条約）
1972 / 1975	1980	廃棄物その他の物の投棄による海洋汚染の防止に関する条約（ロンドン条約）
1973 / 1975	1980	絶滅のおそれのある野生動植物の種の国際取引に関する条約（ワシントン条約）
1979 / 1983	未署名	移動性野生動物種の保全に関する条約（ボン条約）
1985 / 1988	1988	オゾン層の保護のためのウィーン条約（ウィーン条約）
1987 / 1989	1988	オゾン層破壊物質に関するモントリオール議定書（モントリオール議定書）
1989 / 1992	1993	有害廃棄物の国境を越える移動及びその処分の規制に関するバーゼル条約（バーゼル条約）
1992 / 1994	1993	気候変動に関する国際連合枠組条約（気候変動枠組条約）
1997 / 2005	2002	気候変動に関する国際連合枠組条約の京都議定書（京都議定書）
1992 / 1993	1993	生物の多様性に関する条約（生物多様性条約）
2000 / 2003	2003	生物の多様性に関する条約のバイオセーフティに関するカルタヘナ議定書（カルタヘナ議定書）
2010 / 2014	署名のみ	生物の多様性に関する条約の遺伝資源の取得の機会及びその利用から生ずる利益の公正かつ衡平な配分に関する名古屋議定書（名古屋議定書）
1994 / 1996	1998	深刻な干ばつ又は砂漠化に直面する国（特にアフリカの国）において砂漠化に対処するための国際連合条約（砂漠化対処条約）
1998 / 2004	2004	国際貿易の対象となる特定の有害な化学物質及び駆除剤についての事前のかつ情報に基づく同意の手続に関するロッテルダム条約（ロッテルダム条約）
2001 / 2004	2002	残留性有機汚染物質に関するストックホルム条約（POPs条約）

＊　締約国数は2014年7月30日時点での各条約事務局HPによる。

概　　　要	締約国数
各締約国が領域内にある湿地を1カ所以上指定し、条約事務局に登録するとともに、湿地およびその動植物、特に水鳥の保全促進のために各締約国がとるべき措置等について規定する。	168
締約国は、登録候補地を世界遺産委員会に申請し、世界遺産として相応しいと認定されると世界遺産リストに登録される。また途上国の世界遺産の保全のための基金等も設立されている。	191
船舶、海洋施設、航空機からの陸上発生廃棄物の海洋投棄や洋上での焼却処分を規制する。1996年に議定書（96年議定書）が採択され、予防原則に基づき、海洋投棄を原則禁止する。	90（議定書は44）
絶滅のおそれがあり保護が必要と考えられる野生動植物を附属書Ⅰ、Ⅱ、Ⅲの3つの分類に区分し、附属書に掲載された種についてそれぞれの必要性に応じて国際取引の規制を行う。	180
移動性動物の種と生息地の保護について、研究調査や保全のための国際的な指針を規定する。また絶滅のおそれのある移動性の種などの移動を確保するために生息地の保全や外来種の制限などを加盟国に求める。	120
オゾン層やオゾン層を破壊する物質の規制に関する国際協力やオゾン層に影響を及ぼす人間活動の規制措置などの枠組みを設定し、各国が適切と考える対策を行うこと等を規定する。	197
オゾン層保護条約第8条に基づき、オゾン破壊物質の具体的な規制措置を定める。途上国には一定の猶予が与えられている。議定書採択後、5回の規制措置の強化が実施されている。	197
一定の廃棄物の国境を越える移動等の規制について国際的枠組みおよび手続を規定する。1995年に先進国と途上国の間の有害廃棄物の越境移動を原則禁止とする条約改正が行われた。	181（改正は79）
地球温暖化を防止するため、大気中の温室効果ガスの濃度の安定化を究極的な目的とし、西側先進国、旧社会主義国、途上国それぞれに差異のある役割を規定する。	196
気候変動枠組条約第17条に基づいて、先進国に、数量化された排出削減抑制義務を設定する。この義務を達成するために排出量取引など市場メカニズムの活用を認めている。	192
生物の多様性の保全、その持続可能な利用、および遺伝資源の取得と利益の公正かつ衡平な配分を目的とする。2010年に名古屋で第10回締約国会議が開催された。	194
生物多様性条約第19条に基づき、遺伝子組換え生物等（LMO）の国境を越える移動に関する手続等を定める。	167
生物多様性条約の目的の一つである遺伝資源の公正かつ衡平なアクセスと配分についての実効性を確保する。	51
開発途上国で深刻化する砂漠化問題への国際社会協力の枠組みを規定する。特に、地域ごとに実施附属書（アフリカ、アジア、ラテンアメリカ・カリブ、北部地中海）を添付し、砂漠化防止行動計画の策定や実施の調整を規定する。	195
化学物質の危険有害性に関して人の健康や環境への悪影響が生じることを防止するため、輸出国は、輸入国から事前かつ情報に基づく同意（PIC）を確認した上で輸出を行うこと等を規定する。	154
残留性有機汚染物質（POPs）から人の健康と環境を保護することを目的とし、PCBやダイオキシンなど附属書掲載物質の廃棄物の環境上適正な管理等を定める。	179

しかしながら、以下の点に注意する必要がある。ストックホルム会議前後のこの時期は、新たに独立したアジア・アフリカの発展途上国が新国際経済秩序（New International Economic Order: NIEO）を提唱していた時期であり、これらの国々は、環境保全措置が自国の経済成長に対する制約となることを危惧して、同会議に消極的あるいは懐疑的な態度をとった。このような先進国と発展途上国の見解の相違は、環境と開発／発展の対立という構図を生み出した。ストックホルム宣言の中でも途上国の開発／発展のための援助［原則9］や環境保護のための援助［原則12］、あるいは開発／発展と環境の調和［原則13および14］など、南北問題に配慮した規定が多くの箇所に存在する。また東ドイツの参加が認められなかったことを理由に当時の社会主義諸国が同会議をボイコットしたため、この会議の成果は、必ずしも当時の国連加盟国の総意ではない。これに加えて、社会主義諸国は、環境破壊は資本主義経済の産物であって計画経済下の国家ではあり得ないと主張した（この主張が真実でなかったことは、社会主義国家の崩壊後明らかとなった）。

(2) リオ会議（地球サミット・1992年）

ストックホルム会議以降、環境保護は国連内部でも重要な関心事項として認識され、1982年には、国連総会で世界自然憲章（A/RES/37/7）が決議された。同憲章では、自然に対する悪影響を最小限にとどめるためにすべての計画に対して環境影響評価を実施しなければならないこと、さらに評価の結果を広く公開し、協議すべきであることが確認されている。同じく1982年にナイロビでUNEP管理理事会特別会合が開催され、ナイロビ宣言が採択された。同宣言では、全地球的な環境についての協力に係る触媒的な機関として

UNEPの強化が確認された［10項］。この時期 UNEP は，多数国間環境条約の立案や事務局としての条約の履行確保に尽力したほか，環境影響評価の目標および原則（1987年）をはじめとするガイドラインや原則などのソフト・ローを採択することによって，国際的な環境保護に重要な役割を果たしてきた。

しかしながら，ストックホルム会議以後，先進国国内で環境法が整備・強化されたことにより，多くの企業が生産基盤あるいは廃棄物を発展途上国に移転させた結果，いわゆる「公害輸出」による環境被害が発展途上国でも確認されるようになった。日本企業が関わった公害輸出の一例として，マレーシア ARE 事件が挙げられる。加えて，1980年代に入り，環境問題の中でも，特にその原因または損害が広範囲に及び，現代および将来世代の人類，さらには地球全体に悪影響を及ぼすものとして，地球環境問題が国際的課題として浮上した。日本の環境基本法は，「地球環境保全」について，「地球の全体又はその広範な部分の環境に影響を及ぼす事態に係る環境の保全であって，人類の福祉に貢献するとともに国民の健康で文化的な生活の確保に寄与するもの」［第2条2項］と定義し，悪影響の例として，地球温暖化，オゾン層破壊，海洋汚染，野生生物の種の減少などを挙げている。このような全地球規模の環境問題に加えて，砂漠化や水資源確保など発展途上国に特有の環境問題が認識されるようになると，環境問題は従前のような先進諸国にのみ発生する問題として片付けることはできなくなった。

日本政府の提案により，1983年に国連総会は，「環境と開発に関する世界委員会（World Commission on Environment and Development）」設置を決定し（A/RES/38/161），持続可能な開発（sustainable development）に関する提言を付託した。ブルントラント・ノルウェー首相

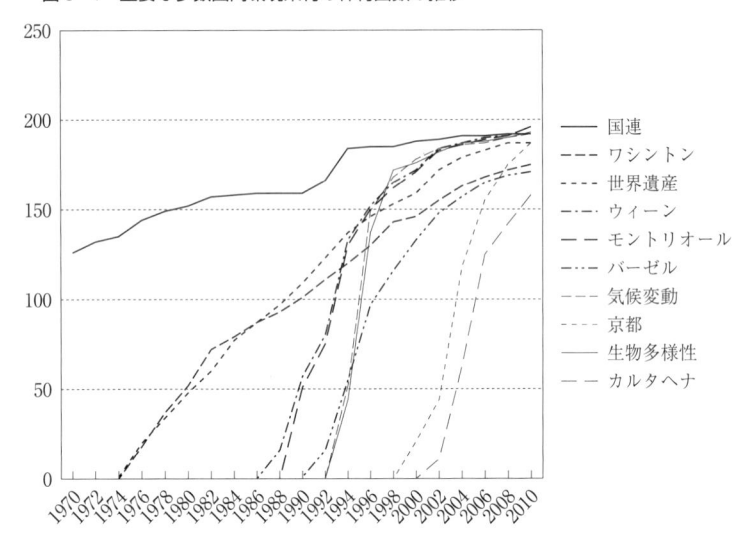

図 6-1 主要な多数国間環境条約の締約国数の推移

を委員長とする同委員会（したがってブルントラント委員会とも呼ばれる）は，1987年に提出した報告書『我ら共有の未来（Our Common Future)』の中で，持続可能な開発を，将来世代のニーズを損なうことなく，現代世代のニーズを満たすような開発と定義した。

その後，持続可能な開発は国際社会における環境保全の基本理念として認知され，1992年にブラジルのリオデジャネイロで開催された国連環境開発会議（リオ会議，地球サミット）でもキー概念として用いられた（A/RES/47/191）。同会議は，冷戦構造崩壊後の新たな国際課題として環境と開発の調和を掲げ，27原則からなるリオ宣言および40章からなるアジェンダ21の採択，そして気候変動枠組条約および生物多様性条約といった多数国間環境条約の署名開放，さらには森林原則宣言の採択を行った。また経済社会理事会の下部機関とし

て「持続可能な開発に関する委員会」の設置を決定した。

　同会議が契機となり，多くの発展途上国が，これまでに採択されたものを含めて，多数国間環境条約を批准および加入したことにより，環境問題への対応の普遍化が進展した（図6-1参照）。

(3) ヨハネスブルグ・サミット (2002年)

　リオ会議を契機として，地球環境問題は，東西冷戦構造崩壊後の国際社会における重要な政治課題として認識されるに至った。しかもその対策として，持続可能な開発の実現が国際社会の重要な指針として掲げられた。しかしながら，その後民族紛争や宗教対立など発展途上国で頻発するさまざまな問題により，各国は，環境問題に対する関心を相対的に後退させていった。また，グローバリゼーションの進展に伴い，持続可能な開発概念も環境保全と経済開発に加えて，新たに社会開発を加味した重層的な政策目標へと変化している。

　1995年にはデンマークのコペンハーゲンで「世界社会開発サミット」が開催され，同サミットで採択された「社会開発に関するコペンハーゲン宣言」では，持続可能な開発が，「経済開発，社会開発及び環境保護が相互に依存し，それらは，すべての人々がより高い質の生活に到達することに向けての我々の努力の枠組みである」ことを確認した［6項］。

　また，アジェンダ21の進捗状況を確認するために1997年にはニューヨークで「国連環境開発特別総会（リオ＋5）」が開催され，アジェンダ21の主要項目の履行状況評価および今後の取り組むべき優先課題を明確にした「アジェンダ21の一層の実施のための計画（A/RES/S-19/2）」を採択した。

さらに，2000年には，国連ミレニアム・サミットが開催され，平和や民主主義（グッド・ガバナンス）に加えて，開発問題と環境問題も21世紀に国連が取り組む課題として掲げられ，国連ミレニアム宣言が採択された。その後，同宣言と1990年代に開催された主要国際会議で採択された目標を統合し，一つの共通の枠組みとして「ミレニアム開発目標（Millennium Development Goals: MDGs）」がまとめられたが，その目標の一つとして「環境の持続可能性の確保（目標7）」が挙げられている。

このような関連会議を踏まえて，2002年に開催された持続可能な開発に関する世界首脳会議（ヨハネスブルグ・サミット）では，再び持続可能な開発がキー概念として提示され，「人，地球，繁栄（People, Planet and Prosperity）」のスローガンの下で，持続可能な開発の実現に向けて，環境問題にとどまらず，水資源を含む公衆衛生，エネルギー，健康，農業，生物多様性など，発展途上国が直面している開発問題にも関心が集まった。同サミットは，191カ国の国家代表が集まる大規模な会議となったが，主権国家の代表だけでなく，多くの市民も参加した。同サミットでは，貿易と環境のレジームの抵触，資金問題など，先進国と発展途上国の対立が先鋭化したため，会議の決裂も危ぶまれたが，最終日にようやく，持続可能な開発に関するヨハネスブルグ政治宣言および実施計画を採択した。また，各国，関係主体（自治体，NGO，企業および各種団体）が，アジェンダ21実施のためのパートナーシップやイニシアティブに直接かかわる関係者間の合意を表明し，世界に向けて約束する「タイプ2」文書を採択するなど，新しい試みもみられた。

(4) リオ＋20

2009年に国連総会は，リオ会議の20周年を記念する国際会議を2012年にブラジルで開催する総会決議（A/RES/64/236）を採択した。この会議の目的は，アジェンダ21およびヨハネスブルグ・サミットで採択された実施計画の状況を検証し，持続可能な開発のための将来的課題を検討すること，ならびにこれらの諸課題の克服に向けた新たな世界的取り組みを構築するための議論を通じて，首脳レベルでの政治的コミットメントを作ることであった。リオ＋20とも呼ばれるこの「国連持続可能な開発会議（UNCSD）」は，開催までに3回の正式の準備会合のほか，数多くの非公式会合や地域別の会合などを経て，2012年6月，リオデジャネイロで開催された。

同会議の中心テーマとして，持続可能な開発および貧困削減の文脈における「グリーン経済」，ならびに「持続可能な開発のための制度的枠組み」の二つが掲げられ，最終的に『我々が望む未来（The Future We Want）』と名付けられた成果文書が採択された。この文書の中で，グリーン経済については，多くの発展途上国から経済成長の制約になるとの懸念が表明されたものの，これまでの経済・社会のあり方を根本的に見直すものとして推進していくことが確認された。また，「持続可能な開発目標（SDGs）」は2015年までのMDGsに統合されることが合意され，この目標達成のための国連を中心とした制度を強化するために持続可能な開発に関する委員会やUNEPといった既存の機関の改革が勧告された。しかしながら，成果文書の中には，ストックホルム宣言やリオ宣言のように，具体的な国際環境法原則を確認したり，新たな原則の漸進的発達を促す内容を確認することはできない。

1992年のリオ会議においては，アメリカのブッシュ大統領など先進国と発展途上国を併せて100カ国以上の政府首脳が会議に参加した（日本の首相は不参加）。リオ＋20でも，約100カ国の政府首脳が参加した。しかしながら，メキシコで金融・世界経済に関する首脳会合（通称G20）が開催されていたにもかかわらず，欧州の金融危機をはじめとする経済問題もあり，ほとんどの先進国首脳はリオ＋20に参加しなかった（フランスのみ大統領が参加）。このように先進諸国がリオ＋20に対してそれほど関心を示さなかったのに対して，BRICs（ブラジル，ロシア，インドおよび中国）のすべての国家代表が会議に参加するなど，経済成長の著しい新興国は，この会議で強い影響力を行使した。また，環境NGOや企業の関わり方も会議を経るごとに深化している。ストックホルムから約40年間の国際会議の動向からは，会議の関心が，「人間環境」から「環境と開発」へ，さらに「持続可能な開発」へとその課題を移行しているだけでなく，その政策決定プロセスに関与するアクターの構成も変化しつつあることがわかる。

§2 地球環境保護の基本原則

地球環境を保護するための国際法（国際環境法）は，現代国際法の中でも最も新規かつ発展途上の分野である。以下では，その中でも多くの国際文書や国際裁判の中で確認されている重要な基本原則について挙げる。

(1) 領域管理責任原則

前述したトレイル精錬所事件で仲裁裁判所は，「米国国内法と同

様、国際法の原則に基づけば、いかなる国家も、事件が重大な結果をもたらし、かつその損害が明白で納得できる証拠によって立証される場合には、他国領域内で、もしくは他国領域に対して、または他国領域内の財産もしくは人に対して、煤煙によって損害を生じさせるような方法で、自国領域を使用し、また、使用を許可する権利を有するものではない」と述べた。このような自国領域を管理する国家の責任は、すでに1928年のパルマス島事件仲裁判決（オランダ対アメリカ）の中でも確認されており、1949年のコルフ海峡事件国際司法裁判所判決（英国対アルバニア）でも同様の責任が判示されている。しかも判決文にもあるように、同原則は、国内私法上の相隣原則（*sic utere tuo ut alienum non laedas*）を類推適用したものであり、必ずしも国際環境法に特有の原則というわけではない。

この領域管理責任原則は、1972年のストックホルム宣言原則21によって明文化されているが、このストックホルム原則は、トレイル精錬所事件判決の内容を二つの点で拡大している点に注目するべきである。まず、環境損害から保護されるべき対象が「他の国家の環境」だけではなく「国の管轄権の範囲外の区域」にまで拡大されている（保護対象の拡大）。これにより、たとえば公海およびその上空といった、国際公域と呼ばれる区域に対する損害を発生させないような管理責任が課せられることになる。次に、責任の対象が「自国の管轄権内の活動」だけでなく自国の「支配下の活動」まで含まれている（管理対象の拡大）。これにより、たとえば自国国籍の航空機や船舶などの活動を監督する義務が認識される。

このストックホルム宣言原則21は、1992年のリオ宣言でも第2原則でほぼ同様の文言で確認され、多くの多数国間環境条約の前文の中でも明記されている（たとえば長距離越境大気汚染条約、オゾン層保護

のためのウィーン条約，砂漠化対処条約など)。また国際司法裁判所も1996年の核兵器使用の合法性に関する勧告的意見や1997年のガブチコボ・ナジマロシュ・ダム計画事件判決（スロバキア／ハンガリー）で同原則が一般国際法の一部であると述べている。

(2) 事前通報協議原則

　先述のラヌー湖事件で仲裁裁判所は，他国に影響を与えるおそれのある計画については被影響国に事前に通報し，誠実に協議しなければならない義務があると判示した。この事前通報協議原則は，伝統的国際法における領域主権を環境保護という観点から修正する意義を持つ。すなわち，国家は，自国領域の使用にあたり，その影響が他国に及ぶ場合には，当該国にその情報を事前に通報し，当該国の求めに応じて誠実に協議しなければならないという点で，絶対的領域主権を排除する。ただし，同原則は，他国の要求に従わなければならないというものではなく，その点において主権概念の調整といった役割を持つにとどまる。先述のラヌー湖事件でもその点が確認され，フランスの発電計画実施の合法性は認められた。

　事前通報協議原則は，ストックホルム宣言の中には明記されていないが，1978年のUNEPの「共有天然資源の利用に関する行動原則」[原則5，6および7]やリオ宣言第19原則で確認されるなど，その後の国際文書の中でソフト・ローとして発展し，2001年に国連国際法委員会が危険を内包する活動から生じる越境損害防止に関する条約草案を採択するなど具体化が図られている。一般に事前通報協議原則は，紛争の抑止および解決，潜在的被害国との手続の公平性，ならびに客観的情報の共有といった機能を持つ。そのいずれを強調するかは環境条約によってそれぞれ異なる。たとえば，ラムサール

条約や世界遺産保護条約など、その保護対象を事前に登録し、国際的な管理を進める条約もあるが、イタリアのセベソで起こった農薬工場爆発事故（1976年）を受けて制定された有害廃棄物の越境移動を規制するバーゼル条約（1989年）やチェルノブイリ原発事故（1986年）の後採択された原子力事故早期通報条約（1986年）は、環境に悪影響を与えるおそれのある施設に関する情報交換や緊急警報・緊急措置の組織化を図っている。さらに最近では国連欧州経済委員会を中心に、越境環境影響評価条約（エスポ条約・1991年）や環境問題における情報へのアクセス、政策決定への公衆参加および司法へのアクセスに関する条約（オーフス条約・1998年）といった環境影響評価に関する条約も作成されている。

(3) 汚染者負担原則

公害対策や環境保全のための費用は、汚染物質を出した者が負担すべきという汚染者負担原則（polluter pays principle: PPP）は、1970年代に先進国の企業が各国の汚染防止法に従って十分なコストを支払うことを目的として経済協力開発機構（OECD）が主導して確認された。その内容は、リオ宣言第16原則が示すように環境費用の内部化であり、国家による国際貿易および投資への恣意的または偽装した手段の防止が背景に存在する。したがって、同原則はその初期段階においては、国家間ではなく国内で適用されることを意図していた。

その後、同原則は次第に支持を広げ、その適用の範囲は、産業活動に伴う汚染にとどまらず、また発展途上国にも適用されるようになり、いくつかの条約の中でも明記されるようになった。たとえば1996年のロンドン海洋投棄条約議定書［第3条2項］や2001年の残留

性有機汚染物質に関するストックホルム条約［前文17項］で汚染者負担原則が確認されている。もっとも，リオ会議を契機に地球環境問題に強い関心が集まるようになると，発展途上国が，過去および現在の環境破壊の負担を先進国に求める論理（＝先進国責任論）の根拠として汚染者負担原則を用いるようになり，同原則の持つ意味内容に変化がみられる。また同原則の国際環境法における位置付けも条約により異なっている。たとえば1990年の油による汚染に係る準備，対応および協力に関する国際条約では，その前文7項で，汚染者負担原則は国際環境法の「一般原則である」と述べる。また，1992年のバルト海地域の海洋環境保護条約第3条4項は，汚染者負担原則を義務的規範であるとしている。他方で，1992年の越境水路および国際湖沼の保護および利用に関するヘルシンキ条約第2条5項(b)は，同原則をあくまでも指導原則と位置付けている。

(4) 共通に有しているが差異のある責任原則

地球温暖化やオゾン層破壊といった地球規模の環境問題は，将来世代を含めた人類的課題であり，国際社会のすべての国家が取り組まなければならない問題であるという認識は共有されている。他方で，地球温暖化の原因とされる二酸化炭素や，オゾン層破壊物質とされるフロンガスは，人間の経済活動の過程で放出され，人体や自然に直接危害を与えるわけではないことから規制が難しく，また先進国と発展途上国の発展の格差に伴って対応能力にも違いがあって然るべきである。そのため，国際法の一般原則である主権国家の平等を修正し，問題に対するアプローチの共有という「共通性」は担保しながらも，環境に与えている悪影響の程度と対応能力といった観点から，先進国と発展途上国で具体的な対応への責任を「差異

化」することが求められる。このような，いわゆる規範の多重化の必要性は，1972年のストックホルム宣言でもすでに指摘されていたが〔原則23〕，1992年のリオ宣言はその第7原則で，「地球環境の悪化に対するそれぞれの荷担という観点から，各国は共通に有しているが差異のある責任を有する」と明記した。もっとも，ここでいう「差異」の根拠について，「産業革命以来，世界の天然資源を持続可能でない生産および消費パターンによって過剰に利用し，地球環境に害を与え，発展途上国に損害をもたらしてきた」〔環境と開発に関する北京宣言7項〕（1991年）先進国にその主要な責任があるとする発展途上国と，「先進国は，模範を示し，かつそれにより発展途上国および中・東欧諸国がその役割を果たすよう助長すべきである」〔ロンドンサミット経済宣言49項〕（1991年）ことを強調する先進国との間で認識の違いが存在する。

同原則を具体化した条約として最も顕著な事例は，気候変動枠組条約の下で1997年に採択された京都議定書である。議定書は，同原則を明記する気候変動枠組条約第3条1項に基づいて，先進締約国（採択時のOECD諸国と市場経済移行過程にある旧ソ連・東欧諸国）にのみ温室効果ガスの排出削減義務を課している〔第3条1項および附属書B〕。

(5) **予防原則**

予防原則とは，ドイツ国内法において初めて導入され，その後，欧州諸国を中心に積極的に展開されてきた法概念であり，リオ宣言第15原則は，「環境を保護するため，国家により，予防的アプローチ（precautionary approach）がその能力に応じて広く適用されなければならない。深刻なまたは回復不能な損害のおそれが存在する場合

には，完全な科学的確実性の欠如が，環境悪化を防止するための費用対効果の大きい対策を延期する理由として使用されてはならない」と定義する。そのため，同原則は，因果関係が科学的に証明される危険に関して，損害を避けるために未然に規制を行う「未然防止 (prevention)」原則とは異なる。もっとも，同宣言と同時期に採択された生物多様性条約［前文9項］における予防的アプローチの記述は，「深刻なまたは回復不能な損害」ではなく「重大な損害」であり，また費用対効果的な措置に対する許容行為を制限していない。さらに1992年気候変動枠組条約第3条3項は，リオ第15原則よりも行動志向的なアプローチを採用している。このように同原則の定義とその内容は，導入当初においては，まだ十分確定したものではなかった。その後，1996年に採択されたロンドン海洋投棄条約に関する議定書では，同原則を根拠に，海洋投棄を従来の許可制から原則禁止としている。また生物多様性条約締約国会議の下で2000年に採択されたカルタヘナ議定書では，第1条（目的）で，リオ第15原則に言及し，第10条および第11条では，科学的不確実性を根拠に，生きている改変された生物（LMO）の輸入を禁止できる規定を置いている。その他，残留性有機汚染物質（POPs）に関するストックホルム条約（2001年）や越境煙霧汚染 ASEAN 協定（2002年），さらに漁業資源に関する条約などで，予防的アプローチが採用されている。

　もっとも，予防原則の適用については，以下の点に留意が必要である。まず，同原則の法的意義に関して，リオ宣言が認めるようにあくまでも政策的な「アプローチ」（ないしは措置）にとどまるのであって，国家に法的拘束力を及ぼす法原則ではないとする見解がある。この見解を支持するアメリカは，気候変動枠組条約の交渉過程で科学的知見の欠如を根拠に温室効果ガス削減義務の導入に反対し，

また生物多様性条約の批准も拒否した。一方，欧州諸国は，ヨーロッパ連合条約（マーストリヒト条約）における環境政策の基本原則の中で「予防原則」を挙げるなど，同原則の法的意義を積極的に肯定している。世界貿易機関（WTO）の紛争解決パネルにおけるホルモン・ビーフ事件（1998年）や2002年のヨハネスブルグ・サミットにおける実施計画の化学物質に関する言及においても，欧米両者の見解は対立したままである。

　上記で挙げた重要な原則を含めて，今日国際環境法を構成する諸原則は，最初に述べた「持続可能な開発」の実現という形で統合されているといえる。たとえば，リオ宣言第4原則は，「持続可能な開発を達成するために，環境保護は，開発プロセスの不可欠の一部を構成し，それから分離して考えることはできない」と規定し，環境保護を含むさまざまな分野での政策と活動は，持続可能な開発を達成するために統合されなければならないということを明確にしている。持続可能な開発概念そのものは，非常にあいまいだが，環境保護が経済開発や社会開発と両立する形で実現しなければならないという点や，共通に有しているが差異のある責任や予防原則にみられるように，将来世代への配慮のような世代間衡平（intergenerational equity）を法政策に取り込むという点から重要な役割を担っている。

§3　環境保全のための条約制度

　国際社会は，その共通利益ともいうべき環境保全を多数国間環境条約という形で具体化してきた。まず，国連発足時からストックホ

ルム会議開催までは、国際捕鯨取締条約やラムサール条約といった野生動植物の保護や、海洋油濁汚染防止条約やロンドン海洋投棄条約をはじめとする海洋汚染防止関連の分野で多数国間環境条約が採択された。その後、ストックホルム会議やリオ会議を契機として、多数国間環境条約の採択数は激増し、2005年の国連事務総長報告によれば地域または普遍的環境条約の数は、発効しているものだけでも400を超えるという。そして採択された多数国間環境条約は、一部の例外を除いて、多くの締約国の参加を集めることに成功している。

それぞれの条約は、その保護対象や規模、あるいは締約国の事情によって対応措置が異なっており、個別の検討を必要とするが、ここでは、最近の多数国間環境条約に共通してみられる特徴について整理する。

(1) 枠組条約

環境保全という国際社会の一般利益は、その基本理念や目的といった総論部分については、先進国、発展途上国を問わず、比較的コンセンサスが得やすい。他方で、具体的な義務内容や遵守確保の方法など各論部分については、各国の事情や対応能力などに差異があり、調整が難しい。しかも多数国間環境条約の場合、対象とする汚染物質の特定や総量規制など、科学的知見に基づいた対応が不可避であり、科学技術の進展に伴ってしばしば条約内容の修正が必要となる。

このような環境問題の特殊性に鑑み、多数国間環境条約では規制対象物質を条約本文ではなく附属書として掲げることが多い。たとえば、ワシントン条約では、絶滅のおそれのある種を可能性の高い

順に三つの附属書に分類し，附属書ⅠおよびⅡについては，2年ごとに開催される締約国会議において，出席しかつ投票する締約国の3分の2以上が支持すれば，附属書は改正され，改正に対する留保が行われない限りすべての締約国を拘束する。またバーゼル条約では，9の附属書（附属書Ⅶのみ未発効）のうち，附属書Ⅰで規制する廃棄物の分類を，附属書Ⅱで特別の考慮を必要とする廃棄物を列挙し，さらに附属書Ⅲに有害な特性の表を挙げる。

さらに近年，オゾン層破壊，地球温暖化，生物多様性といった問題に対しては，目的や原則などの基本事項を枠組条約として先行して発効させ，条約に基づいて設置された締約国会議での審議を経た上で具体的義務を議定書で確定させるという「枠組条約」方式が採用されている。この方式は，基本事項を規律する枠組条約の締約国であることが，具体的義務を規定する議定書への参加の前提である。1979年に採択された長距離越境大気汚染条約によって初めて採用されたこの方式は，問題となる環境問題についてすみやかに国際的取り組みを開始させることができるという点で優れているが，複数の条約の組み合わせである以上，議定書非締約国が増加すると，条約および議定書の目的が達成できなくなる上に，権利義務関係が複雑になるという問題点がある。実際にアメリカは，気候変動枠組条約の締約国であるが京都議定書は未批准であり，また生物多様性条約は署名のみで，非締約国のままである。

(2) **環境条約に設置される機関**

オゾン層保護条約，気候変動枠組条約，生物多様性条約をはじめとして，多くの多数国間環境条約は，領域を越えて発生する諸問題を機能的に解決する必要性から，条約システムとして常設機関を設

置している。このような内部機関は，たとえば万国電信連合（1865年）や万国郵便連合（1874年）など19世紀後半のヨーロッパで，通信，交通，度量衡などの分野において，諸国家の協働を確保するために設立された国際行政連合と類似している。

締約国会議 多くの環境条約は，全締約国が参加する締約国会議を設置する。一般に締約国会議は当該条約の最高機関［気候変動枠組条約第7条2項，砂漠化対処条約第22条2項］として，定期的に開催される（たとえば気候変動枠組条約では毎年開催，ワシントン条約および生物多様性条約では隔年開催）。通常，締約国は，締約国会議の中で平等に投票権を有する。

締約国会議の任務は，締約国または他の内部機関から提出される報告書の検討，条約の実効性を改善するための勧告，条約の改正および議定書の採択などである。枠組条約の下で採択された議定書が発効した場合，条約の締約国会議は，議定書の締約国会合としての役割を果たし，同時期に開催される。

事務局 事務局の任務は，締約国会議やその他の会合の準備，締約国から送られた報告書のとりまとめや送付，他の国際機関との調整などである。気候変動枠組条約など条約独自の事務局を設置する場合もあるが，UNEPなど国際機関の下に事務局を設置する場合も多い（オゾン層保護条約，バーゼル条約など）。なお，オゾン層を破壊する物質に関するモントリオール議定書，京都議定書，バーゼル条約などの事務局には，後述する遵守手続の付託が認められている。

補助機関 環境保全は科学的知見の集積を必要とするため，環境条約の内部あるいは外部機関に必要な補助機関を置くことが多い。たとえば，気候変動枠組条約や生物多様性条約では，科学

上および技術上の助言に関する補助機関を,砂漠化対処条約では科学技術委員会を,それぞれの条約の下で設置している。これらの機関および委員会は,いずれも関連する科学的および技術的な事項に関する時宜を得た情報および助言を提供することを目的とし,すべての締約国による参加のために開放され,学際的な性格を有する。また気候変動問題に関しては,UNEP と世界気象機関(World Meteorological Organization: WMO)が1988年に共同で設立した「気候変動に関する政府間パネル(IPCC)」が,定期的に地球温暖化に関する科学的知見の集約と評価を行い,条約交渉に重要な役割を果たしている。

資金供与メカニズム　環境問題に取り組むにあたり,資金および技術に乏しい発展途上国を支援する先進国の責任はきわめて大きい。同時に発展途上国にとっての条約に参加するインセンティブを高めるためにも,資金供与メカニズムは重要な役割を果たす。そのため,多くの多数国間環境条約が,発展途上国支援のための資金供与メカニズムを用意している。たとえばモントリオール議定書は,第10条の規定に基づいて,第2回締約国会議(1990年)で多数国間基金を設置し,第4回締約国会議(1992年)で,正式に恒久的な基金供与メカニズムとして承認した。また,砂漠化対処条約においては,第20条および第21条の規定に基づき,第1回締約国会議(1997年)において,資金供与に関する地球機構(Global Mechanism)の設立が決定し,国際農業開発基金(IFAD)が受入機関となった。

　このような資金供与メカニズムにおいて,今日最も大きな影響力を持っているのが,地球環境ファシリティ(Global Environment Facility: GEF)である。GEF は,1989年のアルシュ・サミットでの

議論を受けて、無償資金を供与する多国間援助のメカニズムとして、1991年に始動した。現在は、世界銀行、国連開発計画（UNDP）、UNEPなどによって共同で運営され、世界銀行の下でGEF信託基金が設置され、気候変動、生物多様性保全、国際水域汚染防止、オゾン層保護、土地劣化（砂漠化・森林減少を含む）および残留性有機物質を対象とする条約の資金供与メカニズムとしても機能している。

(3) 遵守手続

遵守手続とは、環境条約に規定された義務の履行を監視し、その遵守を促進する条約内部の手続である。そもそも環境条約も「国際法によって規律される国際的な合意」[条約法条約第2条1項(a)]であることから、国家による条約義務の不履行が国際違法行為を構成することは免れない[国家責任条文第2条]。しかしながら、環境を破壊する規制対象物質は、企業や個人がその生産・消費活動の過程で排出していることがほとんどで、国家によるコントロールが困難であることも事実である。また近年の環境条約は、先進国各国の国内法の標準化を目的としていることが多く、発展途上国にとっては、条約遵守の意思はあっても、資金力・技術力といった能力不足により遵守できなくなることが想定される。またその不遵守の可能性を危惧して条約を批准しないことも考えられる。

したがって、環境条約の遵守手続は、義務違反の原因を究明し、不遵守の状態を克服するために助言・援助を行う遵守促進的措置を採用することが多い。たとえばモントリオール議定書では、1992年の第4回締約国会議において不遵守手続に関する附属書ⅣおよびⅤを採択した。これによると、遵守委員会の目的は「事案の友好的解決の確保」であり、手続の開始については、事務局および他の締約

国の遵守に疑念を有する締約国のほか，不遵守国自身の提出も受理される。検討の結果，委員会は締約国会議に対して適切と考える報告を行い，締約国会議は，不遵守国に対して技術移転や財政援助を含む適当な援助，警告の発布，または議定書に基づく権利の停止を決定する。このうち，権利の停止は，「条約の運用停止に関する国際法の適用可能な規則」に基づくものであり，義務違反に対して新たに発生する制裁とは一線を画している。

　一方で，気候変動問題では，現時点で温室効果ガス排出削減義務が先進締約国のみに設定されているという特殊性から，遵守手続の中に新たに強制的手続を導入した。2001年の第7回締約国会議で採択された京都議定書の遵守手続によれば，遵守委員会は，促進部と執行部の二つの部会から構成され，執行部は特に先進締約国の温室効果ガス排出量の遵守状況について検討する。その結果，不遵守と認められた場合，執行部は超過排出量の次期約束期間における30％の追加削減，遵守行動計画の作成および排出量取引の適格性の停止を決定することができる。第二約束期間（2013〜2020年）で，かなりの先進締約国が，削減義務を放棄した現状において，上記措置の効果は不明確だが，京都議定書の遵守手続が，不遵守国に対する新たな義務の設定を志向していることは間違いない。

　その他にも，モントリオール議定書の遵守委員会は締約国によって構成されるのに対し，京都議定書の遵守委員会の委員は「個人の資格で任務を遂行」する（特に執行部の委員は「法的経験」を有していなければならない）。また不遵守に対する措置の決定は，モントリオール議定書の場合，締約国会議が行うのに対して，京都議定書の場合，委員会自身が決定する。このように，環境条約の遵守手続には重要な点で違いがみられ，方向性は定まっていない。それでもバーゼル

条約（2002年）やカルタヘナ議定書（2004年）など，多くの環境条約で遵守手続が導入されており，従来の紛争解決手続とは異なるメカニズムとして注目されている。

§4 環境保護とアクター

国際社会においては，主権国家が主要なアクターであり，地球環境の保護においても，条約の立法および実施において，主権国家の果たすべき役割は大きい。しかしながら，主権国家の環境保護活動を支援し，履行を監視するために，今日国際機関や NGO 等といったいわゆる非国家アクターも重要な役割を担っている。ここでは，そのような環境保護に関連する非国家アクターを概観する。

(1) 国際連合

主要機関　前述したように，国連憲章には環境保護に関する明文規定は一切存在しないが，国際連合の目的の一つは，経済的，社会的，文化的または人道的性質を有する問題に対する国際協力とその調整である［憲章第1条3項および4項］。したがって，今日国際的な環境協力のフォーラムとして，また持続可能な開発の促進に最適な機関として国連の果たすべき役割は大きい［ヨハネスブルグ宣言32項］。特にあらゆる国際問題に対して包括的に討議することができる総会は，ストックホルム会議やリオ会議をはじめとする環境会議を国連特別総会という形で開催し，環境問題に対する国際社会の意思を決議（宣言）という形で明文化してきた。また通常会期においても，個別の環境問題に対する対応を総会決議の形で採択することにより，合意形成を促し，多数国間環境条約の採択に積極的な

役割を果たしてきた。

　また経済社会理事会は、憲章第62条に基づいて環境問題に関する研究および報告を行う。また第68条に基づき、自己の任務の遂行に必要な委員会を設けることができるが、後述する「持続可能な開発に関する委員会」は本条に基づいて設置された委員会である。

　さらに国際司法裁判所は、国際紛争を国際法に基づいて解決する常設の裁判所であり、これまでに領域管理責任など環境保護に関する慣習国際法の確認を行ってきた。また、1993年に国際司法裁判所規程第26条2項に基づいて環境紛争に関する特別裁判部を設けた。もっとも、現在まで付託の実例はなく、2006年以降は担当裁判官も選出されていない。

国連環境計画（UNEP）　国連環境計画（UNEP）は、ストックホルム会議を契機に1972年の国連総会決議によって設置された総会の補助機関である。UNEPは、「国連諸機関の環境保護に関連する活動を総合的に調整管理および促進すること」を機関の目的とする。国連機関としては珍しくアフリカ（ケニア）に本部を置き、その他に、バンコク、バーレーン、パナマ、ジュネーブおよびワシントンD.C.に地域事務所がある。日本には、1992年にUNEPの下部機関として国際環境技術センター（IETC）が大阪と滋賀に設置され、都市環境および湖沼環境問題についての発展途上国への技術支援を行っている。設立当初のUNEPの構成は、管理理事会、環境事務局、環境基金および環境調整委員会であり、最高意思決定機関である管理理事会は2年に1度開催される。他の機関の本部（ニューヨークやジュネーブなど）と離れていること、予算の大部分を任意拠出に依存していることから常に予算確保の問題を抱えていることが課題として挙げられる。また環境基金は各国からの任意

拠出金を国連システム間の環境保護活動に提供しているが，日本も同基金に多額の拠出を行っている (2011年度には約282万ドル)。

なお，2012年のリオ＋20の成果文書『我々が望む未来 (The Future We Want)』を受けて，UNEPの組織強化に対する検討が行われ，2013年の第27回管理理事会で，これまで58カ国の代表で構成していた管理理事会 (Governing Council) は，すべての国連加盟国が参加する国連環境総会 (United Nations Environment Assembly) に変更されることが決定した。さらに，グローバル閣僚環境フォーラムの代わりに，総会に閣僚級会合を設置して，地球環境問題に対応するための政策を議論する場を設定するといった改革も行われた。また，UNEPが，国連の中で，環境問題に関する横断的な取り組みに対して果たす役割を強化するべきであることが再確認された。

これまでUNEPは，「環境影響評価の目標と原則」をはじめとして，国際的な環境ガイドラインの作成に尽力してきた。また，多くの多数国間環境条約の採択および運営管理にも重要な役割を果たしている。たとえば，オゾン層保護関連条約 (ウィーン条約およびモントリオール議定書)，バーゼル条約，生物多様性関連条約 (カルタヘナ議定書および名古屋議定書を含む)，移動性野生動植物保全条約 (ボン条約) といった条約の採択の調整を行ってきたほか，常設の事務局も務めている。

持続可能な開発に関する委員会(Commission on Sustainable Development)

持続可能な開発に関する委員会は，リオ会議で採択されたアジェンダ21の第38章に基づき，経済社会理事会の機能委員会 (Functional Commission) として1993年に設置された。同委員会の目的は，(1)リオ会議の効果的なフォローアップの確保，(2)国際協力の促進および環境と

開発の問題の統合に関する政府間の意思決定能力の合理化，ならびに(3)国内，地域および国際的レベルでのアジェンダ21の実施に関する進捗状況の検討，である。地理的配分を考慮して選出された53カ国によって構成され，原則として1年に1回委員会が開催される（第10回会合は，ヨハネスブルグ・サミットの準備会合 PreCom として4回開催された）。通常は，2年単位の作業計画の下で，環境問題のみならず，発展途上国の貧困問題や開発問題を多角的に検討する。2016年から17年にかけて，アジェンダ21およびヨハネスブルグ実施計画の将来における実施プログラムの最終的な検討が行われることになっていたが，2012年のリオ＋20において，持続可能な開発委員会に代わり，普遍的な政府間ハイレベル政治フォーラムを設置することが決定した。

その他の専門機関　経済社会理事会の下に置かれた国連専門機関である国連教育科学文化機関（UNESCO）は，自然保護，文化財保護に関する国際条約の調整を行っており，ラムサール条約および世界遺産保護条約の事務局を務める。国際海事機関（IMO）は，その前身である政府間海事協議機関（IMCO）の時代から海洋油濁防止条約や船舶起因海洋汚染防止条約（MARPOL 73/78条約）をはじめとする海洋汚染条約の作成に寄与してきた。国連食糧農業機関（FAO），世界気象機関（WMO），世界保健機関（WHO），国際労働機関（ILO）なども，それぞれの任務の中で調査研究を行うほか，ガイドラインを策定したり，必要に応じて条約の立法を促すなど，間接的に環境保全の活動に寄与する。

このほかに，世界銀行は，その任務である発展途上国での開発計画が環境破壊につながるという懸念から，かなり早い段階から環境問題に取り組んできた。1980年には経済開発環境政策手続宣言を採

択し，同宣言の実施を進めるためにUNEPの主導の下に14の国際開発機関で構成される「環境に関する国際開発機関委員会」を設置した。また，1993年には，行われた事業の環境損害に関する申立を審査するインスペクション・パネルが設置された。

また地域機関であるが，国連欧州経済委員会は，長距離越境大気汚染条約の採択後，多くの関連議定書を整備したほか，越境環境影響評価条約，オーフス条約といった先駆的な多数国間環境条約を数多く作成している。

(2) 国連以外の国際機関

さらに国連の機関ではないが，環境と開発の統合という観点から，経済開発や開発協力に関連する国際機関も環境保全政策に注目し，さまざまな活動を行っている。

国際貿易を取り扱うGATT/WTOは，各国国内法あるいは環境条約の中で環境保護を目的とした貿易規制措置が増加したことを受けて，環境と貿易に関する委員会を立ち上げて検討を続けている。

OECDの下部機構として1970年に設置されたOECD環境委員会（1992年に環境政策委員会と改称）は，先進国間で環境政策を協調的に調整するために中心的役割を果たす。

(3) 非国家アクター

政府間国際組織ではないが，今日，環境保全活動にとって，非政府アクター，とりわけ環境NGOは欠くことのできない役割を果たす。アジェンダ21では，主要グループの一つとして第27章でNGOの役割強化を掲げた。彼らは，国境を越えた強固な独自のネットワークを利用して，研究・調査を行い，世論を喚起し，啓蒙活動を

推進するほか，国際会議における政府の言動をチェックしたり，政府に対して政策提言も行う（必ずしも自国政府とは限らない）。たとえば，世界自然保護基金（WWF）や国際自然保護連合（IUCN）がUNEPなどと協力して作成した報告書『世界保全戦略（World Conservation Strategy）』は，いち早く持続可能な開発概念の重要性を提唱していた。また持続可能な開発のための国際研究所（IISD）は，世界中で開催される環境会議の詳細な結果を日報（Earth Negotiations Bulletin: ENB）として公表しているが，これは会議中に政府代表も目を通すほど信頼性の高い情報である。環境NGOに認められる役割は，条約によって異なるが，ほとんどすべての多数国間環境条約が，締約国会議へのオブザーバー参加を認めている。その他に，たとえば世界遺産保護条約は，特定のNGOに顧問の資格での参加を認める［第8条］ほか，事務局に専門知識を提供する資格を認めている［第14条］。またラムサール条約のように事務局の任務をNGO（IUCN）に委ねている条約もある［第8条］。

なお，非国家アクターは，必ずしも非営利の環境保護団体のみを指すわけではなく，地方自治体や民間企業なども含まれる。たとえば，持続可能性をめざす自治体協議会（ICLEI）は，持続可能な開発を公約した自治体および自治体協会で構成された国際的な連合組織であり，地域レベルでの持続可能な開発の推進をめざして，自治体に対して，人材養成，知識共有，技術コンサルタント，トレーニング，情報サービスを提供している。またヨハネスブルグ政治宣言にも明記されているように，持続可能な開発の実現にとって民間セクターが果たすべき役割はきわめて大きい。このような非国家アクターによる環境保全活動の一例として，近年多くの企業や自治体が取得しているISO14001が挙げられる。これは，国際標準化機構

(International Organization for Standardization) が発行した環境マネジメントシステムに関する国際規格であるが，同機構自身は，工業分野の（ただし電気分野を除く）国際的な標準規格を策定するための非政府組織である。ほかにも京都議定書において導入されている排出量取引，共同実施，クリーン開発メカニズムからなる温室効果ガス削減のための柔軟性メカニズム（京都メカニズム）では，民間セクターの直接参加を認めるなど，市場原理に基づいた大胆な制度構築が進められている。

§5　新しい動き

(1) 環境安全保障と環境保護制度の統合

　近年，環境問題が水やエネルギーなど資源問題と密接不可分な問題であること，および地球温暖化をはじめとして，環境問題が人類の生存そのものを脅かすようになってきたという認識から，環境問題が，単に自然環境を保全するだけでなく，安全保障の文脈で議論されることがある。2007年，国連の安全保障理事会は，初めて公開討論という形で，気候変動問題について議論した。このような「環境安全保障」概念は，近年大きくクローズアップされている「人間の安全保障」の流れを汲むものと理解することができる。UNDPが1994年に発表した『人間開発報告書』では，人間の安全保障に関する七つの分野の中に，食糧，健康，環境を挙げている。

　ここで「環境安全保障」という概念を想定する場合，環境保護と安全保障の相互関係について，軍備を含む軍事行動が直接または間接に環境破壊をもたらす「安全保障に伴う環境破壊」と，国境を越

える環境損害および鉱物資源や水資源といった天然資源の配分が原因となり，国際の平和と安全を脅かす紛争を引き起こす「環境破壊に伴う平和への脅威・破壊」の二つのパターンがあることに注意する必要がある。前者の例として，ベトナム戦争におけるアメリカによる枯れ葉剤散布，湾岸戦争時におけるイラク軍のクウェート油田の意図的投棄が挙げられる。たとえば，国連事務総長のブトロス・ブトロス＝ガリによる報告書『開発のためのアジェンダ』（1994年）は，「戦争への準備が膨大な資源を吸収することにより，将来における開発の可能性を減じてしまう」と警告している。

　後者については，平和に対する脅威までには至らないものの，近年，隣国と環境問題が国際司法裁判所で争われる事例が増えている。たとえば国際河川の利用方法をめぐって争われたスロバキア対ハンガリーのガブチコボ・ナジマロシュ・ダム計画事件（1997年）やアルゼンチンとウルグアイのウルグアイ川製紙工場事件（2010年）がその例である。また，2011年には，ニカラグアとコスタリカの間で，サンファン川沿いのコスタリカ領における道路建設事件が提訴された。

　もっとも，安全保障を国家の軍事的側面だけに限定せず，人権や環境，経済の観点から総合的に把握していこうという理念的枠組みは最近になって始まったわけではない。1980年には，国際開発問題に関する独立委員会が，報告書『南と北――生存のための戦略（North-South, A Programme for Survival）』の中で，軍事的な均衡状態への依存から良好な生態学的環境および資源の公平な配分を基礎とする繁栄を持続させるためのグローバルな協力の必要性を提唱し，環境保全および資源配分の観点から安全保障をとらえ直す重要性を説いている。また1986年のデ・クエヤル国連事務総長の報告書『安全保障

の概念』の中でも，国家による軍事的安全保障を強調するだけでは，国際的な緊張と戦争の危険性がむしろ高まってしまい，開発，人民の自決権，資源の公平な配分などに深刻な影響を及ぼすことを憂慮し，軍事的要因と非軍事的要因の相互関連性を重視する「包括的安全保障（comprehensive security）」の必要性を強調した。そして先述の「環境と開発に関する世界委員会」の報告書『我ら共有の未来』の中でも，先述の「安全保障に伴う環境破壊」の問題を強調した上で，国際協力と制度改革の一つとして，安全保障の問題と持続可能な開発概念の直接関連性を認識し，従来の国家主権に対する政治的・軍事的脅威という枠組みの中で理解されてきた安全保障概念に環境負荷の要素を加えなければならないと述べ，「平和，安全保障，開発，環境」という章［第11章］を設けて，安全保障概念の拡大の必要性を説いている。

　国連総会でも，冷戦構造が崩壊する直前の1980年代後半には，環境安全保障概念に関して注目すべき動きがみられた。1986年，国連総会は発展途上国の強い支持を背景にして「開発の権利に関する宣言」（A/RES/41/128）を採択した。同宣言が，1960年代から70年代にかけて打ち出された「新国際経済秩序（NIEO）」の延長線上にある要求であることは間違いない。経済的自決権の展開として発展途上国が強く主張したNIEOは，特に先進国による協力が得られなかったことにより，1980年代に入り主張の変更を余儀なくされた。それが，「開発development」を人権としてとらえ直す「開発の権利」であり，また環境保全と経済開発を調和させる理念としての「持続可能な開発」であった。これには，人権とともに環境保全は先進国にとって関心の高い価値基準であり，経済的側面から国際的な構造改革を修正する論理としては格好のテーマであったという背

景がある。その後，冷戦崩壊の直前には，ソ連（当時）や東欧諸国が，国連の中で，直面する環境に対する脅威，人為的活動が地球上の生活基盤に与える攻撃，および通常の軍事的防衛に基づく安全保障概念の変更を認識すべきときであると強調し，「生態学的安全保障（ecological security）」を確保するために，UNEPの機能強化を提案するなど，新たな動きもみられるようになった。

(2) 環境問題をめぐる相互調整と普遍的環境機関構想

　ストックホルム会議からリオ会議までの時期に，環境保全と経済開発を調和する理念として提唱された「持続可能な開発」概念は，その後ヨハネスブルグ・サミットに至るまでの間に，社会開発を加味した，より重層的な国際社会の目標へと進化した。ここにおいて，環境保護に関する法政策には，自由貿易をはじめとする世界経済秩序や貧困撲滅のレジーム間の相互の連関（interlinkage）が必要である。世界貿易機関（WTO）は，設立協定の前文で「経済開発の水準が異なるそれぞれの締約国のニーズ及び関心に沿って環境を保護し及び保全し並びにそのための手段を拡充することに努めつつ，持続可能な開発の目的に従って世界の資源を最も適当な形で利用することを考慮」することを掲げ，1994年に「貿易と環境に関する委員会」を設置し，多数国間環境条約に規定される貿易措置とWTO下における多角的自由貿易体制との関係等について検討が行われているが，未だにその結論は出ていない。

　また既述のように，今日多数国間環境条約は膨大な数に上っている。環境条約相互に密接な関連性を有しているため，結果として条約間の連携・調整が不可欠である。その結果，締約国会議が相互連携を行う事例も増えてきている。たとえば生物多様性条約第7回締

約国会議（2004年）において，ワシントン条約，ボン条約，世界遺産保護条約およびラムサール条約をまとめる連絡グループ（Liaison Group）が結成され，相互の調整が始動している。また，リオ会議を契機として採択された気候変動枠組条約および生物多様性条約，ならびに同会議において条約採択のための政府間交渉委員会が設置された砂漠化対処条約のいわゆるリオ3条約の間でも，研究，開発，教育，訓練または意識向上などの諸活動の調整を目的として，2001年に条約事務局間の意思疎通を図る合同連絡グループが結成され，条約間の調整活動も具体化している。また，2010年には，バーゼル条約，ロッテルダム条約およびストックホルム条約の協力について議論するため，3条約の「協力・連携の促進に関する拡大合同締約国会議」が開催され，3条約間での協力と連携を促進するために，共同事務局を置き，各条約に基づき設置が進められている地域センターを協力と連携のために活用していくことが決定した。

　環境問題に関連する国連の専門機関については，国連の下部機関であるUNEPに加えて，UNESCO，ILO，WMOといった専門機関も独自の活動を行うため，検討事項の重複が発生することになる。そうした課題については，UNEPの専門機関化を含めた機能強化も検討されたが，予算や人員の問題があり，実現困難な状況である。UNEP改革は，1997年のUNEP管理理事会での改革の優先的取組みの検討を皮切りに，コフィー・アナン事務総長による報告書『国連の再生・改革のためのプログラム』の一環である「環境と人の居住に関する国連タスクフォース」の設置，ヨハネスブルグ・サミットを契機とした国際環境ガバナンス・プロセスなど，制度改革の議論が進められ，2012年のリオ＋20により，UNEP管理理事会を全加盟国参加の国連環境総会とすることに成功した。しかし，他方で，

先進国や発展途上国にとどまらず，経済成長著しい新興国と貧困にあえぐ後発発展途上国，資源保有国と消費国といった複合的な利害が衝突する多様な国家の主張をどのように調整することができるかはまったく未知数である。

　加えて，今日の環境問題に対する国際的対応は，地球環境問題の規模，多国籍企業のグローバルな展開，NGO を中心とした国境を越えた市民の連帯などを視野に入れなければならない。国連も，主権国家＝加盟国だけでなく，グローバル・コンパクトをはじめとした，ステークホルダー（利害関係者）との対話と協調を模索している。

§6　地球環境保護と日本

(1) 環境条約の国内実施

　環境条約は，締約国に国際法上の法的拘束力を付与すると同時に，多くの場合当該締約国の国内法の一部として機能する。ただし，多くの環境条約が締約国に権利義務を設定している以上，実際に環境を保護するための実施措置は，条約発効に伴い制定・改正される国内法に委ねられる。

　日本は，これまで多数国間環境条約を批准するにあたり，これに先立つ形で国内法を整備してきた。たとえば，ワシントン条約については，既存の「外国為替及び外国貿易法（外為法）」と関税法を改正して対応した。またオゾン層保護に関するウィーン条約とモントリオール議定書の批准に伴い，「特定物質の規制等によるオゾン層の保護に関する法律（フロン回収・破壊法）」を制定し，議定書の改正に合わせて同法を適宜改正することで，国内のフロンガス規制を強

化した。その他にバーゼル条約については,「特定有害廃棄物等の輸出入等の規制に関する法律」,バイオセーフティに関するカルタヘナ議定書については,「遺伝子組換え生物等の使用等の規制による生物の多様性の確保に関する法律」を制定した。これらはそれぞれ,国際条約の名称をとって,バーゼル法,カルタヘナ法と呼ばれている。

その一方で,温室効果ガスの削減を義務付けた京都議定書については,欧州諸国が主要企業に温室効果ガスの排出枠を設定し,炭素税の徴収を義務付けるなど積極的な法制度を導入したのに対して,地球温暖化対策の推進に関する法律を制定したものの,経済界の強い反対に遭い,自発的な削減を促すにとどまった。なお,2012年にドーハで開催された京都議定書の第8回締約国会合(CMP8)で,日本は,ロシアやニュージーランドと共に,第2約束期間の削減義務を拒絶したため,2013年以降,温室効果ガスの削減義務を負わない。

(2) 地球環境保全の法政策における日本の貢献

安全保障において憲法上大きな制約を持つ日本は,特に軍事力以外の分野において積極的な国際貢献を果たさなければならない。日本は,UNEP創設以来,一貫して管理理事会のメンバーであった。また,持続可能な開発概念を世に送り出したブルントラント委員会の創設を提唱するなど,環境保全の政策立案において積極的な役割を果たしてきた。また,ヨハネスブルグ・サミット後は,「持続可能な開発のための環境保全イニシアティブ」を提唱し,発展途上国に対して,経済開発に伴う環境汚染への対応や貧困の撲滅,および地球環境問題への対応のための支援を行ってきた。

加えて，これまで多数国間環境条約の中でも重要な締約国会議のホストを務め，条約の採択に尽力してきた。1997年の地球温暖化防止京都会議（COP3）での京都議定書の採択や，2010年に採択された遺伝資源の取得と利益配分に関する名古屋議定書（COP10），およびカルタヘナ議定書の「責任及び救済」［第27条］に基づいて作成された名古屋・クアラルンプール補足議定書などの採択が挙げられる。また2013年には，有機水銀による公害病発症の地である熊本県水俣市で水銀に関する水俣条約の採択および署名が行われた。

　現在の地球環境の悪化の原因の多くが先進国にあることは間違いない。しかしながら，将来世代に豊かな自然環境を残し，資源の枯渇を招かないためにも，新興国をはじめとする発展途上国の協力と積極的関与が不可欠である。特に人口が多く，経済成長の著しいアジアにおいて，環境協力の強化は急務である。アジアにおける唯一の先進国として，また深刻な環境問題を克服した環境立国として，さらに国連を中心とする環境保護政策に積極的に関わってきた国として，日本が果たすべき役割と期待は大きい。

〔西村智朗〕

終　章　国際社会，主権，法の支配

近代国際社会は，主権国家が並立する社会として立ち現れ，その構造は現在においても基本的には変わっていない。しかし，国際社会において主権の位置付けはさまざまに変化してきたといえる。

近代初期のヨーロッパにおいて，領域国家をあまねく支配する絶対君主が並び立つ状況下で，主権は領域権，独立権の両側面にわたって強調された。歴史上行われてきた国際裁判（仲裁裁判）が17世紀から18世紀にかけて一時的に消滅したことは，その表れの一つである。19世紀，ナポレオン戦争後から第1次世界大戦までの約100年間，クリミア戦争勃発によるヨーロッパ協調体制の終焉や統一ドイツの勃興等を経験しつつも，平和の決定的崩壊をみることがなかったのは，列強間の勢力均衡によるところが大きかった。このように，国際社会は力と，力の論理によって支配され，特に列強間において主権概念はそれを支える役割を果たしてきた。

しかし，ヨーロッパにとって当時において史上最悪の被害をもたらした第1次世界大戦は，歴史上初めての平和維持を目的とした国際機構である国際連盟と，国家間紛争の平和的解決のための，これも実質的に史上初の常設国際裁判所である，常設国際司法裁判所（国際司法裁判所の前身）をもたらした。国際社会は力と，力の論理ではなく，法と，法の支配によって平和を維持する方向へと転換を図ったようにみえた。

そのような状況の下で，主権は国際社会における法の支配の貫徹に当たって障害となるという主張も現れた。当時，アメリカの著名な国際法学者であったフリードマン（Wolfgang Freedman）は，国家主権は国際法秩序の消滅をもたらすと述べたし，ドイツからイギリ

スに移ったオッペンハイム（Lassa Francis Lawrence Oppenheim）は，国際法は全面的に政治に取って代わらねばならないと説いた。当時，産業と交通機関の発達とともに市場は拡大して国境を越えた人やモノの移動が活発化し，行政のさまざまな分野で国際的な協力と，そのための国際機構の設立が，萌芽的なものを含めて始まっており，また国家が締結する条約の数も増大していた。主権の否定と，ときには国際社会の世界政府を頂点とした社会への止揚が，たとえばケルゼン（Hans Kelsen）などによって語られたのはそのような背景を前提とした上でのことであったが，そこまではいたらずとも，少なくとも主権が必ずしも絶対的なものではないとして，その制限や相対化が論じられるようになった。

　ただし，このような主権の絶対性の否定は，国際社会において多大の影響力を持つ強国において主として論じられたということに注意しなければならない。20世紀日本の国際法学を支えた大家の一人である田畑茂二郎は，つとに18世紀スイスの哲学・国際法学者ヴァッテル（Emer de Vattel）に注目し，ヴァッテルの，社会契約説が説く「自然状態」にある国際社会の構成員たる国家の，主権を派生の源とする基本権の強調が，ヴァッテル自身の出身国も含めた中小国の利益の保護につながる議論であったことを指摘した。実際に戦間期と，それ以前においても，ラテンアメリカ諸国などの中小国は，欧米の大国からの干渉を排除する鎧として主権を絶対的なものと意識し，主権平等を唱えていた。

　国際連合憲章が主権平等を原則として掲げ［第2条1項］，また加盟国の国内管轄事項への不干渉を規定した［同条7項］のは，このような中小国の加盟を確保することが意識されたのに加え，当時すでに始まっていた冷戦状況も反映していたと思われる。1950年代か

ら60年代にかけて急速に進んだ非植民地化により国際社会に大挙して参加してきた旧植民地諸国（経済的には例外なく発展途上国，政治的には第三世界諸国）は，主権平等の原則を背景として，その数の力により国際関係に一定の影響力を与え，特に国際経済秩序の変革を迫るようになった（第4章）。東側陣営は，西側との平和共存を語るとき，不干渉を大前提とした。

このように，国際社会の構造変化（ヨーロッパ起源の国々を中心とする同質性の高い社会から，異質な国家が共存する社会へ）に伴い，主権の有用性は再び認識されるようになったということができる。元来主権という概念は，近代国家の形成にあたり中世的な封建制とローマカトリック教会の普遍的権威に抗する概念として確立してきた，いわば抵抗概念であり，そのような起源に照らしてみれば，東・南の諸国が，西側先進国に対抗する形で主権を鎧として用いたことには納得できよう。

しかしその一方で，特に第2次世界大戦後，国際社会は，個々の国家が自らの利益を主張し，それが他国の利益と衝突する場合には対立を生むということをもっぱらとする社会では必ずしもなく，その構成国が共通して守るべき利益や，共通して追求すべき価値が存在するという意識が生まれた。その一つには平和の維持（第3章），そして人類の生存に適した良好な地球環境の維持という利益があり（第6章），また基本的人権の尊重という価値がある（第5章）。

国際連合が継承・強化した集団安全保障は，強制措置等に関する安全保障理事会の決定の拘束性（加盟国が決定に従う義務を負うとともに強制措置の対象国は同措置を甘受する）を通じ，加盟国の主権行使に制約を加える制度となっている。しかし，冷戦期においてこの制度がきわめて限定的にしか機能しなかったことは，第3章で述べられ

たとおりである。冷戦の終結後，強制措置の発動は増加したが，軍事的強制措置に関しては，国連憲章が規定するとおりの国連軍を結成することがなおできないことから，加盟国の自発的参加による多国籍軍が用いられている。

　環境問題は，被害者と加害者が必ずしも特定されない問題であるがゆえに，すべての国が協力して環境を維持・改善する仕組みを作り出すことが重要な論点の一つである。しかし，温暖化ガスの排出規制の例にみられるように，諸国の利害はしばしば錯綜し，特に自国の経済発展を追求する発展途上国は，環境よりも開発を重視する。持続可能な開発という方向性が打ち出され，枠組条約の作成は進んでも，具体的な行動における，共通の利益に向けた諸国の一致は必ずしも常には成り立たない。

　人権保障の問題（国家が自国民をどう処遇するかの問題）は，少なくとも20世紀初期までの時期においては国内管轄事項とされ，他国や国際社会による干渉は許されないとされてきたが，そのような位置付けが第2次世界大戦と国連の設立を契機に大きく変わったことは第5章で述べられているとおりである。国連や各種地域機構等の下で多数の人権条約が締結され，それぞれに実施措置と実施機関が設けられた。たとえば人権裁判所を設置しているヨーロッパでは，年間6万5,000件を超える個人からの訴えが同裁判所に寄せられている（2012年）。しかし，個人がそのような国際的手続に訴えて人権侵害の救済を得るためには，その前に，人権を侵害したと彼／彼女が主張する国の国内手続において救済を求める必要がある。その意味で，人権保障のための国際的手続は，国内手続を補完する役割を有するに過ぎないともいえる。

　すなわち，人の生存と福祉を図る単位として国家がなお中心的役

割を果たしていることは否定できないのであり（第2章），国家はその領域の保全を含め，自らの安全保障を図る権利と責任をなお有しているといわなければならない。そのために不干渉原則もなお有効であり続けている。ただ，国家が人の生存と福祉を図る意思または能力を欠くに至る場合には，もはや不干渉原則の利益を享受できないという議論が強まっていることに注意しなければならない（第3章）。

　我々は以上のような国際社会に暮らしている。そこでは，国家主権の制約と相対化の契機はすでに表れているとはいえ，主権国家が並立し，国家の上に立つものは何もないという基本的な構造はなお維持されている。グローバリゼーションの進行は，主権の制約・相対化の方向に向けて何らかの影響を及ぼすかもしれない。しかし他方で，特に第三世界地域における安定した主権国家の確立こそが，国際社会の安寧をもたらし，ひいてはグローバリゼーションの進展に資するという議論もある。

　以上，きわめて大づかみであるが，国家主権を中心において国際社会の流れをたどってみた。国際社会において主権が有する意義はなお大きく，その基本的構造が近未来において変動することはまずあり得ない。しかし，国際社会の将来は我々個人の，そして人類の福祉が今以上に増進した，力の支配ではなく法の支配に基づくものでなければならないし，我々が主権国家や国際社会について考察するとき，その根底にはこのような将来のビジョンがなければならない。本書が試みた「法の支配の国際関係」論はこの点に関する共通の認識に基づいている。この終章に目を通された読者には，今一度，以上のビジョンを持って各章の記述を振り返ってみていただければ幸いである。

［戸田五郎］

参 考 文 献

序　章

山影 進『国際関係論講義』東京大学出版会（2012年）

　「地球社会」の視点から学際的視野をもって国際関係を考察する著作。主権国家システムの成立から変容，さらにはその相対化と，国家・国民とは異なる主体の登場へと分析を進めた後，グローバル化，大量破壊兵器，人権などを題材として地球社会の一体化への傾向とそれがもたらす課題を論じ，さらに国内的諸矛盾への対応を論ずる。

初瀬龍平『国際関係論―日常性で考える―』法律文化社（2011年）

　「日常性」という，国際関係の分析には用いられてこなかった概念を基軸とした考察を試みた書物。「国際関係のなかの日常生活」（生活者の視点の導入）と「日常性としての国際関係」（日常化した国際関係の妥当性を問い，転換の可能性を考える）という視点から，安全保障，人権，人の移動，戦争と平和の各論点に検討を加える。

山田高敬・大矢根聡編『グローバル社会の国際関係論〔新版〕』有斐閣（2011年）

　「グローバル社会」化した国際社会における国際関係を，理論研究と事例研究の両側面から論じた著作。行為主体による国際関係の現実の改変を不可とみる（リアリズム）のか可とみる（リベラリズム）のか，国際社会を客観的な世界とみる（ネオ・リアリズム）か主観的な世界とみる（コンストラクティヴィズム）か，という四つの視点を提供した上で，安全保障，国際経済，地球環境，人権を事例研究として取り上げる。

有賀 貞・宇野重昭・木戸 蓊・山本吉宣・渡辺昭夫編『講座国際政治』1～5，東京大学出版会（1989年）

　近年，国際政治学ないし国際関係論の概説書は何種類も刊行されている

が，1冊本の概説書では国際政治の学問的理解を深めるためには不十分であり，また国際政治のさまざまな面の研究成果を取り入れることにも不十分であるとして，国際政治全般を扱う5巻から成る本『講座国際政治』が企画されたとある。各巻のタイトルは，「国際政治の理論」「外交政策」「現代世界の分離と統合」「日本の外交」「現代世界の課題」である。

佐藤英夫編『国際関係入門』東京大学出版会（1990年）

　本書の目的は，国際関係についてのもろもろの知識や理論を頭に詰め込むことではなく，国際関係をみる目を養うことにあるとする。2部から成っており，第1部は，政治学，経済学，国際法，歴史学の視点に立った国際関係についての総論もしくはマクロ的解説を行い，また第2部は，各論としてミクロ的な視点に立って，比較政治，政治過程，数量分析，対社会主義分析というそれぞれのアプローチからの考察が行われている。

松本博一『国際関係思想史研究』三省堂（1992年）

　危機的状況が深まっている今日，危機克服の手がかりの一つは，同じような危機の時代に生きた哲学者や思想家たちの英知に問うことではないかとの発想の下に編まれたものである。そして，著者が本書で特に傾注した点の一つは，戦争と平和の問題をめぐる先人たちの思想の追究であり，二つにはこれまで国際関係を導き動かしてきた諸理念と，それが現実の国際関係との間に織りなすダイナミズムの考察である。

長井信一『国際関係論の軌跡―文明接触の座標から―』
世界思想社（1997年）

　地域研究と国際関係論と比較政治（発展）の理論的連関について発表された7論文に加筆修正してまとめられたのが本書である。著者の結論は広義の国際関係論に含まれるこれら3分野の「文明接触史」的総合アプローチであり，同アプローチで研究するという学問作業は，冷戦後21世紀に向かってアジア東部諸国の重要性がすこぶる論議されている国際政治経済構造の現実にかんがみ，実際的にも学問的にも時宜を得たものとされる。

第1章

岡 義武『国際政治史』岩波書店（1955年）

　この書は，国際関係を主として国家と国家の一元的な関係として考察する伝統的な外交史の手法の枠を越えて，国際政治を民族や階級などの要因も含めて，国際社会の闘争・協力関係を重層的かつ有機的な連関の中でとらえ，国際政治の歴史的構造の変化，展開，発展をみごとなまでに活き活きと動態的・体系的に分析した名著である。本書は今日では古典とも称されることもあるが，国際政治史を研究する者にとって必読の書といえる。

前芝確三『国際政治学大綱』法律文化社（1959年）

　第1部では国際政治の意義と構造を国内政治と国際政治とを比較しながら検討するとともに，また国際政治を動かす要因を分析する。第2部では近代国際政治の成立・発展・変質を考察し，第3部では国際政治組織化，とりわけ国際政治機構を取り上げ，そして第4部は現代国際政治の重要な諸問題の解明に充てている。本書に示される著者の視点は，国際政治学の体系化への努力にあり，本書は国際政治の基本的な枠組みをとらえる上で大きな示唆を与える書物である。

岡 義武『近代ヨーロッパ政治史』創文社（1967年）

　近代ヨーロッパの政治の発展を市民的政治体制の揺籃期，その発展期，およびその動揺期のそれぞれにつき総観的に考察するとともに，そのような発展の基本的な動向を歴史的に象徴する近代ヨーロッパ諸国の内政をも取り上げて具体的に分析している。

江口朴郎『帝国主義の時代』岩波書店（1969年）

　国際政治史の上で「帝国主義の時代」と称される時代，すなわち帝国主義諸国が国際政治において主導権を持っていた時代の問題を，帝国主義と

国際的な民主主義運動との対抗関係として政治史的観点に重点を置いて分析した書物であり，現代においても存在する同問題の考察にとって重要な手引き書である。

世界政治学団体研究会編『戦後世界政治の構造』
法律文化社（1972年）

本書は，共通の方法的立場，共同のテーマおよび共通の認識を追究してきた上記研究会の手によって，戦後の「世界政治」を国家的利益を超えて，歴史的・階級的に把握し体系化すべく，また実践的活動をも視野に入れてまとめられたものである。

斉藤 孝『戦間期国際政治史』岩波書店（1978年）

第1次世界大戦の終結から第2次世界大戦の開始に至る20年間の，主にヨーロッパを舞台とする国際政治史を，各国の内政史・経済史・社会史・思想史などの諸分野をも視野に入れながら，またヨーロッパ以外の地域とも関連付けながら考察している。

松本三郎・大畠英樹・中原喜一郎編『テキストブック国際政治』
有斐閣（1981年）

今日，人類が直面し，またわれわれ一般市民の日常生活に密接に関係し大きく影響を与えている国際政治上の問題が包括的・網羅的に取り上げられて，理論的アプローチと経験的アプローチの両側面から平易かつバランスよく分析されている。

山口 定『現代ヨーロッパ政治史』上・下，福村出版（1982・83年）

本書は，1950年代におけるヨーロッパ政治史研究の，「ヨーロッパ中心主義」「フランス革命中心主義」「各国内政史の並列主義」ともいうべき諸前提を再検討し克服するという著者の視角の下で書かれたものである。また，本書では，今日の政治史研究における個々の状況に内在する「開かれ

た可能性」の客観的解明を目標とする態度の重要性についても強調されている。

神川彦松『近代国際政治史』原書房（1989年）

　国際政治学ならびに国際政治史の研究に従事し，1988年に他界された著者の業績を偲び，『近代国際政治史要』を改題して刊行されたのが本書であり（今回の刊行にあたって，文体を現代的表現に改めるなど読者の便宜が図られている），国際政治の発展過程を簡潔適確に知ることができる。なお本書には，著者が晩年にまとめた「『文明論』より見た世界の現状と将来」も収録されている。

眞鍋俊二『国際化の意識革命―新時代へのパスポート―』
法律文化社（1990年）

　最近の広範な「国際化現象」のゆえに，外交・対外関係の問題が一挙に一般市民の日常生活へと接近している。また市民の日常生活と密接な関係にあるそれぞれの「地方」が見直されている。このような状況の中で「地方の国際化」がいわれるに至った。本書では，「市民」ないし「地方」というものの存在を念頭に置いて，日本の「国際化」の意味が検討されている。

浅井基文『新しい世界秩序と国連―日本は何をなすべきか―』
岩波書店（1991年）

　この書は，国際機構の歴史的な形成過程，国連憲章とその機能と実際，国連の平和維持活動（PKO）および1990年8月に起こった湾岸危機・戦争を取り上げながら，国連と大国と日本との関わりについて考察したものである。そして，われわれ日本人が，国際関係に自らどのように関わっていくことが求められているかについて言及されている。

船橋洋一『冷戦後―同時代の現場で考える―』〈岩波新書〉
　岩波書店（1991年）

　　この本は，1989年11月のベルリンの壁崩壊から1991年2月の湾岸戦争終結までの1年余りの国際政治に関する取材報告である。そして，世界はその後どのような「新世界秩序」や「新国際システム」を模索しつつあるのか，その取材報告の中で展望している。

ヨハン・ガルトゥング（高柳先男・塩屋　保・酒井由美子訳）
『構造的暴力と平和』中央大学出版部（1991年）

　　平和研究の創始者の一人であり，平和学の泰斗である著者が20年以上にわたって書いた4本の論文が，訳出編集され収められている。本書に収録されている二つの論文において，「構造的暴力」なる概念を創造し，平和とは戦争がない状態である「消極的平和」だけではなく，国際および国内の社会構造に起因する貧困，飢餓，抑圧，疎外，差別がない状態である「積極的平和」をも指すとしたことはあまりにも有名である。

丸楠恭一『現代国際社会の視座―価値観の興亡―』
　〈丸善ライブラリー〉丸善（1991年）

　　近代以降アングロサクソンの価値基準が国際社会の価値体系として支配してきたが，今日の国際社会が数々の問題点を抱え混迷しているのは，アングロサクソンに偏った価値基準が矛盾を呈しているからではないかと著者は問うている。そして，現代国際社会の危機を救う可能性のあるものは個と集団のバランスをとった人間観の提唱であり，また現代の世界フレームの鍵を握っているのは日本であるとする野心的な国際論である。

浅井基文『「国際貢献」と日本―私たちに何ができるか―』
　〈岩波ジュニア新書〉岩波書店（1992年）

　　今，世界は激動を続けるとともに混迷を深めている。その中で，世界に対して，日本がまた私たちが果たすべき寄与や役割は何であるのかを，日

本や日本人が置かれている現状を分析しながら，平和の問題，経済の問題および人種の問題について，具体的に提起する。

土井泰彦編著『国際体制論―激動の世界を解読するために―』
文眞堂（1992年）

　国際関係の基本的枠組みを歴史的にとらえ，国際政治と経済の分野を対比し，歴史的事象を現代に関連付けることによって，国際関係の歴史的な流れを大局的に把握すべく試みたのが本書である。また，本書では，過去を現代に集約させるためには，特に国際政治の統合と分化の動き，作用と反作用の過程を具体的にまた段階的に描写することが重要であるとの認識がとられている。

坂本義和『相対化の時代』〈岩波新書〉岩波書店（1997年）

　雑誌『世界』の1997年1月号に掲載された同名の論文を大幅に加筆したものを中心に，それ以前に同誌に発表された他の4論文によって構成されている。著者は，冷戦終結後の世界政治の変化をどう認識するかに関して，冷戦終結までの20世紀の歴史の特質が「絶対化の時代」であったのに対し，ポスト冷戦期のそれは，国際権力も，イデオロギーも，戦争・紛争も相対化したとする。そして，相対化できない原点として「市民社会」を位置付ける。

長谷川雄一・高杉忠明編著『現代の国際政治―冷戦後の日本外交を考える視角―』ミネルヴァ書房（1998年）

　ポスト冷戦期における不透明で変動きわまりない国際政治の諸相を，日本外交の将来に対する視座を提供するという観点から考察解明することをねらいとしたのが本書である。内容は3部からなり，第Ⅰ部「戦後国際政治の構造と変動」では東西冷戦，南北問題，地球環境問題などのグローバル・イッシューについて，第Ⅱ部「地域におけるイッシュー」では各地域別の問題について，第Ⅲ部「現代日本外交の状況と問題」では日本に視点を置いている。

憲法研究所・上田勝美編『平和憲法と新安保体制』
法律文化社（1998年）

　現行安保体制を強化するものとしての新ガイドライン関連法の問題点を整理し，さらにそれらの軍事立法の制定をバックアップしていると考えられる世論（改憲論など）や思想などを平和憲法の視点から批判したものである。戦争肯定の旧来の国家論を否定し，人類共生の指導原理を世界に発信し，世界史を先取りした日本国憲法の平和原理から導かれる，軍事安保に代わる政策または平和の提案を積極的に行い，日本の進むべき道を提示する。

ジョセフ・S・ナイ ジュニア，デイヴィッド・A・ウェルチ（田中明彦・村田晃嗣訳）『国際紛争【原書第9版】―理論と歴史―』
有斐閣（2013年）

　定評ある国際政治の入門書。国際関係史に現れる紛争の原因の追究に基づき平和協調のための理論構築をめざす。分析枠組みとしてリアリズム，リベラリズム，マルキシズムに加えコンストラクティヴィズムを駆使した，現代アメリカ国際政治学の到達点を示す好著である。

第2章

明石 康『国際連合―軌跡と展望―』〈岩波新書〉岩波書店（2006年）

　2015年には創設70年を迎える国際連合。国際の平和と安全を守るために，世界の国家が一同に会する大舞台である。その国際連合が今日のように特に国際紛争に関して主導的な役割を果たすまでには，冷戦期の米ソを中心とする力による平和が中心となった時代から培ってきた経験とそこに従事する国際公務員と呼ばれる国連職員の不断の努力があった。国連事務次長など国連の要職を歴任した筆者ならではの実感のこもった視点から，国際連合の軌跡と展望を追う。

アルジュン・アパドゥライ著（藤倉達郎訳）『グローバリゼーションと暴力—マイノリティーの恐怖—』世界思想社（2010年）

　グローバリゼーションの進展とともに，近代国民国家による一定の統制下に秩序作られてきた世界（これを脊椎型 vertebrate と呼ぶ）が分化することにより，マジョリティー（多数派）とマイノリティー（少数派）の二つに分かれた（これを細胞型 cellular と呼ぶ）。今日の世界では，マイノリティーはマジョリティーから，そしてマジョリティーはマイノリティーから，差別され，迫害を受けるのではないかという恐怖を互いに抱え，連鎖することで不安定な世界が形成され，それが9.11同時多発テロなどの形で表出したとする。

阿部浩己『国際法の暴力を超えて』岩波書店（2010年）

　ウェストファリア体制は，ヨーロッパの大国により形成された。その折に諸国間を取り持つ法として確立されたのが，国際法であった。ゆえに国際法は，ヨーロッパ的価値観とは異質のものを常に排除し，同化することを求めた。たとえば，「南」「過去」「民衆」「女性」などである。よって，これら弱者を守るための法体系として確立されたとする国際法体系は，実は弱者を排除してきた。人権の国際化が進み，弱者に目が向けられるようになった今日，国際法の持つ社会変革機能をいかにして最大化させるかが重要となっている。

家 正治・小畑 郁・桐山孝信編『国際機構〔第四版〕』
世界思想社（2009年）

　グローバル化社会において，国際機構が果たす役割がますます大きくなっている。グローバル化とともに国際機構と NGO との連携が多くみられるようになったことも特徴として挙げられる。冷戦体制の崩壊により，国際機構が果たす役割が多様化，重層化してきているのも特徴である。本書では国際機構の成立史から始まり，国連や専門機関，あるいは地域機関がどのような役割を果たしているのかについて，主要機関ごとにその特徴が整理されている。

小田 滋著，酒井啓亘・田中清久補訂『国際司法裁判所〔増補版〕』
日本評論社（2011年）

　国際法の番人とされる国際司法裁判所。そこで繰り広げられる国家間紛争の解決に向けて各国から集まった選りすぐりの裁判官達の日常について知る人はあまりいない。そのような中で，日本人として裁判官としての職責を3期27年にわたって果たされた小田滋氏による，裁判官の日常と裁判にかける意気込み，あるいは国際司法裁判所の果たす機能について，現場の声に耳を傾けながらその重要性が感じられる肉薄の書である。

正村俊之『グローバリゼーション―現代はいかなる時代なのか―』
有斐閣（2009年）

　中世ヨーロッパに誕生した「国家」概念が，二つの世界大戦を経て変質を遂げる。この動きと呼応するように，グローバリゼーションもまた変質を遂げる。本書では，グローバリゼーションという概念を，政治・経済・文化（宗教と芸術）それぞれの観点からどう変質してきたのかを歴史的経過をもとに探る。さらに，現代社会と中世的要素や近代的要素が混在した17世紀の社会との類似点があることを指摘するとともに，現代社会が抱える問題として，民主主義，資本主義，多文化主義，地球環境という四つの問題に焦点を合わせて検討する。

関 曠野『民族とは何か』〈講談社現代新書〉講談社（2001年）

　グローバル時代の特徴の一つとして，民族紛争がある。本書では，国家を形成するために民族概念が利用された過程を，フランス革命から始まりイスラエルのパレスチナ戦争に至るまで時系列的に追うとともに，国際連盟から国際連合に至る間に築かれた国家概念の均質化こそが今日の民族紛争のそもそもの根源だと指摘する。その解決策として，世界人権宣言をはじめとする国際人権概念，さらには国家間の秩序を保つために形成された国際法体系，そして国際連合に求めるという，ある種の皮肉な現象が起きているとする。

田畑茂二郎『現代国際法の課題』東信堂（1991年）

　現代国際法の課題について，国家，人民など諸アクターの歴史的経緯を把握するのに役立つ。特に「一　国家主権概念の現代的意義」では，国家主権体制の成立過程から始まり，その後国家主権体制がどのような変貌を遂げたのか，そしてなぜ国家という枠組みが今日まで主要なアクターとしての座を占めているのか，当時の代表的な学者が主張する主要概念を交えながら考察がなされている。さらに，今日の国際法を考える上で一つのメルクマールとなる民族自決権の変遷についても時系列的に考察されており，現代国際法についてより深い視点で見つめる能力が身につく書である。

松井芳郎『国際法から世界を見る―市民のための国際法入門―〔第3版〕』東信堂（2011年）

　本書は著者が1999年10月から2000年8月まで，国際法律家協会（国法協）で行った「国際法連続講座」をもとに，加筆訂正を加えてまとめられたものである。現代国際法の位置付けを確認した後，陸海空といった国家領域，人権，個人の国際刑事責任を問う国際刑事裁判所，地球環境，戦争をなくす仕組みとして国際連盟期に創られた集団安全保障制度，戦争のルールを定める国際人道法といった，国際法の諸分野それぞれが抱える現代的課題について，図表を駆使しながらわかりやすく説明が施されている。

村瀬信也・洪　恵子編『国際刑事裁判所』東信堂（2008年）

　国際刑事裁判所（ICC）は，2002年7月以降，将来に起こり得る「国際社会全体の関心事である最も重要な犯罪（集団殺害犯罪・人道に対する犯罪，戦争犯罪・侵略犯罪）」に対して管轄権を設定した国際社会の一般的な裁判所である（以上，はしがき）。そこでは，従来からある国家主権，あるいは国際司法裁判所などとの対立がしばしばみられる。また，紛争において従来は問われなかった個人の責任を明確にするという意味でもICC設立の意義がある。本書を通して，ICCの国家あるいは個人との関係，さらにはICCの機能など，ICCの全体像について理解することができる。

毛利聡子『NGO から見る国際関係―グローバル市民社会への視座―』法律文化社（2011年）

　国連憲章第71条により，国際関係におけるアクターとして認められたNGO であるが，経済社会理事会（ECOSOC）が十分な機能を果たさず，その存在はきわめて弱いものであった。冷戦が終結し，国連の機能回復が期待される中で NGO もその存在感を増し，グローバル時代の現在では，貧困問題，地球環境の保全，国際人権保障，人道支援，軍縮・平和運動と，その活動は多岐にわたる。本書は，NGO の今日的な位置付けと課題に関する基礎的な知識を得るための体系書である。

最上敏樹『国際立憲主義の時代』岩波書店（2007年）

　国際連合を中心とする今日の国際機構が国際平和を維持，発展させる組織体として機能するために必要な諸点について思想面を含めまとめられている。まず国際立憲主義の概要について確認し，次いで国連の100年間の歩みを概観する中で，法の支配が多国間主義の中でいかにして確立してきたのか，あるいはそうでなかったのかを検証する。後半では，国連法体系の今後の課題や平和に対する権利などについても考える。今後の国連像について考えるのに最適の一冊。

リチャード・フォーク著（川崎孝子訳）『21世紀の国際法秩序―ポスト・ウェストファリアへの展望―』東信堂（2011年）

　国際社会は「地球村」と呼ばれるほどに緊密化し，確実に距離が縮まっている。そのようなグローバル化時代において多極化する世界を秩序立てていくためには「ウェストファリア後の国際法」が必要である。それは，国家という基盤は維持しながらも，一人ひとりの個人が地球市民として国際法の形成と実施の過程に参入することの必要性である。核兵器という，人類に長きに渡って必要以上の苦痛を与える兵器の使用や威嚇に関する国際司法裁判所の勧告的意見が，国際社会の連帯を形成する上で果たした役割などについても，詳細な分析がなされている。

第 3 章

防衛大学校安全保障学研究会編著『安全保障学入門〔新訂第 4 版〕』亜紀書房（2009年）

　1998年の初版以降，9.11同時多発テロなどの情勢の変化を踏まえて，新訂第 4 版が刊行された。防衛大学校の教授陣（元職を含む11人）が執筆した，体系的で初学者向けの本書は，安全保障問題の諸側面を理論的に考察した11章の第 1 部と，日本の安全保障に関連する13の基本的用語を解説した第 2 部から成る。本書が，スタンダードな教科書をめざし理論的考察を重視したことが，『安全保障入門』ではなく『安全保障学入門』と題される所以であるという。

篠原初枝『国際連盟—世界平和への夢と挫折—』〈中公新書〉中央公論新社（2010年）

　第 1 次世界大戦後の1920年に，同盟と異なる新たな安全保障概念である「集団安全保障」により国際連盟が創設された。しかし，組織的な問題点などから第 2 次世界大戦の勃発を阻止することができず，1939年の第 2 次世界大戦の勃発で事実上崩壊した。そして，国際連合が発足した後の1946年 4 月に正式に解散した。誕生から消滅までの26年間の国際連盟史を振り返ることは，現在の平和維持機構である国際連合のあり方を再検討するために重要で不可欠な作業である。

国際連合広報局（八森 充訳）『国際連合の基礎知識〔改訂版〕』関西学院大学出版会（2012年）

　本書は，国際連合広報局が2011年に出版した *Basic Facts about the United Nations Revised edition* の翻訳である。国連の組織構造，国際の平和と安全の諸活動，経済社会開発，人権・人道支援，国際法および植民地の独立に関する諸問題など，国連の組織上・運用上の実態ならびに対処すべき現代的課題が包括的に言及されている。本書は，現代の国際社会で

重要な役割を果たす国連それ自身を把握し，広義の国際安全保障概念を理解するための基本書の一つである。

村瀬信也編『国連安保理の機能変化』東信堂（2009年）

冷戦終結後の国際社会には，地域紛争，国内紛争および大規模テロが平和に対する新たな脅威として出現してきた。国連安保理の活動も，それらに対処すべく，国内紛争後の国家建設や治安維持を重視するPKO，対テロ決議および国際刑事裁判所設立決議など，「立法」や「法執行活動」にシフトさせている。多面にわたる安保理の機能変化およびそれに対応する日本法のあり方を論じた本書は，最近の国連安保理の動向を理解するのに最適である。

人間の安全保障委員会『安全保障の今日的課題―人間の安全保障委員会報告書―』朝日新聞社（2003年）

本書は，2000年の国連ミレニアム・サミットで提唱され，日本が資金を提供して設置された「人間の安全保障委員会」（緒方貞子とアマルティア・センの共同議長）が2003年に国連事務総長に提出した最終報告書の日本語版である。人間の安全保障概念は，1994年に国連開発計画が初めて提唱して以来約20年間に精緻化し，国際社会に浸透化してきた。その進化過程を理解するために，当該概念の出発点ともいえる本書をもう一度読み返す必要があろう。

長有紀枝『入門　人間の安全保障―恐怖と欠乏からの自由を求めて―』〈中公新書〉中央公論新社（2012年）

現在，認定NPO法人「難民を助ける会」理事長である著者が，緊急人道支援や地雷禁止条約策定交渉などの現場経験をもとに，「人間の安全保障」概念を平易にかつ包括的に解説した入門書。同概念に関連する「保護する責任」論や，事例として東日本大震災にも言及する。本書は，途上国だけでなく先進国にも有効で，一人ひとりの「人間」を大切にする「人間

の安全保障」概念を通じて，日常生活における我々個人の行動の在り方を問い直す。

伊東 寛『「第５の戦場」サイバー戦の脅威』〈祥伝社新書〉
祥伝社（2012年）

　陸，海，空，宇宙に次ぐ「第５の戦場」と位置付けられるサイバー空間でのサイバー攻撃およびサイバー戦争は，近未来の話ではなく，現実に発生している話である。陸上自衛隊システム防護隊の初代隊長としてサイバー戦争の最前線にいた著者が，諸国家の状況および具体的な事例を挙げてその実態を解説する。そして，サイバー戦略が立ち遅れている日本の現状に警鐘を鳴らすとともに，サイバー戦争時代の安全保障戦略を提言する。

佐道明広『戦後政治と自衛隊』吉川弘文館（2006年）

　日本の安全保障を担う自衛隊の誕生（再軍備）から冷戦時代の位置付け，さらに冷戦終焉後の役割の変化（国際貢献）など，戦後日本政治の中での自衛隊に関する議論を要領よくまとめている。その議論は，また，日米安保の議論と表裏一体の関係を形成している。本書の出版後のめまぐるしい安保論議の展開は『防衛白書』を参照するとして，戦後60年間の日本の安全保障および自衛隊に関する議論を概観する好著である。

若泉 敬『他策ナカリシヲ信ゼムト欲ス―核密約の真実―〔新装版〕』
文藝春秋（2009年）

　著者は，「核抜き・本土並み」を目標とする沖縄返還交渉の舞台裏で，佐藤栄作首相の密使として有事での核の再持込みを約束する核密約の日米合意を成立させた。本書は，衝撃的な密約交渉過程を明らかにした1994年刊行書の軽装版である。陸奥宗光の『蹇蹇録（けんけんろく）』の一節から採った標題（「他に方法がなかったと信じたい」の意）には，交渉での密使の強い思いと苦悩がにじむ。核の持込み問題だけでなく，日本のあるべき姿を考えさせる一冊である。

防衛庁編『防衛白書』各年版

　安全保障に関する政府の公式見解を示す本書は，現在の国際安全保障環境，国際社会の喫緊の課題，日本の防衛政策の理念と諸施策などを要領よく包括的に解説している。国内外の情勢を把握するための有益な参考文献の一つである。巻末には，本文の内容を根拠付ける文書類，図表および年表など基礎資料が掲載され，安全保障の学習や研究に便利である。年度ごとに刊行されるので，過年度のものと比較すれば，動向分析ができる。

第4章

世界銀行編著『世界開発報告』各年版

　「開発」について考察するためには，何よりもまず，現在の世界経済の状況を把握しておくことが出発点になる。世界銀行が毎年発行するこの報告書は，毎年テーマを設定し，現代世界の開発状況を概観する。2013年版は「仕事」と題されている。近年のテーマでは，「ジェンダーの平等と開発」(2012年)，「紛争，安全保障と開発」(2011年)，「開発と気候変動」(2010年) などがある。

国連開発計画編『人間開発報告書』各年版

　国際機構である国連開発計画 (UNDP) が毎年作成する報告書である。これまで，開発とは経済開発を意味するものと考えられてきたが，UNDPはこうした考え方を転換し，人間の発展／開発こそが中心に置かれるべきだとして，従来の開発指標を大きく修正した。「人間の安全保障」の概念を打ち出した1994年の報告書は有名だが，近年では「持続可能性と公平性—より良い未来をすべての人に—」(2011年)，「国家の真の豊かさ—人間開発への道筋—」(2010年) といったテーマで現状を概観している。なお，足立文彦『人間開発報告書を読む』(古今書院，2006年) は，1990年から2005年まで発行された『人間開発報告書』の膨大な内容を手際よく整理したもので，理解の助けとなる。

大平　剛『国連開発援助の変容と国際政治─UNDPの40年─』
　有信堂高文社（2008年）

　　国連開発計画の歴史を，開発援助の考え方およびその実施方法の変化に焦点を合わせて論じたものであり，特に近年の「平和構築」活動における開発の位置付けなどに重点を置いている。

オックスファム・インターナショナル（渡辺龍也訳）『貧富・公正貿易・NGO─WTOに挑む国際NGOオックスファムの戦略─』
　新評論（2006年）

　　副題にあるように，今日のグローバル市場を支配している自由貿易とそれを支えるWTO体制の立場を批判し，公正貿易とそれを推進するNGOの立場から貧困を撲滅するための貿易に組み替えていくことの重要性を説いている。

中川淳司『WTO─貿易自由化を超えて─』〈岩波新書〉
　岩波書店（2013年）

　　WTOについての解説は，実務家向けか大雑把なサラリーマン向けのものが多くを占めるが，本書は，WTOをめぐる歴史と組織，WTOが取り扱う内容，最近の問題点を新書という形でコンパクトに示している。

「シリーズ　国際開発」1〜5，日本評論社

　1　絵所秀紀・穂坂光彦・野上裕生編著『貧困と開発』（2004年）
　2　井村秀文・松岡俊二・下村恭民編著『環境と開発』（2004年）
　3　佐藤寛・青山温子編著『生活と開発』（2005年）
　4　後藤一美・大野泉・渡辺利夫編著『日本の国際開発協力』（2005年）
　5　西川潤・高橋基樹・山下彰一編著『国際開発とグローバリゼーション』（2006年）

1990年に国際開発学会が発足し，日本でもこの分野での専門的知見が急速に体系化されてきている。本シリーズは，各巻の表題に表れているように，開発をめぐる主要な論点を取り上げ，多数の執筆者が各章を担当して当該テーマについて多面的な考察がなされている。読者の関心を引くようなテーマが必ずみられ，どこからでも読み始めることができる。

西川潤ほか編著『開発を問い直す—転換する世界と日本の国際協力—』日本評論社（2011年）

日本の国際開発学会が20周年を迎えたことを記念した論文集であるが，表題のとおり，これまでの開発理念や実践活動への批判的考察が中心を占める。

外務省編『政府開発援助（ODA）白書』各年版

日本の経済援助に関しては，外務省が毎年発行している『政府開発援助（ODA）白書』にまず目を通すことが必要である。日本のODA政策の基本姿勢だけでなく，他の援助国との比較ができる統計も掲載されており，非常に便利である。ただしそれらの記述を鵜呑みにすることなく，批判的に検討する姿勢が必要である。

藤岡美恵子・越田清和・中野憲志編『脱「国際協力」—開発と平和構築を超えて—』新評論（2011年）

個人や先住民族，NGOなど，非国家の視点から「国際協力」を論じ，ODAを受ける現地住民の立場から批判的に考察する諸論文を集めたもの。また，沖縄問題など国際協力を論じた本では通常扱わない国内問題も対象にしている点が特徴的である。

第 5 章

阿部浩己・今井 直・藤本俊明『テキストブック国際人権法〔第3版〕』日本評論社（2009年）

　現在の日本で，もっとも精力的な国際人権法研究者の共著。国連を中心とする人権の国際的保障のための諸活動について，平易な文章でありながら詳細に多方面から検討した好著であり，実践に即した記述は，国際関係論の観点から人権を考えるにあたって示唆に富む。本書のホームページから関連資料（人権条約の各員会における日本の報告審査等）のダウンロードが可能となっている。

田畑茂二郎『国際化時代の人権問題』岩波書店（1988年）

　国際法学の大家の一人である筆者が長年にわたって取り組んできたこの分野の研究を集大成した書物。人権の国際的保障に関する歴史的考察とともに現行諸制度を詳細に分析し，さらに発展の権利，自決の原則の位置付けが国際社会の構造変化との関わりにおいて試みられる。刊行後四半世紀を経てなお古典的価値を有する著作である。

エドワード・ローソン編（宮崎繁樹監訳）『人権百科事典』明石書店（2002年）

　「世界規模の……人権問題について本格的……研究を行う際のデータと理論基盤を提供する」ことを目的として刊行された著作 *Encyclopedia of Human Rights Second edition* の日本語版。1,500頁に迫る分量で，解説は項目によって十数ページに及び，項目ごとに詳細な参考文献が付されている。また項目が国ごとにも設けられて各国別の人権状況を把握するのにも適し，多目的に利用できる事典である。

ヴォルフガング・ベネデェック編（中坂恵美子・徳川信治編訳）
『ワークアウト国際人権法—"人権"を理解するために—』
東信堂（2010年）

　人権教育のために編まれ、15カ国語に翻訳されている書物。主に教育者用マニュアルとして作られているが、国際社会の人権状況を、具体性をもって知るに適した啓発書としても有益。権利のカテゴリーごとに、まず事例とその論点を提示し、権利の実体面とともに NGO を含めた国際的諸活動の実際を多角的に紹介している。

最上敏樹『人道的介入—正義の武力行使はあるか—』〈岩波新書〉
岩波書店（2001年）

　従来、ともすれば濫用への懸念などから否定的に論じられる傾向があった人道的介入の議論に一石を投じた書物。戦後に生じたさまざまな事例の検証に基づき、「絶対的平和主義」を否定しつつも、人道的介入を認めることと国家の裁量による武力行使の容認とはイコールではないことを示し、その一方で、国家によらない「市民的介入」にまで議論を及ぼす。新書版ではあるが、きわめて密度の濃い書物である。

望月康恵『人道的干渉の法理論』国際書院（2003年）

　国際法学の視点から、人道的干渉の合法性を豊富な例証に基づいて検討した著作。著者は、国連憲章に基づく場合に人道的干渉はその合法性が推定されるが合法性の一般的承認（個別国家による場合を含む）にまでは至っていないと論ずる。本書では論ずる余裕がなかった法的考察を突き詰めた論考として貴重なものである。

渡邉昭夫編『アジアの人権—国際政治の視点から—』
日本国際問題研究所（1997年）

　アジア地域の人権問題だけでなく、「アジアの人権を現代の国際関係との関連で理解するためには、……国連および各種の地域的機構が人権問題

をどう取り扱っているか」を検討する必要があるという視点から、本章では取り扱う余裕のなかった EU の人権外交や、クリントン政権までのアメリカの人権外交に関する論考も収めた好著。

有賀 貞編『アメリカ外交と人権』〈JIIA 現代アメリカ〉
日本国際問題研究所（1992年）

　1970年代からレーガン政権時代までのアメリカ人権外交を多面的に検討した書物。国際的には東西対立の文脈で人権を押し出すことに利益を見出しながらも国内に人種問題を抱えていたアメリカが、人権外交に乗り出すに至った経緯から説き起こし、ソ連、東欧、中南米など地域別にアメリカ人権外交の展開を詳説する。

メルボルン事件弁護団編『メルボルン事件個人通報の記録
―国際自由権規約第一選択議定書に基づく申立―』現代人文社（2012年）

　オーストラリア入国時にヘロインを所持していたとして現地で有罪判決を受けた日本人が、取り調べ段階での通訳の不備などによる冤罪だとし、オーストラリアが公正な裁判を受ける権利を規定する自由権規約第14条などに違反していると主張して、日本人として最初に行った自由権規約委員会への通報に関する資料の集成。初学者には必ずしも平易に読めるものではないが、通報制度の実際を知るには貴重な書物。

第 6 章

松井芳郎『国際環境法の基本原則』東信堂（2010年）

　環境保護のための国際法について、一般国際法の理論や条約制度の観点から分析・検討する。国際環境法の特徴や課題を国際法の一般理論から俯瞰するのに最適。国際法の基礎知識がなければ、この本の内容を理解することは難しいかもしれないが、国際法のテキストの読了後に、または並行して読むことを奨める。国際社会が抱える地球環境問題の法的な対応に

とって何が必要かを理解するために，時間をかけて通読してもらいたい．

西井正弘・臼杵知史編『テキスト国際環境法』有信堂高文社（2011年）

環境問題を専門とする国際法学者が共同で執筆した国際環境法のテキストで，同じ出版社が刊行した『国際環境法』の実質的な新版．第Ⅰ部で国際環境保護の主要な条約について解説し，第Ⅱ部で国際環境保護の基本問題を取り扱った上で，環境問題と他の領域の問題を，第Ⅲ部（環境と経済）と第Ⅳ部（環境と宇宙・南極）で取り上げる．基本的には章ごとに完結しているので，関心のあるテーマから読むことで国際社会と環境問題の関係をより身近に知ることができる．

西井正弘編『地球環境条約—生成・展開と国内実施—』有斐閣（2005年）

地球規模の環境問題に対処するために形成された多数国間環境協定を「地球環境条約」と位置付け，その形成プロセスと日本における国内法との関係や国内実施について詳細な説明を加える．国際的な環境問題に詳しい環境省職員・実務家と研究者による共同執筆であり，国際的な環境問題の実務と理論をつなぐ意味でも一読の価値がある．特に環境条約の交渉過程や知られざる特徴など，実務家ならではの指摘は非常に面白い．

石野耕也・岩間 徹・磯崎博司・臼杵知史編『国際環境事件案内—事件で学ぶ環境法の現状と課題—』信山社出版（2001年）

生物多様性，自然保護および世界遺産，海洋生物資源，海洋汚染，大気および土壌，国際公域の環境，貿易と環境，原子力および核兵器，有害物質および環境権の九つの分野で，国際的な環境問題を具体的な事件を通して解説し，日本との関係についても考察する．地球温暖化，宇宙ゴミ，捕鯨問題など，事例から環境問題を考える上でさまざまなヒントを与えてくれる．

磯崎博司『知っておきたい環境条約ガイド』中央法規出版（2006年）

地域環境条約や環境影響評価条約に始まり，自然・生物資源，海洋生物資源，海洋環境，国際河川湖沼，大気，気象改変，廃棄物，有害物質，極地，原子力，軍事兵器，貿易といった分野ごとに環境問題に関連する117の条約等を見開き2ページでやさしく解説する。それぞれ条約の基本情報や原典に当たるためのホームページアドレスなど基本情報が掲載されており，個別の条約を調べるためにも有益。

亀山康子『新・地球環境政策』昭和堂（2010年）

2003年に刊行された同著作の第2版。気候変動問題を中心に，第Ⅰ部「地球環境問題と持続可能な発展」，第Ⅱ部「地球環境問題への国際的取り組み」，第Ⅲ部「地球環境問題と他の問題との関係」の3部構成で，地球環境保護のための政策作成過程やアクターの役割などを解説する。著者は独立行政法人国立環境研究所に所属し，国際関係論を専門とするが，気候変動枠組条約や京都議定書の交渉過程をはじめ，環境条約をていねいにわかりやすく説明している。

淡路剛久・川本隆史・植田和弘・長谷川公一編『リーディングス環境』1～5，有斐閣（2005～2006年）

社会科学における環境学の学際性の要請に応え，環境経済学，環境法学，環境社会学，環境倫理学など，環境問題に関する重要文献（和文）を精選して収録した全5巻のシリーズ。特に第4巻では，環境法，環境経済および環境政策に関する優れた論文が集められている。

第1巻　自然と人間（2005年）
第2巻　権利と価値（2006年）
第3巻　生活と運動（2005年）
第4巻　法・経済・政策（2006年）
第5巻　持続可能な発展（2006年）

地球環境研究会編『地球環境キーワード事典〔五訂〕』
中央法規出版（2008年）

　地球温暖化，オゾン層破壊といった地球環境問題の歴史，データ，国際社会の対応などについて，見開き2ページで簡潔に説明している。五訂版では，京都議定書発効後の動きやヨハネスブルグ・サミットなど国際社会の新たな動きを加筆している。テーマ別にカラーの図や表が用いられており，初学者にもわかりやすい。また巻末の年表や語句解説も充実しており，わからない語句や用語が登場したときに参照できて便利である。

環境と開発に関する世界委員会編『地球の未来を守るために』
福武書店（1987年）

　環境と開発に関する世界委員会による『我ら共有の未来（Our Common Future）』の邦訳。残念ながらすでに絶版だが，原著（Oxford University Press）は入手可能である。いわゆる賢人会議である同委員会が，3年間世界各地でヒアリングを行い国連に提出した報告書であり，持続可能な開発（sustainable development）概念を理解するための古典的文献。刊行後すでに四半世紀が経過したが，今もなお環境問題を考える上で，まず読んでおきたいバイブル的存在である。

松下和夫編著『環境ガバナンス論』京都大学学術出版会（2007年）

　環境省勤務時代に地球サミットや温暖化防止京都会議などに関与し，環境分野で世界的な活動を続けてきた編者が中心となり，多様化・重層化した環境問題を制御し持続可能な社会を構築するとの観点から，環境保護の政策（ガバナンス）をまとめた共著。特に第Ⅴ部「環境ガバナンスの戦略的課題」は，環境ガバナンスの問題点についても鋭く指摘しており，国際的な環境政策を考える上で有益である。

終　章

最上敏樹『国際立憲主義の時代』岩波書店（2007年）

　国際社会における「法の支配」に向けて，一貫して地に足のついた議論を展開してきた著者の論文集。国際社会がめざすべき目的は何か，またその達成のための手段は具備されているのか。著者の回答は「恣意的暴力」の否定であり，そのための体制の構築の必要性であって，その追究はすなわち国際社会の「立憲主義」の追究に他ならないのである。

篠田英朗『「国家主権」という思想―国際立憲主義への軌跡―』
勁草書房（2012年）

　「人の支配」に代わり「法の支配」を打ち立てるという立憲主義イデオロギーとの関係において，主権概念が「国際的場面」でいかに変質を遂げてきたかをたどる労作。19世紀ヨーロッパにおいて国民国家の形成と並行して進行した帝国主義の文脈において生じたという主権の「物象化」から，国際連盟設立から冷戦後までの国際立憲主義の変遷が，みごとに論じられている。

サミュエル・ハンチントン（鈴木主税訳）『文明の衝突』
集英社（1998年）

　1993年の『フォーリン・アフェアーズ』誌に掲載された著者の論文「文明の衝突？」は世界的な論議を巻き起こした。同論文が提起した疑問に対して，より完全に，より奥深く，より徹底的かつより詳細な答えを提示することを目的とした書物である。冷戦後の多発する民族紛争を異文明間の衝突としてとらえ，文明に基づく国際秩序の確立を説く。この主張には批判がなされているが，今後の世界を考える上で参考となろう。

索　引

[ア　行]

アジア通貨危機　127, 192
コフィー・アナン　3, 156, 177, 234
アフリカの年　22, 63
アラブの春　72
安全保障
　　環境——　230-33
　　気候——　80, 81
　　協調的——　93, 94
　　共通の——　89, 94
　　国家の——　79
　　サイバー——　99-101
　　接近阻止・領域拒否戦略(A2AD)　119, 120
　　総合——　79, 80
イラク特措法(イラクにおける人道復興支援活動及び安全確保支援活動の実施に関する特別措置法)　41
ウェストファリア体制　12, 51
エコロジー運動　143, 144
NGO(非政府組織)　47, 48, 66-70, 154, 228-30

[カ　行]

海上連絡メカニズム(Maritime Communication Mechanism)　120
海賊対処　103, 115, 116
ガイドライン　36, 37, 41
開発／発展　123-26
開発／発展の権利　134, 135
　　発展の権利宣言　135, 172
核拡散防止条約(NPT)　24
環境条約　→多数国間環境条約

(国際)環境法
　　領域管理責任原則　210, 211
　　事前通報協議原則　212
　　汚染者負担原則　213, 214
　　共通に有しているが差異のある責任原則　214
　　予防原則　215, 216, 217
関税及び貿易に関する一般協定(GATT, ガット)　124-26, 130, 131, 228
北大西洋条約機構(NATO)　86, 87, 89-93, 96, 100, 197
旧安保条約　35, 36, 102, 104-06, 109
京都議定書　215, 223
近代世界システム論　56
グッド・ガバナンス　141
グローバル・コンパクト　71, 235
経済協力開発機構(OECD)　34, 71, 142, 144, 146, 147, 213, 215, 228
構造調整プログラム　140
国際機構　44-46, 55, 58-62, 132
国際司法裁判所　26, 60, 68, 168, 212, 225, 231, 240
国際人権規約　63, 157, 161, 164-66, 169, 196
国際人権章典　159-61, 169
国際通貨基金(IMF)　55, 58, 124, 125, 139-42, 193
国際農業開発基金(IFAD)　133, 221
国際貿易機関憲章(ITO憲章, ハバナ憲章)　126
国際連合　19-21, 32-34
　　——憲章　19, 20, 160, 182-84, 199

――総会　21, 32, 60, 179, 180, 224, 232
国連開発計画(UNDP)　80, 132, 171, 172, 222
国連環境計画(UNEP)　225-26
国連工業開発機関(UNIDO)　132
国連人権委員会　161, 169, 175, 176, 181, 194
国連人権高等弁務官　178-80
国連人権理事会　78, 177-79, 195
国連貿易開発会議(UNCTAD)　131, 132
国際連合安全保障理事会　20, 21, 33, 60, 61, 91-93, 181-83, 197, 198, 230
　拒否権(right of veto)　20, 55, 61, 85, 86, 182, 197
国際連盟　16, 17, 19, 21, 45, 53, 59, 83-85, 125, 240
国内(管轄)事項　169, 170, 175, 241, 243
国民国家　51, 56
国民総幸福量(GNH)　144
国連環境開発会議(リオ会議, 地球サミット)　204-07, 209, 210, 214, 218, 224, 226, 233, 234
　リオ宣言　206, 209, 211-13, 215-17
国連環境総会(United Nations Environment Assembly)　226, 234
国連持続可能な開発会議(UNCSD, リオ+20)　209, 210, 226, 227, 234
国連平和維持活動(PKO)　6, 40-41, 56, 64, 113-15, 180, 181
コロンボ・プラン　149
コンセッション契約　128

[サ 行]

ジェノサイド　4, 64, 193

資源　166
　国有化　128-30, 137
　資源ナショナリズム　88, 127, 128
持続可能な開発／発展(sustainable development)　58, 136, 144, 145, 205-10, 217, 224
持続可能な開発に関する世界首脳会議(ヨハネスブルグ・サミット)　207-09, 217, 233, 236
市民革命　14, 15, 163
社会権規約(経済的, 社会的及び文化的権利に関する国際規約, A規約)　161, 162
ジャパン・バッシング　112
自由権規約(市民的及び政治的権利に関する国際規約, B規約)　63, 161, 168, 170, 173, 174, 192
　自由権規約委員会　168, 170, 197
集団安全保障体制　83-87, 91, 92
集団的自衛権　38, 41, 87, 104, 106, 114, 115
集団的自力更生論　144
周辺事態法　37, 38, 116
主権国家　11-13, 54, 55, 97, 156, 240, 244
遵守手続　220, 222-24
植民地独立付与宣言　22, 53, 63, 166
女子差別撤廃条約　164, 165
新安保条約　35-38, 106, 107
新ガイドライン　37, 38
人権
　――の国際的保障　156, 157, 159, 163, 169, 170, 196
　――の主流化　156, 177, 183
人権外交　157, 158, 171, 175, 184, 188-93, 195-98
人権の緊急事態　179, 180, 183, 198
新国際経済秩序(NIEO)　127, 141,

204, 232
　　──宣言　　27, 130, 133
人種差別撤廃条約　　164, 165
人道的介入(干渉)　　4, 95, 172, 183, 184, 197, 198
人民　　46, 47, 49, 53, 54, 62, 63
人民の自決権　　162, 163, 165-68
信頼醸成措置(Confidence Building Measures: CBM)　　89, 120
ストックホルム会議(国連人間環境会議)　　199-204
　　国連人間環境宣言(ストックホルム宣言)　　201, 204, 209, 211, 212, 215
政府開発援助(ODA)　　146-55
　　──大綱(ODA大綱)　　151-53
世界銀行　　140-42
　　国際復興開発銀行(IBRD)　　58
世界人権宣言　　160-65
世界貿易機関(WTO)　　86, 89, 124, 125, 136-39, 217, 228, 233
先住民の権利宣言　　168
ソーシャルネットワーキングサービス(SNS)　　72, 73

[タ　行]

対人地雷禁止条約(オタワ条約)　　68, 69
多国籍企業　　3, 49, 70, 71, 137
多国籍軍　　91-93, 112, 113, 115, 243
多数国間環境条約　　201-03, 217-24
「中心─周辺」論　　131
中立主義　　90
朝鮮戦争　　35, 87, 102
帝国主義　　15-18
締約国会議　　219-23, 229, 233, 234, 237
デタント(緊張緩和)　　87-90
天然資源に対する永久的主権　　129
同盟　　82, 83, 86-90

同時多発テロ　　33, 98, 114, 194
トレイル精錬所事件　　200, 201, 210, 211

[ナ　行]

内発的発展論　　142-45
名古屋議定書　　226, 237
南北問題　　27, 28, 88, 126, 127, 143
日米相互協力及び安全保障条約
　→新安保条約
日米地位協定　　109-12
日米防衛協力のための指針
　→ガイドライン
人間の安全保障　　80, 94, 95, 152-54, 171-73
人間の基本的必要(BHN)　　141, 143, 153

[ハ　行]

非核三原則　　40, 108
非植民地化　　163, 165-67
非同盟運動　　87, 88, 90
貧困削減戦略文書　　142
不干渉原則　　55, 56, 169, 170
部分的核実験禁止条約(PTBT)　　24
普遍的定期審査(universal periodic review)　　177, 178
ブレトンウッズ・ガット体制　　125, 126
文明国　　52-54
分離権　　166-68
平和強制部隊　　193
ベトナム戦争　　22, 23, 86-88
ベルサイユ体制　　16-18
包括的核実験禁止条約(CTBT)　　26, 69
報告制度　　173, 174
保護する責任　　4, 95, 96, 183, 184

法の支配(rule of law)　　　　7, 42

[マ　行]

(核持込みの)「密約」　　　　107, 108
ミレニアム開発目標(Millennium Development Goals: MDGs)　121, 122, 208, 209
民族　　　　　　　　　　　62-66
　――解放運動　　　　　　19, 30
　――自決の原則　　　　　16, 19

[ヤ　行]

ヤルタ体制　　　　　　　　21, 22
友好関係宣言　　　　　　　　　22
有事法制　　　　　　　　　　 116
ヨハネスブルグ・サミット　→持続可能な開発に関する世界首脳会議
ヨーロッパ安全保障協力会議(Conference on Security and Cooperation in Europe: CSCE)　89, 90, 184-87
ヨーロッパ安全保障協力機構(Organization for Security and Cooperation in Europe: OSCE)　94, 184-87
ヨーロッパ審議会(Council of Europe)　158, 187, 188

[ラ　行]

(日本人)拉致問題　　　　　　118
ラヌー湖事件　　　　　　200, 212
リオ会議　→国連環境開発会議
リオ＋20　→国連持続可能な開発会議

[ワ　行]

枠組条約　　　　　　　　 218-20
『我ら共有の未来(Our Common Future)』　144, 206, 232
湾岸戦争　31, 32, 40, 92, 112, 113, 231

●執筆者紹介 (執筆順)

家　　正治（いえ・まさじ）	神戸市外国語大学・姫路獨協大学　名誉教授
戸田　五郎（とだ・ごろう）	京都産業大学　法学部　教授
福島　崇宏（ふくしま・たかひろ）	名古屋外国語大学ほか非常勤講師
岩本　誠吾（いわもと・せいご）	京都産業大学　法学部　教授
桐山　孝信（きりやま・たかのぶ）	大阪市立大学　法学部　教授
西村　智朗（にしむら・ともあき）	立命館大学　国際関係学部　教授

国際関係〔全訂版〕

2014年10月20日　第1刷発行　　　定価はカバーに
　　　　　　　　　　　　　　　　表示しています

著　者　　家　正治・岩本誠吾
　　　　　桐山孝信・戸田五郎
　　　　　西村智朗・福島崇宏

発行者　　髙島照子

世界思想社

京都市左京区岩倉南桑原町56　〒606-0031
電話　075(721)6506
振替　01000-6-2908
http://sekaishisosha.jp/

© 2014　M. IE, S. IWAMOTO, T. KIRIYAMA, G. TODA
T. NISHIMURA, T. FUKUSHIMA　Printed in Japan
（共同印刷工業・藤沢製本）

JCOPY　<(社) 出版者著作権管理機構 委託出版物>
本書の無断複写は著作権法上での例外を除き禁じられています。複写される
場合は，そのつど事前に，(社) 出版者著作権管理機構（電話 03-3513-6969,
FAX 03-3513-6979, e-mail: info@jcopy.or.jp）の許諾を得てください。

ISBN978-4-7907-1640-2

『世界思想ゼミナール』について

　自然は，人間のために存するのではない。また，人間が自然にさからうことは許されない。自然は人間には関わりなく，動いているのである。この単純なことを，環境に慣れすぎてみおとしてしまったり，厳しい人間の世界の止むを得ないかも知れない必要性から，自然をみる目が狂ってしまって，恰も，人力で自然をかえうるがごとき錯覚をもったりするところに，人間の破局が訪れてくる。それは，精神的とか物質的とか問わずにやってくるのである。

　「世界思想ゼミナール」は，人間が本来の姿にかえることを，眼目においている。つまり，人間という生物を中心とする生態系のそれぞれの系に相当するところの，政治・経済・社会・文化・科学などについて，深く思索し，さらに問いたずねて，その上で，自然と調和し，均衡をもった人間の世界を作りあげてゆくところの，いとなみの一助であることを切望している。このことが，はじめて「世界思想」の名にそむかぬユニークなゼミナールを可能にすると信ずる。